★

越思政大课堂

总 主 编 | 汪俊昌
副总主编 | 黄 坚 宋浩成 杜坤林

大中小学思想政治教育一体化的市域实践

陈 红 骆新华 肖海岳◎编著

ZHEJIANG UNIVERSITY PRESS
浙江大学出版社
·杭州·

图书在版编目 (CIP) 数据

越思政大课堂：大中小学思想政治教育一体化的市
域实践 / 陈红，骆新华，肖海岳编著. -- 杭州：浙江
大学出版社，2025. 6. -- ISBN 978-7-308-26277-4

Ⅰ. G641；G631

中国国家版本馆 CIP 数据核字第 2025RL8272 号

大中小学思想政治教育一体化的市域实践

陈　红　骆新华　肖海岳 编著

责任编辑	范洪法　樊晓燕	
责任校对	王　波	
封面设计	雷建军	
出版发行	浙江大学出版社	
	（杭州市天目山路 148 号　邮政编码 310007）	
	（网址：http://www.zjupress.com）	
排　　版	大千时代(杭州)文化传媒有限公司	
印　　刷	杭州高腾印务有限公司	
开　　本	710mm×1000mm　1/16	
印　　张	22.25	
字　　数	365 千	
版 印 次	2025 年 6 月第 1 版　2025 年 6 月第 1 次印刷	
书　　号	ISBN 978-7-308-26277-4	
定　　价	98.00 元	

项目说明

　　本书为教育部高校思想政治理论课教师研究专项一般项目"基于循迹溯源的大中小学'田野思政'一体化实践教学研究"（24JDSZK031）、浙江省哲学社会科学规划课题"大中小学一体化循迹溯源'田野思政'实践教学研究"（25GXSZ008YBM）阶段性研究成果。

　　本书出版得到浙江省高校思想政治工作精品项目"双贯通·五协同·六提升：地方高校大中小学思政课一体化建设实践"和"'枫桥经验'进校园 '真理味道'共品悟"专项经费资助。

前　言

　　党的二十届三中全会对深化教育科技人才体制机制改革做出了重要部署，强调"教育、科技、人才是中国式现代化的基础性、战略性支撑"，要"完善立德树人机制，推进大中小学思政课一体化改革创新，健全德智体美劳全面培养体系"。站在新征程的历史起点上，深入推进大中小学思想政治教育一体化建设，对于抓好后继有人根本大计极其重要，既是深刻把握教育政治属性的迫切需要，也是教育支撑中国式现代化的客观需要，更是落实立德树人根本任务的现实需要，直接关系到"培养什么人、怎样培养人、为谁培养人"这个教育的根本问题。

　　思政课是落实立德树人根本任务的关键课程。推进大中小学思政课一体化建设，是学校思政课改革创新的重要任务，也是思政课提质增效的重要渠道。党的十八大以来，习近平总书记站在世界百年未有之大变局、党和国家事业发展新局以及中华民族伟大复兴战略全局的高度，对加强学校思政课建设作出一系列重要部署，就推进大中小学思政课一体化建设提出一系列重要论述。2019年3月18日，习近平总书记在学校思想政治理论课教师座谈会上指出："要把统筹推进大中小学思政课一体化建设作为一项重要工程，坚持问题导向和目标导向相结合，坚持守正和创新相统一，推动思政课建设内涵式发展。"①这为新形势下破解制约大中小学思政课一体化建设的难题，推动大中小学思政课一体化建设走深走实，提供了根本遵循、指明了行动方向、注入了强大动力。党的二十大报告进一步提出要"用社会主义核心价值观铸魂育人，完善思想政治工作体系，推进大中小学思想政治教育一

---

① 习近平.思政课是落实立德树人根本任务的关键课程[M].北京:人民出版社,2020.

体化建设"①。2024年5月11日,在学校思想政治理论课教师座谈会召开五周年之际,习近平总书记念兹在兹,对学校思政课建设作出重要指示,再次强调"坚持思政课建设与党的创新理论武装同步推进","深入推进大中小学思想政治教育一体化建设"②。这为当前和今后一个时期的思政课建设和思想政治教育改革创新指明了方向。六年来,大中小学思政课一体化建设得到前所未有的重视和关注,围绕"何为一体化""为何一体化""何以一体化"等问题的探讨与探索已然成为热点,既是理论探讨的热点,也是实践探索的热点。全国教育行政部门和各地大中小学在推进思政课一体化建设的理论研究与实践探索方面取得了丰富成果,有效促进了学校思政课高质量建设与内涵式发展。

绍兴地处长三角东南翼,是国务院首批命名的历史文化名城之一,历史悠久,文化昌盛,经济发达。得天独厚的区域优势和资源禀赋为深入推进大中小学思政课一体化建设提供了生动案例和鲜活素材。近年来,绍兴立足市域实际,从体制机制、平台搭建、主题凝练、体系构建、载体创新、品牌打造等入手,多维度探索大中小学思政课一体化建设的市域实践,形成了地方教育行政部门统筹抓总、高校主动带头引领、中小学全学段参与、社会力量配合协同的"大思政"格局。尤其是作为有着百年师范办学历史的绍兴文理学院,主动担起市域大中小学思政课一体化建设的"领头雁"责任,强化理论研究和实践探索,与绍兴市教育教学研究院合作,率先组建成立大中小学思政课一体化建设联盟和思政课名师工作室联盟,构建"三贯通·四衔接·五协同"的大中小学思政课一体化建设市域模式,以"内外资源贯通、纵向学段贯通、横向要素贯通",实现课内课外、校内校外、职前职后的一体联动;以课程目标、内容、实施、评价"四衔接",打通大中小学思政课一体化建设的关键点;以"协同教学、协同教研、协同科研、协同党建、协同资源"为路径,稳步推进思政课程、课程思政、日常思政一体协同的"大思政"格局。与此同时,聚焦育人实效,通过拓展教育对象提升覆盖广度,推动守正创新提升改革力度,建设数字平台提升共享宽度,开发课程内容提升教育效度,融入课程思政提升融合强度,开展专题嵌入提升育人精度,努力实现思政课改革创新与

---

① 习近平. 高举中国特色社会主义伟大旗帜 为全面建设社会主义现代化国家而团结奋斗:在中国共产党第二十次全国代表大会上的报告[M].北京:人民出版社,2022.
② 深入推进大中小学思想政治教育一体化建设[EB/OL]. http://www.qstheory.cn/dukan/hqwg/2024-05/29/c_1130153457.htm.

思想政治教育内涵发展的"六提升"目标,为推动思政课一体化建设从大中小学一体贯通向全市域协同推进的整体跃迁、合力推动思政课改革创新和思想政治教育高质量发展进行了深入探索和积极实践。全市大中小学校和广大思政课教师因地制宜、因校施策,围绕打造"真理的味道·越思政"品牌,聚焦循迹溯源,开展"田野思政",涌现出了一批充满绍兴元素、具有地方辨识度的"金课"和一体化建设"品牌案例",取得了明显成效。

　　本书以党的二十大和二十届三中全会为指引,以大中小学思政课一体化建设的问题导向、目标路径和内在规律为理论支撑,聚焦绍兴市域大中小学思想政治教育一体化建设的具体探索和特色实践,全面展示了绍兴推动大中小学思想政治教育一体化建设的生动案例。全书共分为五个篇章。第一篇总体介绍了"三贯通·四衔接·五协同"的地方高校引领大中小学思想政治教育一体化建设的绍兴实践,并以国内主流新闻媒体的典型报道和特色经典案例佐证绍兴一体化建设的成效;第二篇分别以"传承越地文化""弘扬运河文化""赓续胆剑血脉"为主题,展示大中小学思政课一体化建设的"同题异课"与"同课异构",呈现不同学段的教学重点与教学规律;第三篇以"绍兴黄酒""科技创新"为主题,立足大中小学"思政课程"与"课程思政"同向同行,展示越地"大思政"一体化建设的生动实践与魅力;第四篇聚焦协同教研科研,展示不同学段的思政课教师对一体化建设的理论思考;第五篇聚焦"真理的味道·越思政"的一体化品牌建设,以同演"阳明"一台大戏、同上"鲁迅"一堂大课、"名校"同育时代新人为鲜活案例,生动展示了绍兴大中小学在推进思想政治教育一体化建设的特色做法。

　　推进大中小学思想政治教育一体化建设是一项系统工程,这是一项永无止境的创新改革。希望本书能为全国各地在一体化的市域实践过程中提供借鉴与参考。

目　录

第一篇　"越思政·越有范"：一体化绍兴探索

第二篇 "越思政·越有品"：一体化同课异构

第三篇 "越思政·越有味"：一体化同向同行

第四篇　"越思政·越有研"：一体化理论探索

第五篇　"越思政·越青春"：一体化品牌建设

CHAPTER 1

| 第一篇 |

"越思政·越有范":一体化绍兴探索

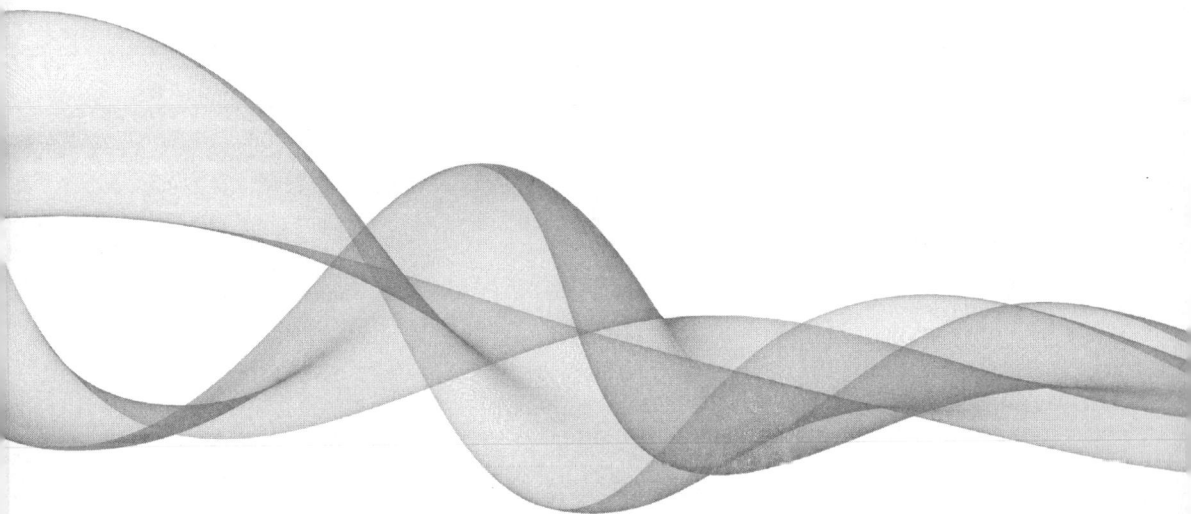

大中小学思政课一体化建设是新时代学校思政课改革创新的重点和难点，也是一项需要统筹各级各类学校和教育行政部门等各方力量推进的系统工程。2019年3月18日，习近平总书记在学校思想政治理论课教师座谈会上发表重要讲话，为大中小学思政课一体化建设鸣响发令枪。六年来，全国各地各校均在积极探索、实践创新，一段贯穿大中小学思政教育循序渐进、螺旋上升的阶梯正在逐步建立并完善，让人振奋。

　　浙江省致力于打响"真理的味道"大思政品牌，于2023年4月成立全省大中小学思政教育一体化建设联盟，11个地市积极响应落实，探索建立"校政地联动、校企社协同、跨学段链接、跨学科融合、省内外合作"五联动工作机制，深挖浙江省"三地一窗口一示范区两个先行"的思政育人资源，融入课程教学、理论研究、品牌创建、社会服务，课程共建、师资共培、学生共育、资源共享，全方位推进浙江省大中小学思政教育一体化建设，并将2024年确定为一体化建设"扩优提质年"，全面实施队伍素质提升、思政金课培育、高水平理论成果产出、思政品牌创建、数字赋能发展等"五大行动"，为全国思政教育一体化建设提供浙江经验、打造浙江样板，为努力培养堪当民族复兴大任的时代新人贡献浙江力量。

　　坐落在国务院首批命名的历史文化名城绍兴、传承百年师范办学底蕴的绍兴文理学院，自21世纪初就积极探索思想政治理论课教学改革和大中小学合力培养卓越思政课教师。自2020年以来，着重在建体系、搭平台、顺机制上下功夫，以打响"真理的味道·越思政"品牌为目标，以"越地红色根脉赓续传承、新时代胆剑精神践行弘扬"为主旨，强化循迹溯源，聚焦"田野思政"，构建大思政课育人格局，持续推动大中小学"思政课一体化"建设向"思想政治教育一体化"建设整体跃升。主体协同"两个联盟"聚合力量，即强化市域大中小学思政课一体化建设学校联盟的协同联动和名师工作室联盟的示范引领，建立覆盖全市6个区、县（市）的一体化市域协作机制，共筑育人合力;内容协同"两个结合"深化教学,即用好绍兴市作为首批国家历史文化名城的丰厚教育资源,推进马克思主义理论与中国特色社会主义实践相结合、与中华优秀传统文化相结合,打造越地"田野思政"金课;路径协同"两类平台"整合资源,即利用社会大课堂强化实践育人,依托网络新课堂实现数字赋能,统筹建设思政教育资源体系,全力打造更具绍兴特色和更可借鉴复制的"三贯通·四衔接·五协同"地方高校引领大中小学思想政治教育一体化建设实践样本。

主题一
总体概况

"三贯通·四衔接·五协同"：
地方高校引领大中小学思想政治教育一体化建设的绍兴实践

共同推动大中小学思想政治教育一体化建设是新时代贯彻落实党的教育方针的重要任务。近年来，在浙江省、绍兴市教育工委领导下，绍兴文理学院联合绍兴市教育教学研究院牵头开展全市大中小学思政课一体化建设，紧紧围绕"真理的味道"全省思政品牌建设，结合区域特色，深挖越地思政教育元素，围绕"传承历史文脉，赓续胆剑血脉，守护红色根脉"，坚持党建引领，聚力"三脉融合"，形成具有绍兴特色的"三贯通·四衔接·五协同"地方高校引领大中小学思想政治教育一体化建设的"市域模式"，形成了"真理的味道·越思政"品牌。

一、路径与目标

学校早在2011年就开始探索与中学协同培养思政课教师和创新思政课教学的"双协同"实践机制；2014年与中学开展"协同教学、协同教研、协同科研"实践；2019年提出思政课一体化建设"五协同"机制。2020年起，学校以"越地红色根脉赓续传承、新时代胆剑精神践行弘扬"为主旨，聚焦"田野思政"，强化循迹溯源，探索协同建设机制，拓展协同教学场域，贯通职前职后教育，推动"政校社"一体协同，"教师·课程·教材·实践"一体联动，探索出一条各学段纵向贯通衔接、横向融通协同，符合学生成长规律、教育教学规律和思政课建设规律的育人途径。

(一)主要路径

1. 以机制"三贯通"构建一体化建设共同体

针对目前大中小学思政课一体化建设推进过程中地方政府和社会、大中小学校、各学段教师之间缺少协同,存在"高"热"基"冷和"各管一段"等现象,努力破解主体协同不力问题。一是内外贯通资源。牵头引领,与市教研院合作,组建市域思政课一体化建设学校联盟和名师工作室联盟,从试点先行到全域推进,汇聚全市思政课名师资源和政、校、社等各方力量,倾力打造共同体,解决了主体"统"的问题。二是纵向贯通学段。通过校际共建、师资互聘、教研互动、教材共编、学生共育、活动共参和同课异构、同题异课等途径,解决了学段"接"的问题。三是横向贯通要素。统筹教师、教材、课程、场域等要素,实现课堂内外、校内校外、职前与职后的一体联动,推动思政课程、课程思政与日常思政聚力同行,解决了资源"融"的问题。通过三个贯通,形成教师、课程、学生、资源一体联动,"小思政"与"大思政"协同推进的运行机制,打通了一体化建设的"任督二脉",实现纵向贯通、横向联通、资源融通、协作畅通,引领推动"思政课一体化"向"思政教育一体化"跃升。

2. 以课程"四衔接"打通一体化建设关键点

针对大中小学思政课一体化建设过程中存在的学科与学段互相割裂,课程目标、内容、过程、评价等缺少衔接的现象,努力破解目标指向不准问题。一是立足课程目标,实现学段进阶。紧扣核心素养培育,统筹课程目标的阶段性和整体性,凸显小学"知道"、初中"懂得"、高中"理解"、大学"践行"的要求,循序渐进、螺旋上升,解决了目标"脱节"问题。二是围绕课程内容,开展同题异构。强化核心课程教学,体现课程内容的层次性与立体性,深入开展以"枫桥经验""黄酒文化""运河文化""名人文化"等为主题的一体化思政课程与课程思政,实现小学"故事链"、初中"情感链"、高中"逻辑链"、大学"问题链"的有机衔接和整体递进,破除了内容"重复"问题。三是统筹课程实施,推动资源集成。遵循认知规律,结合小学"启蒙性"、初中"体验性"、高中"常识性"、大学"理论性"的学习特点,组织集体备课和专题研修,开展名师引领、金课示范,开发建设教学案例库和一体化专题网站等,推动平台支撑与资源集成,解决了教学"碎化"问题。四是优化课程评价,彰显多元立体。聚焦目标达成,彰显课程评价的针对性与共向性,兼顾教、学、管、服等供需侧多方主体，构建多维度评价体系，解决了要素"孤立"问题，从而推动大中小学全学段思政课内涵式发展。

3. 以路径"五协同"丰富一体化建设场景图

针对大中小学思政课一体化建设实践过程中存在的"有共识缺行动""重形式轻成效"，甚至"一窝蜂"和同质化，或停留在表面，缺乏有效的具体路径和常态化机制等现象，努力破解路径方法不清问题。一是协同党建保障教学管理。强化党建统领，由地方政府教育主管部门统筹指导、高校牵头引领、中小学校广泛参与、社会各方协同支持，为一体化建设提供机制保障。二是协同教学夯实课堂阵地。遵循教学规律，把握学段差异，推进课程内容的整体性、层次性以及教学方法的连续性、适恰性，协力打造越思政"金课"。三是协同教研贯通教学目标。细化各学段育人任务清单，以一体化思维共同参与课程教学设计、实施、评价等，提高教学实效。四是协同科研助推教学改革。共同开展课题攻关、教材编写、论文写作等，实现大中小学教师教学能力和理论研究的互促共进。五是协同资源提升育人实效。强化教师、学生、课程、资源一体联动，拓展空间场域，丰富实践场景，为国内师范类地方高校引领大中小学思政课一体化建设提供了可借鉴复制的市域模式。

(二)目标导向

学校在引领推进大中小学思政课一体化建设实践中，始终聚焦育人成效，以"六提升"为目标，积极拓展实践载体，形成一体化长效机制。

1. 立足一体化实践成效，不断丰富内容体系

学校立足绍兴，深入挖掘越地文化要素，以"六提升"为目标，拓展一体化建设载体：一是提升主体覆盖广度，实现对象区域延伸拓展。持续推动一体化建设参与对象从学校、教研院向大中小学思政课名师工作室、德育课程教研室延伸，建设区域从原有的中心试点学校向全市高校课程思政联盟学校、结对帮扶学校、研学基地所在乡村学校、名师工作室联盟成员所在学校等拓展，实现更广泛覆盖的共建共享。二是提升教学改革力度，实现"大思政课"守正创新，在已建有10个"绍兴市大中小学思政课一体化建设"红色研学基地和10余个"绍兴市大中小学思想政治教育一体化建设"研学基地的基础上，进一步向纵深发展，扩大空间场域，持续打造"田野思政""时政进校园""走读绍兴"等实践教学品牌。三是提升平台扩展宽度，实现载体媒介多元共享，持续扩展线上线下多渠道资源载体，打造"红色学堂"思想政治理

论课教学实训中心,建设"绍兴红色之旅云实践"数字博物馆和实践沙盘,实现一体化教学空间和资源的"云上共享"。四是提升课程开发强度,实现教学内容贯通衔接,与中小学"手拉手"一体深化"习近平新时代中国特色社会主义思想"课程建设,围绕"百年党史""共同富裕""两个先行""中国式现代化""枫桥经验""运河文化"等主题,扎实开展好思政"开学第一课",持续丰富大中小学思政课一体化建设协同教学案例库。五是提升思政融合深度,实现课程思政与思政课程同向同行,与创新教育、劳动教育、廉洁教育、越文化传承创新、党团队一体化、校本德育一体化等深度融合、全域延展,推动课程思政与思政课程协同育人,联合申报高能级教学成果奖培育项目,推进大中小学课程思政、大思政育人品牌协同创新,产出更多协同成果。六是提升专题嵌入效度,实现思政大课全面深化,持续发挥"越讲越响"教授博士宣讲团、"越讲越红"大学生宣讲团的作用,联合中小学团员宣讲团和红领巾宣讲团,深入学校、社区、企业等开展"党的二十大精神""青年伟人""共富善治"等专题宣讲,进一步扩大"走读绍兴·越享未来""绍兴文化青年说"等品牌活动的影响力。

2. 立足一体化人才培养,完善职前职后育人体系

学校将大中小学思想政治教育一体化建设理念融入思想政治教育专业人才培养的全过程:一是以内外联动实现全方位融合,全面实施卓越思政课教师成长计划,创新做实"双导师"制,常态化组织开展一线教师"思想政治教育一体化"专题研修,进一步加强校内外联动,实现理论引领与实践指导全方位融合。二是以专题活动践行全过程参与,从开学典礼、始业教育、"名师进课堂"、"三习"活动,到毕业生师德规范宣誓仪式、毕业典礼等全过程,再到职后接续培养,践行师德规范、强化教学技能、提升综合素养贯穿始终。三是以品牌打造激发全员热情,善用资源、发挥优势、彰显特色,持续深化"田野思政""绍兴文化青年说""走读绍兴""艺术思政大课"等实践教学特色品牌建设,提升全员参与度,聚力打造"真理的味道·越思政"思政一体化建设市域品牌。

二、经验与启示

(一)主体协同:"两个联盟"聚合多方力量

构建"三贯通"机制,注重"四衔接"环节,开展"五协同"活动,形成大中

小学育人主体的合力,发挥 $1+1>2$ 的协同效应。一是学校联盟实现主体
联动。作为落实立德树人根本任务的关键课程,学校始终把深化思政课创
新改革、提质增效放在首要位置,积极构建校内外育人主体协同机制,允分
发挥绍兴市大中小学思政课一体化建设学校联盟引领作用,抓住思政课程
的"牛鼻子",以"共建""拉手""接力""拼图"的方式,推动形成一体化"向心
力",在承上启下开展思政课一体化建设的关键市域层面,构建具有鲜明地
域标识度的思政课一体化教学品牌。二是名师联盟共筑育人合力。成立大
中小思政课一体化名师工作室联盟,通过组建一体化教育共同体来推动一
线名师、教研专家、业界精英等多元主体协同育人,承担起"参谋部、咨询台、
指导组、推动队"的职责,切实当好学校思政教育一体化先进理念的传播者、
创新实践的指导者、教育研究的引领者和先进典型的总结推广者。

(二)内容协同:"两个结合"深化一体化教学

深挖越地思政"富矿",善用社会"大课堂",以系统观念做好整体设计,
推动多主体密切合作、多方面力量协同发力,形成并完善纵向贯通、横向联
通、资源融通、协作畅通的"多元立体化全过程"思政实践课程体系,实现教
育教学资源互联互通,经验方法互学互鉴,让思政课与现实紧密结合、与实
践充分互动、与时代同频共振。一是马克思主义理论与中国特色社会主义
实践相结合。用好《习近平新时代中国特色社会主义思想学生读本》,推进
"习近平总书记在地方重大实践与视察地方和学校重要论述"进课堂工作,
"手拉手"常态化开展一体化循迹溯源"田野思政"实践教学。南湖纪念馆学
"百年党史"、秀松故里讲"百年团史"、坡塘云松话"乡村振兴"、特色小镇看
"共同富裕"、枫桥镇探基层治理现代化、浙东运河文化园寻千年水脉与文脉
交相辉映……系列主题协同教学、教研活动深入开展,影响广泛。二是马克
思主义理论与中华优秀传统文化相结合。用好绍兴市作为首批国家历史文
化名城的丰厚资源,做好"第二个结合"文章,积极贯彻和生动实践习近平文
化思想,激活"越文化基因",推动中华优秀传统文化的传承与弘扬。"绍兴
历史文化""习皮影技艺,讲虞舜传说""娃犴龙舞""舜德纸绘"等拓展课程纷
纷进入绍兴和杭州的中小学课堂,并已成为最受中小学生欢迎的选修课。
通过"圣德润越"社戏、对话典籍里的尧舜禹等活动,开展"传承弘扬虞舜文
化"一体化文旅融合田野研学,利用舜王庙、大禹陵内的素材展开沉浸式体
验型教学,在社会大课堂中带领中小学生串起思政小课堂,助推传统文化实

践育人目标与大中小学思政课程的一体化建设,为研学活动增添了青春亮色。

(三)路径协同:"两大平台"整合教学资源

用好线下实体和线上网络两大类资源,利用社会鲜活案例提升课程的新意和吸引力,真正让思政课在内容上与时代同行、话题上与现实同步,让学生在学习中实现观念与理论共振、梦想与初心同频。一是社会大课堂强化实践育人。在浙江省内建有枫桥经验陈列馆、民情日记纪念馆、浙东运河文化园、阳明故里等大中小学思政课和思想政治教育一体化研学基地。紧扣思政课实践教学的目标与要求,"大手拉小手"开展理论宣讲、田野思政、红色研学等多样化的实践活动,把思政课堂搬到红色教育基地、乡村振兴示范区、"非遗"文化传承地等现实场景,让学生获得体验式、沉浸式学习,提升思政课的触感和亲和力。二是网络新课堂实现数字赋能。积极打造"网络＋"学习模式,依托网络新媒体平台和技术建立一体化教学资源包,建设绍兴市大中小学思政课一体化建设专题网站和手机 APP,越牛新闻开辟"思政"频道,潮新闻开设"田野思政"(已发布 24 期,每期阅读量 2 万以上)、"绍兴文化青年说"专栏(已发布 8 期,每期阅读量 3.5 万以上),为大中小学思政课教师的理论学习和教学实践提供辅导资源库,开展实时交流。

三、成效与推广

(一)育人实效

1. 主体覆盖面不断扩大

参与主体从首批联盟试点单位向思政课名师工作室、德育教研室延伸,已从原有的试点学校向在绍高校、结对帮扶学校、中小学思政课一体化研学基地所在乡村学校、名师工作室联盟成员所在学校、绍兴结对省市学校等拓展,辐射扩展到省内外。截至目前,绍兴市域共有 150 余所学校、1000 余名思政课教师和思政专业学生、5 万余人次学生现场参与"大中小学思政课建设一体化"协同教研、协同教学、协同科研等活动。还与绍兴对口援藏、援疆、援川学校一起合作,参与一体化建设活动的主体不断扩大延展。

2. 育人场域不断拓展

联合地方党委、政府和社会各界,持续拓展"社会大课堂"的场域空间。已在市域范围建有枫桥经验陈列馆、俞秀松纪念馆、民情日记纪念馆等 20

余个"大中小学思想政治教育一体化研学基地"和44家"走读绍兴"研学基地，开展"走读绍兴·越享未来"系列活动；借助"田野思政""时政进校园""绍兴文化青年说"等实践教学品牌，形成并完善纵向贯通、横向联通、资源融通、协作畅通的"多元立体化全过程"实践课程体系。

3. 品牌影响力不断提升

凝练打造"真理的味道·越思政"品牌，"越讲越响""越讲越红"高校师生宣讲团联合团员、红领巾宣讲团，创新开展理论宣讲，超500场次，受众超5万人次，宣讲工作荣获2022年绍兴市高校德育成果奖一等奖；开展大中小学一体化"越思政"金课评选两届、课程思政优秀教学设计和案例征集四届，每届征集示范课例（教学设计）各100节以上，开展"大思政"一体化育人品牌征集，已连续四年为一体化开展市级专题立项320项以上；10余年来，大学生开设的《绍兴历史文化》拓展课、"虞舜文化"系列"非遗"课程已成为最受中小学生欢迎的选修课，"田野思政""走读绍兴·越享未来""绍兴文化青年说"、手拉手"开学第一课"等活动陆续开展。高校引领开展大中小学"田野思政"一体化的绍兴实践获得2023年绍兴市高校教学成果奖一等奖、2024年绍兴市高校德育成果奖一等奖，"真理的味道·越思政"品牌影响力越来越彰显。

4. 思政学子培养质量不断提高

通过协同育人，思想政治教育专业人才培养质量稳步提升。近五届就业率100%，考取中小学教师、研究生、公务员等岗位的比例（进编率）平均达到80%，从事教育行业比例达到95%以上。绍兴文理学院在"挑战杯"比赛、大学生创新创业大赛、全国"田家炳杯"全日制教育硕士专业学位研究生（学科教学·思政）教学技能大赛、浙江省师范生教学技能大赛上连获佳绩，连续两年获浙江省思政微课特等奖，连续四年获浙江省"卡尔·马克思杯"大学生理论知识竞赛一等奖，且职后发展势头强劲，连续三届绍兴文理学院有思政专业毕业生代表浙江省参加全国教学大赛并获奖；近三届毕业生中，已有20余人次获得区县级以上教学、教研奖项；有新教师入职一年后就开出全省公开课，第二年获省赛特等奖。

（二）理论成果

相关成果获教育部、浙江省教育厅高校思想政治工作精品项目4项；课程思政建设成果获2021年浙江省教学成果奖二等奖；一体化建设研究立项教育部教学研究项目、省哲社项目、省"十三五"示范创新工程项目、省首批课程思政建设项目、省教师教育创新实验区第二批建设项目、市哲社重点课题等。在《教学月刊·中学版》开辟专栏,发表各学段教师论文4篇,转载其他核心期刊的论文10余篇;编写出版《大中小学思政课一体化建设协同教学案例研究》《中小学课程思政的设计与实践》等。《循迹溯源用好"枫桥经验"思政"富矿" 一体化思政大课品"真理味道"》案例入选教育部习近平新时代中国特色社会主义思想进课程教材典型案例。

(三)推广应用

绍兴文理学院在全国马克思主义学院建设论坛、第五届全国大中小学思政课一体化建设学术研讨会等作典型介绍10余次;2023年4月,在浙江省大中小学思政课一体化建设推进会上,被推举为"浙江省大中小学思政课一体化建设联盟"副理事长单位,成员单位绍兴市建功中学教育集团作为唯一中学代表作典型交流;在学校东西部结对学校——乐山师范学院、结对松阳县和全国、省级名师工作室联盟成员运用本成果。学校已开设"绍兴市大中小学思政课一体化建设"专题网站和手机端移动APP。

(四)社会反响

相关活动获《人民日报》《光明日报》《中国教育报》和央视、浙江卫视新闻联播等省级及以上主流媒体报道60余次,2022年10月,国内外10余家主流媒体"教育环浙行新闻采风"专题报道;越牛新闻开辟思政频道,浙江新闻(潮新闻)客户端先后开辟"时政进校园""田野思政""开国大典上的绍兴人""绍兴文化青年说"等专栏,每期点播量超万人次,仅2021年推出"田野思政"短视频20个,每集浏览量3万以上,产生了广泛社会影响。

(绍兴文理学院大中小学思政课一体化建设网站)

主题二
专题报道

让文明之光照亮复兴征程
——习近平总书记引领推动文化遗产保护传承（节选）

（来源:《人民日报》,2024-06-08）

泱泱中华,历史悠久,文明博大。

在这片辽阔的土地上,九曲黄河气势磅礴、滚滚长江奔涌不息、万里长城蜿蜒巍峨、京杭大运河贯通古今……这些灿烂辉煌的文化遗产,是中华民族的代表性符号和民族精神的重要象征,承载着中华文明,延续着千年文脉。

"中国文化源远流长,中华文明博大精深";

"文物承载灿烂文明,传承历史文化,维系民族精神,是老祖宗留给我们的宝贵遗产";

"保护好、传承好这一历史文化遗产,是我们共同的责任";

…………

话语深情,嘱托殷切。党的十八大以来,习近平总书记的文化足迹遍及全国,考察文化遗产,探寻文明根脉,对文化遗产保护传承作出一系列重要指示批示。

文明之光照亮复兴征程。

在以习近平同志为核心的党中央坚强领导下,在习近平文化思想科学指引下,我国文化遗产保护工作取得历史性成就,全社会文化遗产保护意识显著提升,千年文脉赓续绵延,灿烂文明生生不息。

"老祖宗传下来的优秀传统文化,我们要继续攥在手里,与时俱进,让它发扬光大。"

习近平总书记强调:"要把历史文化遗产保护放在第一位,同时要合理利用,使其在提供公共文化服务、满足人民精神文化生活需求方面充分发挥作用。"[①]

一条大河沟通南北,一条视频贯通古今——

从京杭大运河南端的浙江杭州出发,穿过拱宸桥桥洞,又进入乌篷船,来到河南洛阳回洛仓,这是运河边古代粮仓的遗址,观众突然感觉像坐电梯一样快速下降,"掉"进了粮仓,现场一阵惊呼……

"这是博物馆里最受欢迎的裸眼 3D 体验项目。"江苏扬州中国大运河博物馆馆长郑晶说,"5 分钟的视频,千里运河画卷近在咫尺,两岸烟火气息触手可及,能感受到传统文化的全新生命力。"

2023 年 9 月 20 日,习近平总书记在浙江绍兴浙东运河文化园考察时强调:"大运河文化是中华优秀传统文化的重要组成部分,要在保护、传承、利用上下功夫,让古老大运河焕发时代新风貌。"

"原来我们每天喝的、用的水,有一部分是来自大运河!"在参加浙东运河博物馆组织的研学后,绍兴市紫薇小学六年级学生徐浩轩有了这个新发现,决定要努力保护运河。

今年以来,浙东运河博物馆与绍兴的大中小学开启馆校合作,将馆内展陈和古运河场景有效融合,将博物馆打造成"行走的思政课堂",为运河文化的保护、传承、利用提供了新载体、新平台。

保护第一,传承优先,文化遗产在传承弘扬中华优秀传统文化中发挥了独特作用。

……………

今日之中国,"文博热"火爆、"文创风"劲吹、"诗词热"兴起,传统文化点亮群众幸福生活。文化遗产保护传承让中华文化焕发新的生机活力,为推动物质文明和精神文明协调发展贡献了重要力量。

(《人民日报》记者:张贺　张烁　郑海鸥　《人民日报》记者李卓尔参与采写)

---

① 习近平在中央政治局第二十三次集体学习时强调 建设中国特色中国风格中国气派的考古学 更好认识源远流长博大精深的中华文明[EB/OL]. http://www.qstheory.cn/yaowen/2020-09/29/c_1126557587.htm.

绍兴文理学院：
在传承创新中擦亮新时代"枫桥经验"金名片

（来源：光明日报客户端，2023-11-10）

"'枫桥经验'是基层社会治理的一面旗帜。讲好开学第一课，以自觉的行动坚持和发展新时代'枫桥经验'，是我们的责任和担当。"近日，绍兴文理学院思政课教师们聚焦"枫桥经验"，为全校新生上了思政开学第一课。

"枫桥经验"是基层社会治理的宝贵经验，也是一座教育"富矿"。近年来，绍兴文理学院通过党建融合、课堂育人、研究阐释、实践转化等，在传承创新中合力擦亮新时代"枫桥经验"金名片。

"大课堂"青春澎湃

从绍兴文理学院到位于绍兴市诸暨市的枫桥经验陈列馆，只有 30 公里的距离。对于师生来说，"枫桥经验"是身边的"活教材"，是"学而时习之"的大课堂。

"兴村共富"实践团、"基层治理"实践团、"文明新风"实践团、"枫桥经验"理论宣讲团……每逢暑期，学校组织马克思主义学院全体师生，组建一系列社会实践团，前往枫桥镇开展以深度调研为主的暑期社会实践，加深师

生们对"枫桥经验"时代活力的认知体悟。

2023年3月,绍兴文理学院马克思主义学院牵头,依托绍兴市大中小学思政课一体化名师工作室联盟,以"'枫桥经验'与中国式现代化"为主题,开展了绍兴市大中小学百余名师生参与的协同教研活动。协同教研,同课异构,帮助大中小学生们内化"枫桥经验"的理论根基和实践发展。

绍兴文理学院围绕"枫桥经验",用好"活教材""大师资",激活"大课堂",发挥现场教学、"田野思政"学以致用的教育功能;建立了枫桥经验发源地枫源村、浙江首批未来乡村建设试点村杜黄新村等红色研学基地,开展了"新时代枫桥经验和乡村振兴"主题教学、"'枫桥经验'与中国式现代化"协同教研等活动;积极打造"时政进校园"、"越讲越红"大学生理论宣讲团、"绍兴文化青年说"等思政品牌活动,积极参与挑战杯"红色专项"、"互联网＋"大学生创新创业大赛、乡村振兴创意大赛等,将思政课堂与课程思政、校园课堂与社会大课堂和网络新课堂结合起来,让"枫桥经验"在校园"活"起来,在学生中动起来。

红色精神大宣讲,红色基地大实践,红色课程大构建,在校园实现了弘扬精神与创新精神、红色传承与情怀培养的有机融合。绍兴文理学院马克思主义学院的作品《从1963到2023:致敬新中国六十载"枫"景路——大学生寻访"枫桥经验"与基层社会治理现代化变迁的调研报告》,获2023年浙江省第十八届"挑战杯"全国大学生课外学术科技作品竞赛红色专项活动金奖;学生实践团获第五届浙江省大学生乡村振兴创意大赛铜奖。

"大课题"智库赋能

绍兴文理学院马克思主义学院章越松教授领衔开展"绍兴推进市域社会治理现代化研究"项目，着眼于当前市域社会治理的新形势新需求，提出了一条以"科学化机制、法治化治理、多元化主体、均等化服务、规范化基础"为主要内容的、兼具城乡一体化显著特征的市域社会治理新路径，研究成果受到绍兴市委主要领导批示和相关部门的关注。深耕"枫桥经验"，章越松已先后承担了十余项研究课题，大部分成果得到了应用。

2021年，浙江省文化工程重点项目"忠实践行'八八战略'，奋力打造'重要窗口'"系列专著出版，章越松领衔撰写了其中的《绍兴·行稽山鉴水 谱胆剑新篇》，着力溯源了"枫桥经验"。

面对基层社会治理的新特点、新要求、新问题、新矛盾，如何坚持好、发展好新时代"枫桥经验"？如何持续创新基层社会治理理念和方法？绍兴文理学院积极参与了这个"大课题"的探索和答案书写，充分发挥学科资源和人才智力优势，不断强化咨政服务与社会服务，扛起"枫桥经验"发源地高校的责任担当。

2018年5月，绍兴文理学院成立协商民主与基层治理研究中心。该研究中心从"协商民主基础理论研究""基层协商模式及适用性研究""浙江基层治理经验研究"三个方向开展研究，提炼以新时代"枫桥经验"为代表的浙江基层协商民主与基层治理实践经验。2023年，该研究中心入选浙江省社会治理研究智库联盟。

学校还成立了"枫桥经验"研究中心，加强"枫桥经验"的研究阐释和宣传转化；成立"乡村共富法治保障研究中心"，切实为乡村在发展和基层治理过程中增强法律指引、支撑和保障功能。该研究中心入选浙江省共同富裕研究智库联盟成员单位。学校5位教师受聘为绍兴市法学会首席法律咨询专家，为地方党委政府重大决策论证、重大风险防控、重大矛盾纠纷调处、重大信访积案化解提供决策咨询服务。

依托马克思主义学院、商学院等教师团队，绍兴文理学院组建"枫桥经验"专题调研课题组，开展"枫桥式"创建专题调研，参加"社科赋能共同富裕行动"、高校党建"四个融合"行动，围绕"聚力强村富民，提速赋能共同富裕"等研究课题，开展沉浸式实地调研，推出社科人文微讲堂"我把'共同富裕'讲给你听"系列讲座，凝练新时代绍兴市坚持和发展新时代"枫桥经验"的实践成果。

"金名片"活力焕发

2023年4月，由浙江省人民检察院主办，诸暨市人民检察院、浙江新时代"枫桥经验"研究院等承办的首期司法实务沙龙上，绍兴文理学院"枫桥经验"研究中心主任、绍兴市法学会枫桥经验研究会会长袁海平教授以"枫桥式"平安校园创建样本为切入点，阐释了创建过程中"校内＋校外""线上＋线下"矛盾调解体系构筑，"抓早、抓小、抓苗头"治理方法探索、"课内＋课外"红枫心理健康教育特色品牌打造等研究成果。

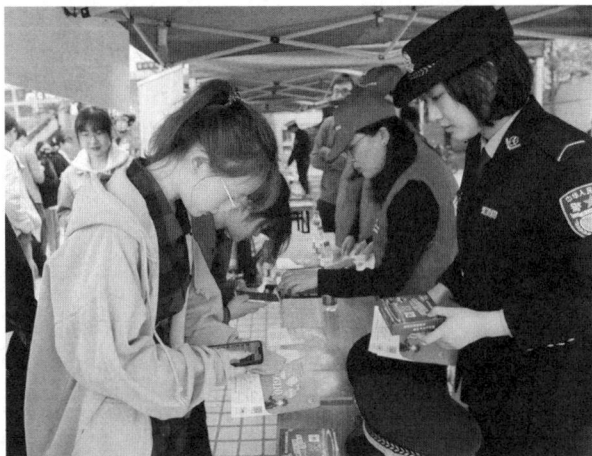

（绍兴文理学院、绍兴市越城区公安分局警校合作推动"枫桥式"平安校园建设）

创新"枫桥经验"进高校机制,探索解决学生矛盾、促进高校安全稳定、提升高校管理服务水平的新路径,成为绍兴文理学院持续推进平安校园建设,坚持和发展新时代"枫桥经验"的务实举措和具体抓手。

2022年7月,绍兴文理学院马克思主义学院党委与枫桥镇党委签约"党建共建·共富同行"联盟,推动形成互带互动、优势互补、资源共享、共同发展的党建工作新格局,以高质量党建推动高质量发展。2023年7月,绍兴市公安局越城区分局绍兴文理学院警务站正式揭牌成立,将建设为集防范、打击、服务职能的综合指挥平台,打造"校警高效联动"的校园安全治理模式。

"60年来,'枫桥经验'在实践中不断发展,与时俱进,历久弥新。作为'枫桥经验'发源地高校,我们要在循迹溯源上走在前、作示范,坚持好、发展好、传承好、弘扬好新时代'枫桥经验'。"绍兴文理学院党委书记汪俊昌表示。新时代的"枫桥经验"正在与高校的互动中,展示出蓬勃的生命力,并不断被赋予新的内容、新的方法,生发新的活力。

(通讯员:张颖 《光明日报》全媒体记者:陆健)

小学认识　中学认可　大学认同
绍兴推进大中小学思想政治教育一体化

（来源:《浙江日报》,2024-08-06）

舜德纸绘、狴犴龙舞、虞舜传说皮影戏……这个暑假,绍兴文理学院的15名大学生来到绍兴南部山区的王坛镇南溪书舍,为当地20多名中小学生开展了为期5天的虞舜文化培训活动。

"这次活动不仅加深了大学生们的文化认同,更在中小学生心中种下文化自信的种子。"绍兴文理学院带队教师俞婉君说。

除了在暑期社会实践中开展思想政治教育,近年来,绍兴市大中小学各学段、各学科,在课内课外、校内校外,不断扩展育人时空场域,已经形成了具有绍兴地域特色、可复制可推广的大中小学思想政治教育一体化建设市域模式。

"围绕同一主题协同教科研,教学目标和内容上有了递进性。"2024年7月初,绍兴市大中小学思想政治教育一体化优秀课例(案例)展示会结束后,"越思政"金课——"'枫桥经验'与基层治理"高中学段的展示教师楼雁如是说。

一年来,诸暨市西湖小学教师杨旦霞、上虞春晖外国语学校教师陈昊、诸暨市教师进修学校教师楼雁和绍兴文理学院教授裘斌等,围绕"'枫桥经验'与基层治理"这一主题,线上线下持续"磨"课。

根据学生的认知实际,他们确定小学围绕"有事好商量"进行感知教育,初中着重感悟法治精神,高中翻转课堂引领学生理解人民主体性,大学学习基层矛盾调解方法,实现了小学认识、初中认知、高中认可到大学认同的阶梯式教学。

"如果学生能从小到大接受符合学情、相互衔接的思政课,将对'枫桥经验'有更深领悟。"回忆起之前因部分学生不熟悉"枫桥经验"而影响了课堂适恰度,楼雁感叹道。

那么,如何让大中小学思想政治教育一体化建设行稳致远?

"绍兴着重在建体系、搭平台、顺机制上下功夫,已实现大中小学思想政治教育一体化协作机制市域全覆盖。"绍兴市教育局党委委员、二级调研员马成永说。

绍兴市于2020年在全省率先成立市域高校课程思政建设联盟,绍兴文理学院作为牵头高校,携手绍兴市教育教学研究院,相继建立绍兴市大中小学思政课一体化建设联盟和名师工作室联盟。

近年来,联盟积极开展以协同教研、协同教学、协同科研等为主题的研修活动。据悉,至今已有150余所学校、1000余名思政课教师、2万余名学生直接参与。

绍兴还将跨学科课程思政一体化纳入整体统筹规划,把思想政治教育元素内嵌于各门课程的内在逻辑之中,与思政课形成合力。

绍兴为全科教师搭建成长舞台,已连续四年开展课程思政相关案例评比和专项课题申报工作,每年征集示范课(含教学设计)100节以上,四年间开展市级专题立项320项以上。

近年来,绍兴还深度打造"场馆思政课""田野思政课"等实践育人课程,建有枫桥经验陈列馆、民情日记纪念馆等20余个"大中小学思想政治教育一体化研学基地"和44家"走读绍兴"研学基地,"时政进校园""绍兴文化青年说"等实践教学品牌也越擦越亮。

据悉,绍兴今年还将开展"越地"元素通识课程的立项、教创赛课程思政专项比赛等活动,持续推动大中小学思想政治教育一体化建设取得新成效。

(《浙江日报》记者葛雪琪 "共享联盟·绍兴"王丽红)

学段贯通　内容融合　机制创新
我市打造大中小学思政课一体化建设的"绍兴模式"

（来源：《绍兴日报》，2024-04-17）

2024年3月28日至29日，绍兴市课程思政立项课题交流、指导暨思政课一体化建设研修活动在嵊州市马寅初中学举行。据了解，近年来，绍兴市积极推进大中小学思政课一体化建设，探索符合学生成长规律、教育教学规律和思政课建设规律的育人途径，已走出了一条学段贯通、内容融合、机制创新的思政教育之路。本次研修活动对大中小学思政课一体化建设的"绍兴模式"进行了总结和展示，并对下一步工作进行了研讨和部署。

机制创新打通"关节"

大中小学思政课一体化的核心要义在于打通大中小学各学段、学校与社会的藩篱，根据学生的成长规律，结合不同年龄段学生的认知特点，构建纵向各学段层层递进、横向各课程密切配合的大中小学思政课一体化课程体系。

为此，绍兴市自2020年在全省率先启动全域推进大中小学思政课一体化建设试点工作，由绍兴文理学院作为牵头单位，携手绍兴市教育教学研究院、越城区教师发展中心、绍兴市稽山中学、建功中学教育集团、鲁迅小学教育集团等试点中小学校，破解学段隔阂，探索大中小学思政课一体化建设市域范例，构建了协同党建、协同教学、协同教研、协同科研、协同育人的"五协同"机制。

在此基础上，2022年11月，绍兴市大中小学思政课一体化名师工作室联盟（以下简称"联盟"）在绍兴文理学院正式成立，"绍兴市大中小学思政课一体化建设"网站也随之上线。该联盟和网站通过"名师引领、团队合作、共同提高、资源共享、均衡互补"，在教研共享、师资培训方面打通了"硬关节"，联通了"软组织"，走出了关键一步。

联盟成立以来，绍兴市大中小学思政课一体化建设由点到面迅速扩大，试点单位已经由最初的4所发展到近30所学校，楼秀萍、经建美、陈雅琴、高珺、徐雪梅、裘斌、丁菁、袁海平等多个名师工作室加盟其中。

2023 年 12 月,绍兴文理学院马克思主义学院与绍兴市 17 所中小学签署了思政课一体化建设协议,一体化建设在继续扩面的同时,也加强了纵向的深度探索。绍兴大中小学思政课一体化建设从原有的试点学校向在绍高校、结对帮扶学校、中小学思政课一体化研学基地所在乡村学校、名师工作室联盟成员所在学校扩展,辐射到省内外,参与主体迅速扩面,教学时空场域不断扩大。

内容融合提升质量

近日,在国家级非物质文化遗产传承基地——绍兴舜王庙,绍兴文理学院大学生吴越文化研究会的大学生们,带领绍兴图书馆"树兰书院"少儿国学班和柯桥区王坛镇中学的中小学生们,同上了一堂社会大课堂中的生动思政课。

大学生冯煊茹从为人、持家、政治三个角度将虞舜传说娓娓道来,倡导在场学子勇担守护虞舜文化根脉的使命;王坛镇中学的学生们用皮影戏的方式,演绎了虞舜传说;绍兴市虞舜文化研究会会长俞婉君、绍兴文理学院马克思主义学院副教授许大平等专家也用生动的现场讲解,为各学段学生解码虞舜文化。

据了解,虞舜文化主题的学段贯通式思政课程已持续开展多年,已成为绍兴市探索思政课一体化建设的典型案例。它既打通了大中小学之间的壁垒,也实现了学校资源和社会思政资源的双向奔赴。通过这堂"大思政课",大中小学生从虞舜文化这一越地资源中汲取了成长的营养;同时,大中小学生在舜王庙等社会大课堂中的学习实践,也使虞舜文化从时光深处走出,并染上了几分青春的气息,得到更好传承。

在 2024 年 3 月 28 日至 29 日举行的思政课一体化建设研修活动中,绍兴文理学院马克思主义学院党委书记陈红也通过虞舜文化一体化思政课等具体实践案例,展示了绍兴市基于这些实践形成的具有绍兴特色、可复制推广的"双贯通·五协同·六提升"的市域模式。

"双贯通"是指纵向的各个学段贯通、职前职后延伸,实现师资的双向互聘共享等;横向的课内与课外、校内与校外贯通,形成"政校社"协同创新模式。

"五协同"是指协同党建、协同教学、协同教研、协同科研、协同育人。

"六提升"是从师生参与的广度、教学改革的力度、平台扩展的宽度、课程开发的强度、思政融合的深度、专题嵌入的维度上着力,实现大中小学思政课一体化的质量提升。

各方协同"铺路架桥"

在绍兴市市教育教学研究院和绍兴文理学院的携手引领下,联盟为绍兴市思政骨干教师量身定制研修课程,并通过多种形式强化协同教研、协同教学、协同科研。

2023年,两家单位带领联盟内的名师工作室和试点学校,以《习近平新时代中国特色社会主义思想学生读本》为载体,先后开展了5个专场的协同教学、教研活动。

在"'枫桥经验'与中国式现代化"主题教研现场,诸暨市西湖小学教师杨旦霞以《有事好商量》精心设计感知教育环节,从班级管理的片段教学入手,启蒙基层治理的基本理念;枫桥镇中学的学生在上虞春晖外国语学校教师陈昊的带领下,探寻"枫桥经验"的"秘密"所在,为法治精神、公共参与素养、政治认同打下思想基础;诸暨市牌头中学教师楼雁带领学勉中学的同学们,以"枫桥经验"的传承和发展为议题,理解新时代"枫桥经验"的灵魂在于以人民为中心,其本质在于人民主体性;绍兴文理学院的学生们则在该校教授裘斌的引领下,一起了解诸暨市枫桥镇"老杨调解中心"主任杨光照用38年警务工作和志愿调解服务生成的"人民调解"七法与技巧,在课堂上以点带面,发挥"田野思政"学以致用、铸魂育人的教学功能。这样的"同上一节课"让各学段教师打开了思路。

基于多个协同教学的实践,由绍兴文理学院马克思主义学院牵头编著的《大中小学思政课一体化建设协同教学案例研究》于2023年8月出版。该书围绕4个学段开展共同主题教学的案例,向全国教育界分享了小学重在启蒙教育、初中重在生活体验、高中强调素质教育、大学注重责任担当的思政课一体化核心理念,展示了只有各学段的协同配合,才能实现大中小学思政课一体化的螺旋上升和有序推进,进而实现学科素养培育的落地。

绍兴市也为思政教师搭建了成长的平台,已连续3年开展相关案例评比和专项课题申报工作。从2023年开始,市教育教学研究院还与高校合作,在全市范围内开展大中小学思政金课的征集、评比活动。2023年全市共收到125节参评思政课,分学段共评出85节思政金课。

本次研修活动在实践层面对大中小学思政课一体化建设进行了新的部

署。接下来,绍兴市将进一步创新拓展一体化内涵载体,实现从"思政课一体化"向"思想政治教育一体化"整体跃升;将进一步贯通一体化师资队伍培养模式,依托高校的人才培养,形成大中小学卓越思政课教师队伍建设的协同场域和协同机制;将进一步发挥名师工作室联盟优势和进一步推动一体化课程深度研究;也将利用好绍兴丰富的红色资源,进一步推进"全域大思政课"建设。

(记者:王丽红 通讯员:骆新华)

拓宽视野　打开格局　融入乡土
这里的思政课"越味"浓

（来源:《绍兴日报》,2024-06-05）

近日,柯桥区湖塘中心小学开展了以传承黄酒文化为主题的跨学科课程思政一体化活动。学生们走进有着 300 多年历史的鉴湖酒坊,跟着黄酒"非遗"传承人做起"小小酿酒师",又在校内开展了甜酒酿制作、酒标签创作、劳动成果义卖等活动。这些活动的开展有助于学生对家乡文化的了解和认同。

这是绍兴市在挖掘整合思政教育资源过程中,注重以绍兴文化元素为媒介的一个缩影。近年来,绍兴市积极引导中小学语文、历史、地理、体育、艺术等课程与思政课同向同行、有机融合,让学校思政走向社会大课堂,实现生活化和沉浸式,真正体现"大思政课"视野之大、格局之大,从而更好地滋养学生的成长。

融入浓郁"酒香"

中国黄酒看绍兴,绍兴黄酒源鉴湖。柯桥区湖塘街道地处鉴湖腹地,自古便是绍兴黄酒的主要产地之一。为了利用好这方水土蕴含着的教育价值,湖塘中心小学对校内原有的黄酒展览馆进行扩建,建成了一个小小酒作坊,为学生们的实践学习提供场所。

在跨学科课程思政一体化活动中,学生们体验了脱谷、椿米、制酒药、制酒曲、取水、浸米、蒸饭、落缸、开耙等 20 多道古法酿酒工序。学生们又在老师傅的指导下学做甜酒酿,观察黄酒发酵的过程,解开绍兴酒的秘密。

学生们还在美术老师的带领下,绘制酒坛贴画,制作酒标签,一幅幅体现水乡特色的酒坛贴画很快就出现在古朴的酒坛上。

"开发黄酒文化相关课程,带领学生开展跨学科学习,能激发学生热爱故乡和报效故乡的情怀,同时让学生从绍兴黄酒人身上汲取坚韧不拔、心无旁骛、精益求精、一丝不苟的优秀品质。"柯桥区湖塘中学副校长、省特级教师金利萍表示。

金利萍联合湖塘区域内各学段学校,根据一体化教学内容,从价值体认、责任担当、问题解决、创意物化等 4 个维度确立了"鉴水酒香"主题活动各学段一体化目标。在纵向主题整合上，在鉴湖中心小学开展同主题实践活动的同时，湖塘中学利用学校对面就是会稽山黄酒博物馆的地理优势，带领学生开展"当个调查员""当个设计师""当个解说员"等实践活动。横向跨学科关联上，湖塘中学开发了"Rice Wine & English Speech""鉴水酿""醉美醉香"等与黄酒文化相关的课程，开展跨学科学习，以增强文化自信，厚植家国情怀。

打响"立人"品牌

"研越乡农村，话宋韵今辉，鲁迅小学推出开放式思政课""绍兴市鲁迅小学教育集团：'开放式思政'奏响阳光'四独娃'的童年之歌""开放式思政课程的探索与实践——以'越乡娃'思政课程为例"……最近，鲁迅小学教育集团构建开放思政课程受到了省内外媒体的众多关注，成为绍兴大思政教育中的一大特色品牌。

长期以来，以鲁迅先生名字命名的鲁迅小学教育集团把弘扬和践行鲁迅的"立人"教育思想作为使命，通过营造"立人"环境、开发"立人"课程、开展"立人"活动、培养"立人"先锋、辐射"立人"品牌等途径，挖掘越地红色资源、文化资源，构成协同、立体、有机融合的思政课程体系，最终形成"越土特质＋红色传承＋时代责任"的思政育人特色。

在思政课程体系中，鲁迅小学尤其重视"开放式思政"，带领学生在各种跨学科实践活动中，通过"研越乡农村""访越地红馆""秀越韵文化""探越城基地"等实践课程，走进各类场馆、各种基地、各个农村，让学生拥有丰富又真实的本土文化体验，把学习教育成效内化为理想信念和品德修为，转化为学习动力和爱国行动。

例如，在"秀越韵文化"主题课程中，鲁迅小学将思政与文学创作、创新教育、美学教育有机结合，请学生设计家乡十大红色风景明信片。学生们先对感兴趣的风景、人物进行梳理与归纳，再通过项目式学习了解各大红色基地、乡土风景中的红色元素，并进行提炼、创作、展示，从中学思政、悟爱国。

"面向小学生的思政教育需要打破单一的课堂学习，创新思政学习的模式，使学生在主动积极的状态下开启思政学习之旅，这样才能真正把'立德树人'落到实处，努力培养具有'理想信念、家国情怀、时代责任'品质的优秀少年。"鲁迅小学教育集团副校长莫岚说。

做好名人文章

绍兴一中古籍收藏室里除了藏有数量庞大的珍贵古籍，还陈列着 16 个看起来不显眼的樟木箱子,它们有着属于自己的特殊编号。参观完这里,学生唐秀聚曾动情地写下这样一段话:"抗日战争中,偌大的绍兴城摆不下一张小小的课桌。枪炮声中,学校坚持在流亡中办学。那些箱子里装着当年学校珍藏的12000余册古籍。翻开那些古籍,就如同打开了时光隧道。救国不忘读书,读书不忘救国。"

可以作为学生身边的优秀德育"实物"资源的,还有该校蔡元培纪念馆中的一幅蔡先生亲题的对联实物;鲁迅先生使用过的袖珍显微镜、解剖刀、小钳子、229幅博物图谱等教具。流亡办学期间,一中人将这些"宝物"随身携带而行,未曾丢失损毁一件。它们所承载的家国情怀、求真务实的精神值得一代代学生传承好、发扬好。

为此,绍兴一中教师胡红燕策划了题为"融合校馆·美育话新"的项目式学习,旨在借助学生身边的这些"宝物"以及校外的博物馆资源,发挥美育项目的德育功能。

该项目式学习在校内、校外及网络3个空间维度展开,做到在馆内进行现场互动教学,让学生能近距离欣赏实物原作。如该项目式学习曾带领学生走进博物馆寻找最美的藏品。在"寻找"的过程中,历史文献在实物面前不再是冰冷的文字存在,而是联系特定历史情境下"胆剑精神"的共情效应。学生感言,在这里他们触碰到了绍兴的文脉跳动。

接着,胡红燕又请学生将共情化为文创作品。例如,学生们用明信片设计、文旅袋设计、纸质立体造型让鲁迅的文字重新焕发生机。目前,由该校学生完成的鲁迅文创系列作品已和鲁迅使用过的实物一起陈列于校内鲁迅纪念馆,长期供校内外人士观瞻。

绍兴名人辈出,红色资源丰富。如何把这些优秀资源进一步有机融入思政课程、课程思政与日常思政教育中,以彰显学校的办学特色?绍兴文理学院马克思主义学院党委书记陈红介绍,绍兴市以大中小学思政课一体化建设试点学校和市大中小学思政课一体化名师工作室联盟为基础,开展了学校大思政育人优秀案例的征集和展示活动,以帮助学校梳理总结相关机制体制、思路方法、工作举措、特色载体、成果成效等,提炼大思政育人品牌,真正形成学校思政育人的特色做法和典型经验。

(记者:王丽红　通讯员:骆新华)

馆校合作　研学赋能
"行走的思政课堂"落地开花

（来源：《绍兴日报》，2024-07-15）

2024年6月8日，《人民日报》头版刊发文章《让文明之光照亮复兴征程——习近平总书记引领推动文化遗产保护传承》，报道点赞了绍兴市以"馆校合作"打造"行走的思政课堂"实践经验。

绍兴被称为"没有围墙的博物馆"。如何让陈列在广阔大地上的遗产"活起来""传下去"，成为绍兴市大中小学在深入挖掘思政课资源、赋能思政课高质量发展上的重要课题。对此，全市学校积极与博物馆、非物质文化遗产传承基地、文保单位合作，探索出了馆校合作、研学赋能的思政教育新模式。

馆校合作开发情景式思政课

"通过这堂行走的思政课，我了解了大运河蓄水和开闸泄洪的知识，知道了古人是如何用他们的聪明才智让运河灌溉了两岸农田的。这让我更加珍惜和尊重我们的历史和文化，更加激励我去认真学习更多的知识。"柯桥区杨汛桥中心小学四年级学生唐宇悦在参观完浙东运河博物馆后说。

浙东运河是中国大运河的重要组成部分，是大运河与海上丝绸之路连通的通道，浙东运河博物馆和浙东运河文化园是绍兴市中小学生的一座学习富矿。2024年初以来，绍兴市大中小学积极与浙东运河博物馆开展馆校合作，将馆内展陈和古运河场景有效融合，打造运河主题的"行走的思政课堂"。据了解，浙东运河博物馆方面目前已打造出精品研学线路10余条，研发出特色研学课程数十节，其蕴含的育人思想大部分落在"涵养文化自信，厚植家国情怀"上；而学校方面也根据自身的实际需要，借助博物馆资源开发出了各具特色的思政课程。

浙江师范大学附属绍兴镜湖小学开发的特色课程为"越酒行天下，运河连古今"。该课程从"浙东运河是如何帮助绍兴黄酒实现行天下的"这个驱动问题出发，带领学生既了解运河文化，也了解黄酒文化，并在纤夫体验、运河水利工程探秘、乌篷船模型制作等实践中，解开黄酒与运河的深厚渊源，收获了满满的知识和思想能量。弓步弯腰,埋头铆劲,给该校五年级学生袁子龙带来很大心灵震撼的是纤夫体验。从中,他感受到纤夫的辛苦,但同时也明白正是纤夫们的劳动,才让浙东运河能够"运济天下"。他说:"作为一名学生,我们要学习'通江达海,运济天下'的运河精神,现在好好学习,未来做一名心怀天下的劳动者和创造者。"

浙江工业职业技术学院围绕浙东运河等校外场馆资源开发的课程为"市政给排水工程"。该课程采用"5+1"课程思政实施模式,"5"为传承大运河文化和大禹精神、践行生态文明建设、深化数字市政"浙"里建、服务乡村振兴战略、砥砺传承匠心筑梦,"1"为将浙江水文化引入课堂。该课程既能用"城镇排水系统的规划设计""水源及取水工程""污水处理"等专业知识充实学生的大脑,又能用运河文化和大禹精神等滋养学生的心灵;既鼓励学生传承大运河文化等优秀传统文化,又培养学生的创新意识和创新能力,并带领学生认识到社会发展、经济发展应与环境保护并行,鼓励学生用初心守匠心,为实现中华民族伟大复兴而奋斗。

行走中构建鲜活的大思政课

绍兴市长城中学学生带来皮影折子戏《禹献妙计统天下》、绍兴文理学院鲁迅人文学院大学生表演情景短剧《八大臣共商舜禹禅让》、柯桥区王坛镇中学学生表演《狴犴龙舞》……2024年5月8日,在大禹陵景区,绍兴文理学院联合杭州和绍兴的四所中小学校——绍兴市长城中学、柯桥区王坛镇中学、柯桥区王坛镇中心小学和杭州市文华中学共同举办了一场主题为"传承与自信:绍兴舜禹文化大中小杭绍学校联合研学"活动。100余名大中小学生通过沉浸式体验、互动式启发,进一步加深了对舜禹文化精神实质的体验和理解。

在这场活动中,绍兴市长城中学的张莉老师引领本校学生先观察了大禹纪念馆的外形和内部结构特征,了解其背后的设计思路;再请孩子们以大禹陵脚下的"守陵人"身份,在大禹陵纪念馆的后裔分布图、大禹后裔世系表和大禹后裔姓氏电子屏中找一找哪些大禹后裔会来绍兴祭祀大禹,并通过分析后裔分布图和世系表,理解历史与现实的联系,认识到历史人物对现代社会的影响;在学生观看完3D影片《大禹治水》后,请大家讨论影片为什么会得出"只有中国选择了治水"这个结论;在大禹纪念馆内大禹治水后人民安居乐业的墙画前,则请学生们结合《中国历史(七上)》教材中的相关历史知识,描述当时的生活生产场景。

在张老师的层层引导下,大禹纪念馆的种种陈列展示"活"了起来,也"厚"了起来。学生们仿佛身临其境,感受到大禹坚韧不拔、勇于创新、团结协作等品质,增强了对历史事件的感知和理解,也在思考中增强了对中华文化的自信和自豪感。

"我们身边很多场馆有内涵丰富的思政资源值得我们去挖掘。"柯桥区职教中心的傅俐俐老师说。去年,该校依托中国轻纺城展示中心,采用实境贯穿、展议并行的教学策略,打造了以学生为中心的"行走的思政课堂",展现了中国轻纺城的高质量发展之路,凸显了新时代纺织青年一棒接一棒的历史使命。2023 年 12 月,该校思政教师团队凭借这堂"布上的思政课"获全国思政课程教师教学能力大赛一等奖。

怎样把有高度的理论讲得接地气?怎样把国家奋斗目标变成小我的担当?2024 年,柯桥区职教中心思政教师团队又把思政课建到党建共建示范村的村史馆和文化广场中。2024 年 5 月 29 日,在柯桥区安昌街道大山西村,思政教师徐晓燕结合村文化广场中的一句标语"小事不出村、大事不出镇、矛盾不上交",给同学们现场介绍"枫桥经验"如何从"一地之计"到"一国之策"的故事;该村党委委员沈云科带领学生参观了村史馆,学生们从"乡村前身—转型发展—特色治理—文化引领—创建全国文明村"这一大山西村的发展历程中,看到了关于乡村振兴的生动实践,高深枯燥的思政理论课从百姓口中、从基层治理者身上、从乡村治理成果中变成了落地、鲜活的大思政课。

这一堂堂生动的思政课,让每一个场馆都"活"了起来。依托场馆这一鲜活资源赋能"大思政课",就是成功打造"行走的思政课堂"的重要密码。

（记者：王丽红　通讯员：骆新华）

"越思政金课"为铸魂育人添活力

（来源：《绍兴日报》，2024-09-04）

日前，绍兴市教育教学研究院联合绍兴文理学院在全市范围内开展了大中小学第二届"越思政金课"、第四届课程思政一体化、第一届思政教育一体化优秀案例征集、评比、展示活动，评出"越思政金课"63节。

据悉，本届"越思政金课"评比活动要求围绕习近平文化思想，特别是关于推动中华优秀传统文化创造性转化和创新性发展的重要论述，用好绍兴丰厚的历史文化资源，紧扣"赓续传承越地红色根脉、践行弘扬新时代'胆剑精神'"这一教学目标，开展教学设计，进行专题教学。绍兴市各校思政教师、兼职思政教师、党团队组织的思政辅导员，分学段开展"同题异构"，聚焦"枫桥经验"、"胆剑精神"、运河文化、红色基因等主题，打造了一大批深、透、活的"越思政金课"。

科技赋能　课堂灵动有趣

"遇上AI版的'越王勾践'，你想聊点什么？"绍兴职业技术学院马克思主义学院教师屠斯宇将AI人物的对话模型及VR全景虚拟展厅等数智技术引入思政课堂。

课前，屠斯宇通过线上平台向该校人工智能专业的学生发布了预习内容及调查问卷，了解学生的知识掌握情况和认识实践能力；同时布置小组探究作业，请学生思考新时代"胆剑精神"的科学内涵和精神基因，选择一个板块进行设计和制作，完成以"'胆剑精神'淬炼中国共产党人初心的基因"为主题的VR思政虚拟展厅设计作业。

课堂上，屠斯宇通过请学生们与AI版"越王勾践"开展跨时空对话的体验式场景，以及绍兴城市变迁的视频播放，引导学生迅速进入课程内容，再以小组讨论、VR思政虚拟展厅设计作品展示交流等自主学习形式，请学生思考和回答新时代"胆剑精神"的科学内涵是什么、新时代"胆剑精神"的精神基因有哪些、浙江青年该如何奋力谱写新时代胆剑篇等问题。

这堂新技术助力的"越思政金课"很好地实现了"问题引导、学生中心、教师主导"的课堂教学模式，帮助学生理解并识记新时代"胆剑精神"的科学内涵、精神基因,并自觉赓续红色文脉,培养了学生独立思考及解决问题的能力。

同样将新技术融入思政课堂的还有塔山小学教师冯欣瑜。"我们能在很多绍兴名人身上看到卧薪尝胆、奋发图强的品质,比如'心学大儒'王阳明。王阳明用毕生经历磨炼出了三把心剑,帮助他在跌宕的一生中破除了各种障碍,同学们,你们想知道是哪三把剑吗?"冯欣瑜的授课对象是小学二、三年级的学生。她别出心裁地把思政课堂搬到了阳明故里,以王阳明生平的"一心三剑"为线索,带领学生开启了一次特别的寻"剑"之旅。

课堂上,她借助多媒体教学法,让"阳明先生"出现在大屏幕上,展开学子与圣贤的古今对话。"小朋友们大家好,很高兴今天你们来看我,我的第一把'剑'就藏在接下来的小故事里,希望你们认真聆听……""阳明先生"带领学生们在讲故事、射箭小游戏、观看纪录片和师生互动式讨论的过程中,找到了三把"剑":一是立志之剑——志不立,天下无可成之事;二是心性之剑——人须在事上磨,方能立得住,方能静亦定,动亦定;三是心学之剑——知行合一。

这次特别的寻"剑"之旅,让学生们在新技术创设的"古今对话"中,在情境互动中,体悟到王阳明在坎坷中保持内心光明,克服种种困难,最终成为圣贤的不易,感受到王阳明坚守信念、正直高尚、坚忍不拔、冷静理智的品质特点,并初步体会了阳明心学"知行合一"的内涵。

情境创设 学习走向深度

用真实情境、真实实践任务,带领学生快速投入学习和探索状态,在"玩中学"和"学中思"中实现教育目标和任务,同样是"越思政金课"追求的重要课堂呈现方式。

柯桥区鲁迅外国语学校老师郭露璐把课堂搬进了浙东运河博物馆,她让学生们带着"浙东运河为什么能够成为世界文化遗产"这一问题走访博物馆。

学生被分成5个小组,分头研究"为什么说浙东运河是一条经济带""浙东运河为何是一条文化带""浙东运河为何又是一条生态带"等子研究课题,要求各小组至少寻找到3个证据来论述运河的价值。

在任务驱动下,学生们的参观不再是走马观花,而是仔细阅读展品说明,了解展品年代、来源等信息,注意观察展品细节,利用博物馆的互动展项,例如触摸屏、VR体验等,积极参与互动。参观完成后,各小组形成了观点和论证,进行分享展示交流。课堂的最后,郭露璐还带领学生讨论了该如何运用好运河文化,讲好运河故事。

这堂思政课既让学生们掌握了研学博物馆和合作探究的方法,又让他们充分了解运河的价值;增强学生对中华文化的认同感和自豪感,增强学生的使命感和责任感。

在校内如何创设真实情境呢?绍兴市文澜中学副校长高珺带来的思政课"越地宋韵范 '陆风'传千年"给出了答案。高珺采用项目化学习策略,追问"为什么宋韵绍兴看陆游"这一核心问题,并对该问题进行分解,在研究阐释陆氏家风的永恒底色、陆氏家风的当代价值、陆氏家风的沛然生长等子任务中,让学生真正理解中华优秀传统文化的价值。接着,她设计了表现性的学习任务,让学生尝试编撰《陆氏家风》文化手册、《家是最小国》班级家风集等,学生的参与积极性很高。

据了解,绍兴市将持续推进"越思政金课"评选活动,围绕习近平总书记在绍兴的足迹,循迹溯源,推进习近平新时代中国特色社会主义思想入脑入心,以点带面地引领提升全市思政课教学水平,充分发挥好思政课主渠道、主阵地作用,让学生们爱上"真理的味道"。

(记者:王丽红 通讯员:骆新华)

主题三
经典案例

循迹溯源用好"枫桥经验"思政"富矿"
一体化思政大课品"真理味道"

一、背景与思路

党的二十大报告和二十届三中全会明确指出,要"坚持和发展新时代'枫桥经验'"。"枫桥经验"发轫于浙江诸暨。习近平同志在浙江工作期间对其高度重视,曾多次在各种场合谈到"枫桥经验"。如在纪念毛泽东同志批示"枫桥经验"40周年暨创新"枫桥经验"大会上赋予"枫桥经验""依靠群众、化解矛盾,维护稳定、促进发展""小事不出村、大事不出镇、矛盾不上交"等新的时代内涵。党的十八大以来,习近平总书记多次强调"要坚持好、发展好新时代'枫桥经验'"。2023年9月20日,习近平总书记再次来到枫桥经验陈列馆,强调"坚持党的群众路线,正确处理人民内部矛盾,紧紧依靠人民群众,把问题解决在基层、化解在萌芽状态"。①

绍兴文理学院勇担作为"枫桥经验"发源地高校的使命,积极发挥"头雁"示范作用,引领全市大中小学用好"枫桥经验"这一思政"富矿",坚持"双向贯通,多元一体",将"枫桥经验"融入大中小学思政课堂理论教学、手拉手

---

① "枫桥经验"是来自人民群众的实践创造[EB/OL]. http://www.qstheory.cn/laigao/ycjx/2023-12/12/c_1130019251.htm.

开展循迹溯源"田野思政"实践教学、结合专业特点融入课程思政等,出版教学案例集,建好课程资源库和专题网站,在传承与创新中合力擦亮新时代"枫桥经验"金名片。

二、做法与成效

学校立足地域特色,统筹课内与课外、校内与校外,推动课程思政与思政课程同向同行、"三个课堂"联通联动、校园小课堂与社会大课堂的互促互进、大中小学思政课一体贯通,讲好"枫桥经验"故事,共品"真理的味道",感悟新思想的理论伟力,取得了良好成效。

(一)用好"活教材",激活"思政小课堂"

60 年"枫桥经验"历久弥新,蕴含着习近平新时代中国特色社会主义思想的世界观和方法论。各地积极探索社会治理创新举措和生动案例,让"枫桥经验"成为思政课最好的"活教材"。学校以"习近平新时代中国特色社会主义思想概论"课程为核心,结合其他思政理论课的特点和属性,将"枫桥经验"的丰富内涵和精神实质有机融入课程内容,开设"基层治理的绍兴典范——'枫桥经验'专题""新时代'枫桥经验'"等特色课程,实现"思政小课堂"一体化。同时积极发挥市域思政课一体化建设牵头高校作用,通过先行示范,引领大中小学根据教育目标和教学特点,将"枫桥经验"与教学内容有机融合,开展"同课异构"和"同题异课",打造分层递进、有效衔接、上下融通的教学体系、课程体系和内容体系,在潮新闻"时事讲堂"发布四个学段的课程视频,并利用"开学第一课""党团队课"等向学生讲好"枫桥经验"故事。近五年,先后开展一体化协同教研、现场沉浸式教学等活动 30 余场次,被《人民日报》《光明日报》等主流媒体专题报道 50 余次,先后获浙江省大中小学思政课一体化建设"金课"、大学生思政微课比赛特等奖。

(二)开展"循迹学",创新"思政大课堂"

坚持好、发展好"枫桥经验"是习近平新时代中国特色社会主义思想的重要组成部分。学校与枫桥镇开展"校地合作、党建联建",在枫桥经验陈列馆、枫源村等设立思政一体化研学基地。沿着总书记历次到诸暨枫桥考察的足迹,多次组织大学生"循迹溯源",开展现场实践教学,实现从"课堂教学"向"田野思政"、从"知识传授"向"实践感悟"的情境转换。围绕"'枫桥经验'在身边"开展社会调查,组建大学生"兴村共富""基层治理""文明新风"

实践团和"枫桥经验"理论宣讲团……每逢寒暑假，绍兴文理学院师生带领中小学生，前往44个"走读绍兴"基地和20个一体化研学基地，开展"手拉手"主题社会实践，通过蹲点调研加深师生们对"枫桥经验"时代活力的认知体悟。同时推动成果转化，鼓励学生以"枫桥经验"为主题参与项目研究和学科竞赛，先后获"挑战杯"全国二等奖、全国大学生暑期社会实践优秀团队等。

（三）整合"大资源"，拓展"思政大平台"

"枫桥经验"从实践探索到理论创新，彰显了现代化建设的"中国智慧"，为全球治理提供了中国方案。学校充分依托各类科研平台，开展新时代"枫桥经验"与党的群众路线、乡村振兴、共同富裕、基层治理现代化等系列研究，形成了一批具有时代特色的"枫桥经验"理论成果，为开展"枫"景"枫"味的特色思政教育提供了资源支持。统筹校内外师资力量，邀请枫源村党总支书记骆根土讲解治村密码，"光荣在党50年"的枫桥镇老党员讲述60年来人民群众创造经验、实践创新振兴乡村的历程，"老杨调解中心"主任杨光照介绍"人民调解"七法与技巧……同时，推进线上线下资源一体化建设，完善专题网站，开辟越牛新闻"思政"频道，提升潮新闻"田野思政""时政进校园""绍兴文化青年说"等特色专栏品质，"初心"系列9个作品点击量超335万。编著出版《大中小学思政课一体化建设协同教学案例研究》《新时代"枫桥经验"与基层治理创新案例研究》。每年开展全市大中小学思政课、课程思政、大思政品牌建设研究课题立项和优秀课（案）例、论文评选，合力打造"真理的味道·越思政"品牌。在学校牵头引领下，近五年共有150余所中小学校、1000余名思政课教师、5万余人次学生直接参与一体化活动。此外，学校还与越城区公安局共建高校警务站，推广"枫桥式"校园安全治理模式，构筑"校内＋校外""线上＋线下"矛盾调解体系，打造"课内＋课外"红枫心理健康教育特色品牌，夯实平安校园创建。

三、下一步工作思考

（一）基本理念

通过"试点先行、总结示范、全域推广"，探索新时代"枫桥经验"融入思政教育，创新青少年传承发展新时代"枫桥经验"的体制机制。

(二)主要目标

推动"枫桥经验"进教材、进校园、进课堂、进头脑,构建大中小学一体贯通、上下衔接、具有"时代味""真理味""绍兴味"的特色"大思政"体系,打造全国"枫桥经验"进校园的示范区和样板地。

(三)推进步骤

编写出版《越思政大课堂——新时代"枫桥经验"》新形态教材。2024年,在全市遴选 20 所大中小学,开展"枫桥经验""四进"工作试点;2025 年,建设完善大中小学"枫桥经验"思政拓展课程资源,全市 80% 的学校开展"枫桥经验"进校园工作;2026 年,覆盖全市所有学校,评选一批"示范学校"和"特色案例",并进行经验总结和品牌提炼,向省内外推广。

红色血脉 传统根脉 现代文脉
——绍兴大中小学"名人育新人"一体化实践的十年探索

一、实施背景

作为中国首批命名的历史文化名城，绍兴有着 2500 多年的建城史，被称为"没有围墙的博物馆"。一直以来，绍兴不仅有"山清水秀之乡、历史文物之邦、名人荟萃之地"的盛誉，又有"水乡""桥乡""酒乡""戏曲之乡""书法之乡""名士之乡"的美称。绍兴先后诞生了大禹、勾践、范蠡、王充、谢安、王羲之、贺知章、陆游、王阳明、徐渭、黄宗羲、刘宗周、章学诚、秋瑾、蔡元培、周恩来、鲁迅和马一浮等一大批文化名人。绍兴人杰地灵，名人辈出，其名人文化资源得天独厚，可以说，"名士之乡"就是绍兴最具标识性的称谓。

(一)聚焦问题

绍兴大中小学"名人育新人"一体化实践的实施背景，主要是基于中国基础教育以及高等教育中长期存在的一个问题，即课本资源与课本外教学资源脱节，学生在课本知识的学习过程中普遍缺少课外体验环节，而这一体验环节恰恰是知识转换为能力素质不可或缺的环节。那么，如何在大中小学的学校课堂外创造性地接入课外体验性环节，把研究性学习与体验性教学结合起来，就是现代素质教育对 21 世纪中国应试教育改革提出的一个时代性课题。因此，本案例主要聚焦以下三个方面的问题。

1. 聚焦解决大中小学思政教育与专业教育融合不足的问题

本案例通过将王阳明、鲁迅和周恩来等绍兴名士资源，特别是红色资源转化为教育资源，利用课内与课外联动，把周恩来等绍兴红色名人的精神思想和人格风范融入专业教育课程中，强化优秀传统文化传承和弘扬，在思想育人方面起到润物无声、深入人心的效果，从而进一步促进思政教育与专业教育的有机融合。

2. 聚焦解决课内、课外与校外"三个课堂"贯通不畅的问题

本案例在第一课堂中引入王阳明、鲁迅和周恩来等地方名士文化的内容，鲁迅小学、阳明小学以及鲁迅高级中学、阳明中学都开设有校本课程，将

第二课堂实践内容搬进课堂,将课堂搬出教室,让学生走出学校,从而改变强制性和单向灌输的教学方式。同时在第二课堂科研探索和第三课堂的创新育人实践的过程中,为反哺教学开辟一条新途径。

3. 聚焦解决学生科研能力与实践创新能力培养失衡的问题

传统的教育教学模式不能满足学生的个性化需要。本案例特别注重"研创演评,知行合一",致力于锻炼学生的实践能力,激发学生的创新意识,使学生既对绍兴名人文化有全面的认识了解,增强对绍兴的文化认同和文化自信,又能获得扎实的专业知识,具备较强的创新实践能力。

其最终目的就是探索培养在新时代背景下既具有崇高理想信念、深厚人文情怀和扎实专业知识,又具备独立思考意识、创新实践能力和社会担当责任的新时代学生,从而形成独具绍兴特色的大中小学"名人育新人"一体化实践体系。

(二)实施阶段

作为地处古城绍兴的学校,绍兴文理学院、鲁迅高级中学、阳明中学、鲁迅小学和阳明小学等近十年来以"鲁字号"和"阳明号"学校联盟为纽带,在绍兴市鲁迅研究会和王阳明研究会的指导下,共同致力于探索将王阳明、鲁迅和周恩来等绍兴名人文化资源转化为教育资源,开展大中小学"名人育新人"一体化的实践探索,注重红色血脉、传统根脉和现代文脉三个维度的融合,坚持课内、课外和校外"三个课堂"的协同,开展了丰富多彩的大中小学特色课堂、戏剧展演、参观考察、学术研讨和创新实践活动,以求达到思政教育与专业学习的有机融合,课堂教学、课外活动与校外实践"三个课堂"协同融合,以及学生科学探索能力与实践创新能力的培养融合,构建了"大思政课"协同育人的格局。本案例已有十年的探索,可分为三个阶段。

第一阶段,自 2014 年开始举办"大师对话"系列活动。

每年一届的"大师对话:鲁迅与世界文豪"文化大讲堂,先后举办鲁迅与雨果、托尔斯泰、泰戈尔、夏目漱石、但丁、海涅、安徒生、裴多菲、易卜生等主题的中外文学对话交流论坛,"让学生不出国门看世界"。同时,指导绍兴文理学院鲁迅研究社开展"鲁迅与世界文豪"研讨和宣传活动,积极向绍兴市中小学校和社会大众宣传"大师对话:鲁迅与世界文豪"等活动,在中西文明互鉴和中外文化交流的过程中培养学生的文化自信和国际视野。

第二阶段,自 2018 年开始开展阳明文化传习活动。

陆续成立王阳明研究中心、全国大学生王阳明研究论坛联盟、阳明剧社和大学生阳明文化传承基地等组织和机构,筹划创排《千古一圣王阳明》话剧,借助每年一届的全国大学生王阳明研究论坛活动,以各种王阳明研究青年论坛和青年学术工作坊为载体,指导绍兴文理学院大学生越文化研究会举行"对话阳明"系列读书与研讨活动,发表100余篇系列研究论文,以此来继承传统文化根脉,践行知行合一精神。

第三阶段,自 2021 年开始深入开展名人文化传播。

组建大学生"名士之乡红色文化传承与传播团队",充分挖掘绍兴这个名士之乡的红色文化资源,借助大学生剧社创排周恩来题材的红色话剧《为光明而奋斗》《周恩来在绍兴》等,让绍兴的红色文化"活起来",让学生在"研创并举"的创新实践过程中培根铸魂,赓续红色血脉。尤其是话剧《周恩来在绍兴》的精彩演绎,不仅让大学生直观了解了这段可歌可泣的抗战史,更重要的是塑造了可亲、可敬、可感的周恩来形象,向学生传递了绍兴精神和抗战精神,对大学生发扬爱国主义精神和继承革命传统起到了积极的促进作用。

二、实施理念

以"红色血脉,传统根脉,现代义脉"为维度,开展融课堂育人、科研育人、文化育人、实践育人和创新育人为一体的教育实践探索,大中小学共同打造"名人育新人"一体化实践的文化育人品牌。

(一)"红色血脉,培根铸魂":思政育人与专业育人的融合创新

通过将绍兴的名人资源转化为教育资源,打造"文化大讲堂""研讨大平台"和"演出大舞台"等平台,深挖绍兴的周恩来精神资源,传承红色血脉。特别是自组建大中小学生"名士之乡红色文化传承与传播团队"以来,在2021年正式开始创排周恩来题材的原创话剧,2023 年 5 月 22 日《周恩来在绍兴》正式首演,其创排、演出和相关论坛等广受关注。用红色文化铸魂育人,培养了大中小学生坚定的文化自信,增强他们对绍兴的文化认同,在潜移默化中强化社会责任、促进健康成长,让思政育人与专业育人有机融合。

(二)"研创演评,知行合一":"三个课堂"的融合创新

通过转变教育思想观念,改进教学方法,打通第一、二、三课堂之间的壁垒,让"三个课堂"有机融合。一是在绍兴文理学院开展"对话绍兴名士,对话绍兴经典"的"对话式"教学,围绕大禹、勾践、王阳明、鲁迅、周恩来等绍兴

名士的相关课程内容,与学生在课堂上开展研讨式对话;二是将第一课堂教学内容延伸到第二、第三课堂课的实践中,指导各学校的特色学生社团围绕王阳明、鲁迅和周恩来等越地名士开展"研创并举"的第二、第三课堂创新实践活动。

(三)"文明互鉴,贯通中外":本土国际化教育实践的创新

立足于鲁迅与世界文豪的精神联系,搭建"大师对话:鲁迅与世界文豪"中外文学对话交流平台,分别开展鲁迅与雨果、托尔斯泰、泰戈尔等世界各国文豪的中外文学对话交流活动,在校园内营造浓厚的多元文化碰撞和国际化教育氛围,引领学生积极开阔国际视野,让学生能够"不出国门看世界"。同时,组织中小学生近距离接触世纪文豪后裔,让他们也能感受"大师对话"中外文化交流活动的氛围,激发他们了解鲁迅与世界文豪故事的兴趣,拓展阅读的广度和对世界的认知。

(四)"三位一体,培育新人":"名人育新人"一体化体系的打造

为解决传统的第一课堂教学不能满足学生的个性化发展需求的问题,本案例通过对绍兴名人文化的深度挖掘与创造性转化,建构"红色魂脉、传统根脉、现代血脉"三位一体的育人体系,通过红色文化、传统文化和现代文化的有机融合,为科研和实践反哺教学以及利用地方文化培育时代新人探索了一条新路径。

三、主要举措

(一)思政教育与专业教育的有机融合

本案例注重将古代名士、现代名人和红色先烈等绍兴丰富的名士文化资源,特别是红色名人资源转化为教育资源,以此来促进思政教育与专业教育的有机融合。

一是重视校本课程和课程思政建设。

在各大中小学开设越文化特色课程,特别是有关鲁迅和王阳明研究的课程,取得了较大反响。绍兴文理学院鲁迅人文学院开设了"鲁迅研究""鲁迅与中学语文教育""越文化视野下的王阳明与鲁迅""王阳明的人生智慧"等选修课程,以及"鲁迅文化足迹"等虚拟仿真课程;鲁迅高级中学开设有校本课程"走近鲁迅"等;绍兴市阳明小学不仅充分利用阳明故事构建学校校园文化,还开设了王阳明"立志"主题心理团体辅导课,其中四年级的"认识

你自己"、五年级的"珍爱生命"、六年级的"拥抱美好的世界"，形成了阳明文化特色鲜明的系列主题课程。

二是注重社团实践活动和大思政构建。

在社团活动和社会实践中，通过"研创并举，知行合一"的方式，推进对绍兴名士资源特别是红色资源的创造性转化，以文化熏陶的方式立德树人、培根铸魂。绍兴文理学院鲁迅研究社连续四年开展"鲁迅与越地名士：跨时空对话"青年学术工作坊和学术论坛，阳明剧社构建了"研创演评"四位一体育人体系，自2019年起自编自导自演创排了《千古一圣王阳明》等剧；大学生越文化研究会积极参与筹办四届全国大学生阳明学论坛和八场青年学术工作坊；鲁迅高级中学一直以来就设有鲁味朗诵社、鲁韵课本剧社和"三味"文学社等鲁迅文化主题学生社团。

（二）课堂教学、课外活动与校外实践"三个课堂"协同融合

本成果将第二课堂的实践内容搬进课堂，将课堂搬出教室，通过第三课堂让学生走出学校，有利于改变强制性和单向灌输的教学方式。

一是建立"三个课堂"协同育人机制。

通过开展课堂讲授、科研探讨、文创实践、社会实践和网络学习等活动来发挥学生的主观能动性，培养实践能力、科研能力和创新能力。绍兴文理学院鲁迅人文学院以鲁迅研究为特色，连续十一年举办"大师对话：鲁迅与世界文豪"中外文化交流活动，使"大师对话：鲁迅与世界文豪"成为绍兴乃至中国对外学术与文化交流的金名片。鲁迅高级中学通过整合教育资源，实施"最鲁迅"教育模式。通过"三个课堂"的相互协同有效弥补第一课堂教学的不足，以学生个性化需求为导向，打破传统课堂育人的维度桎梏。

二是完善"名人育新人"的创新实践育人体系。

将绍兴名士文化资源转化为教学资源、科研资源、文创资源和网络资源，通过开展多种多样富有创造性的科研探讨和文创实践活动，打造"研创并举，知行合一"的"三个课堂"的创新实践育人体系。如阳明中学结合"知行合一"的思想，建立以阳明文化为核心的大思政品牌，让学生了解阳明心学的思想和智慧，修心练胆、明觉良知、体认培根，对其个性的发展、学业的开拓进取有着深刻的启示和积极的作用，能让学生更有力量，视野更宽。又如鲁迅小学把弘扬和践行鲁迅的"立人"教育思想作为自己神圣的使命，构建完整的"立人"教育体系，努力形成"全员发展，个性张扬"的教师文化，推进学校高质量发展,培养时代新人。

(三)学生科学研究能力与实践创新能力的培养融合

绍兴市大中小学"名人育新人"的创新实践育人体系,既激发学生的创新意识,又锻炼他们的实践能力,使他们既具有深厚人文情怀和扎实基础知识,又具备独立思考能力和创新实践能力。

一是走出课堂让课"动起来""活起来"。

一方面以丰富多彩的教学内容、灵活多样的教育手段、系统全面的教育方式,提升学生学习的主观能动性,帮助学生拓宽思想文化视野,培养问题意识,提升思辨能力和科研能力;另一方面针对传统课堂教学不能满足学生个性化需要,通过"课堂教学""课外实践""网络学习"等方式的结合,将课堂搬出教室,让学生走出校门,改变了既往单向灌输的强制性教学模式。如鲁迅高级中学为了推广"最鲁迅"文化影响,学校积极拓展社会渠道,与鲁迅外婆家、鲁迅纪念馆等社会机构合作,共同举办以鲁迅为主题的展览、讲座和研讨会。

二是主体参与让学生"研起来""创起来"。

本案例秉持赓续红色血脉、继承传统根脉、发扬现代文脉的文化育人理念,紧紧抓住第二、第三课堂这一重要育人阵地,以各学校的特色学生社团为主阵地,开展了丰富多样的文艺演出、实践研学、科研探究等活动。如绍兴文理学院阳明剧社自编、自导、自演创排了《千古一圣王阳明》《吾心光明》《周恩来在绍兴》等原创话剧以及鲁迅题材的课本剧,绍兴市阳明小学创排了表演唱《吾心光明》、越剧《立志做圣贤》。

四、经验成效

绍兴大中小学"名人育新人"一体化实践立足于绍兴名士之乡名人文化的深度挖掘,坚持课内、课外和校外"三个课堂"相协同,建构"红色血脉、传统根脉、现代文脉"三位一体的育人体系,在 10 年探索和实践中形成特色,并结出硕果。

(一)实践效果

1. 科研育人

绍兴文理学院学生在《戏剧文学》《名作欣赏》等国内学术期刊上发表王阳明研究论文 150 余篇,出版《思想与文学:走进王阳明的精神世界》大学生论文集一部,成功申报国家级大学生创新训练项目"深挖名人资源,弘扬红色精神——基于'名士之乡'绍兴红色资源创造性转化的研究与探索"等 3 项,省大学生科技创新活动计划项目 3 项,校级大学生科研项目 30 余项,获浙江省"挑战杯"奖 2 项。

2. 实践育人

绍兴文理学院原创话剧《千古一圣王阳明》《吾心光明》《周恩来在绍兴》等演出 20 余场,媒体报道 60 余次。其中,创排于 2019 年的话剧《千古一圣王阳明》先后进行了 8 场公演,既作为献礼新中国 70 华诞,也作为 2020 年阳明心学大会指定节目演出;话剧《吾心光明》不仅在 2020 年中秋纪念王阳明活动中向全球华人直播演出,有近十万人线上观看演出,还获得 2020 年和 2022 年浙江省大学生艺术节二等奖,并入选 2023 年度浙江省高校原创文化推广行动作、2024 年浙江省高校校园文化原创精品巡展巡演作品。阳明小学原创节目表演唱《吾心光明》获浙江省"五个一工程"奖,少儿越剧作品《立志做圣贤》获得全国戏剧小梅花集体奖。

3. 文化育人

策划学术研讨活动 20 余次,组织青年学术工作坊 10 余次,既包括"鲁迅与越地名士:跨时空对话"大学生青年学术工作坊,也包括"全国大学生王阳明研究论坛"和王阳明研究青年学术工作坊等,相关交流平台的搭建让学生参与学术交流,开阔了学生的文化视野,媒体报道百余次。

(二)推广应用

1. 开创"鲁迅对话国外名人"文化交流模式

"大师对话:鲁迅与世界文豪"活动在 2017 年受到浙江省委领导的肯定批示,被省委宣传部评为宣传思想文化工作创新奖。2018 年举办"在马克思故乡遇见鲁迅"对话会、2019 年举办"鲁迅与池田大作"中日文化交流会、2023 年在希腊举办"中希文化交流中的鲁迅与卡赞扎基斯"交流会等活动。同时,绍兴鲁迅纪念馆根据 11 届"大师对话:鲁迅与世界文豪"活动,开辟展区进行"大师对话"图片、文字和视频的常年展览,让更多青年学生从中获得思想洗礼和文化熏陶。

2. 开拓阳明心学传习新模式

连续四年分别举办主题为"走近王阳明""走进王阳明的精神世界""阳明文化的当代价值""阳明文化的当代传承"的全国大学生王阳明研究论坛,

共有500多位全国各地文、史、哲等不同专业的博士、硕士和本科生参加交流。

3. 开启主题大戏的学生编创研

大中小学生自编自创自导自演的"王阳明"、鲁迅、周恩来系列"大剧",进入中小学,走上大会场,登上节庆台,获得大奖项,文化育人作用充分发挥,影响力日益广泛。

(三)宣传影响

全国数十家媒体对绍兴市大中小学校"名人育新人"实践探索相关活动进行的宣传报道有500余篇,尤其是对于"大师对话"、王阳明研究论坛及话剧《王阳明》《周恩来在绍兴》演出进行了近300次报道。新华社、中央电视台、《人民日报》《光明日报》等媒体多次对本成果的实践进行了宣传报道,对"名人育新人"的实践探索进行了深入总结。

CHAPTER 2

| 第二篇 |

"越思政·越有品"：一体化同课异构

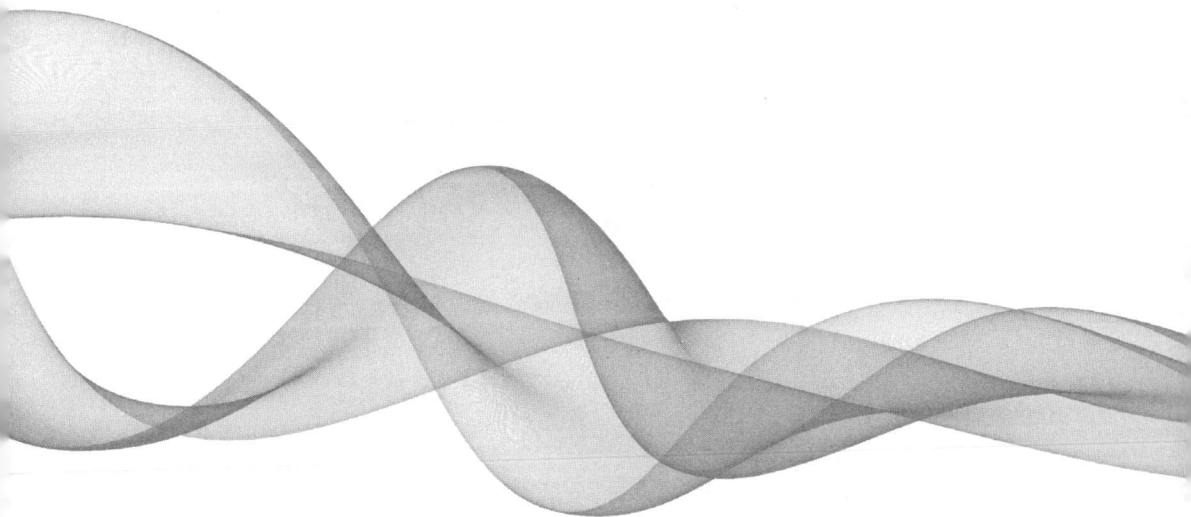

2022 年 7 月 25 日，教育部等十部门关于印发《全面推进"大思政课"建设的工作方案》指出：加强思政课教学资源库建设，实施中小学思政课精品课程建设计划，推出一批思政"金课"。

2022 年 12 月 7 日，教育部办公厅《关于开展大中小学思政课一体化共同体建设的通知》指出，充分调动各地积极性，因地制宜，因势利导，在省级层面打造一批理论与实践相结合的创新性研究型工作平台，开展"七个一"工程。

2024 年 4 月 11 日，浙江省大中小学思政教育一体化建设联盟发文开展大中小学思想政治教育一体化建设系列课题研究立项、示范"金课"评选展示、示范团队评选、品牌建设优秀案例征集评选等"四个一"活动。

新时代，新征程，思政课建设面临新形势新任务，必须有新气象新作为。在国家、省有关通知精神的指导下，绍兴市教育教学研究院联合绍兴文理学院马克思主义学院连续三年开展绍兴市思政"金课"的征集、评选和展示活动，一批优秀思政"金课"脱颖而出，为探索大中小学思政课一体化建设提供了绍兴范式。

教学不是照本宣科，教材有法，教无定法，要坚持因材施教，呈现学段特色。在内容上，要加强整体谋划，落实课程定位，统一教学理念，深入研究各学段课程结构、教材内容、教学目标，实现课程教材一体化；在形式上，要不断改革创新教学方式方法，加大"田野思政"现场教学力度，充分利用现代信息技术手段，拓展课堂教学的时间和空间。同时，演绎方式要准，要避免流于空洞的说教，注重体验式、互动式、探究式等教学。实践证明，采用研学式、融合式、主题式、议题式等形式能有效增强思政课堂的互动性和吸引力。

越地古城，被誉为一座没有围墙的博物馆。本篇围绕传承越地文化、弘扬运河文化、赓续胆剑血脉三个主题，呈现大中小学思政课教师以同课异构的形式开展"金课"设计。我们的宗旨是用好绍兴丰富的人文资源和红色资源,借思政"金课"宣传改革开放的丰硕成果、宣传中国式现代化、宣传习近平新时代中国特色社会主义思想。同时,根据不同学段的学情,注重设计好学段教学目标。只有对学情有清晰的认识,才能有明确的教学目标,从而达到从小学到大学的循序渐进、螺旋上升的育人过程。

理论源于实践。近年,基于绍兴思政金课的设计实践,我们逐渐形成思政"金课"的教学设计范式,体现"越思政"的浓郁特色。从小学到大学,范式相同,主题相近,演绎方式各具特色,既充分体现学段的特点,也充分彰显一体化的要义。"越思政"行稳致远,方能"越有品"。

主题一
传承越地文化

案例一　繁荣发展社会主义文艺

一、案例背景

(一)时代背景、教材分析、切入点

党的二十届三中全会指出,聚焦建设社会主义文化强国,坚持马克思主义在意识形态领域指导地位的根本制度,健全文化事业、文化产业发展体制机制,推动文化繁荣,丰富人民精神文化生活,提升国家文化软实力和中华文化影响力。

习近平文化思想是习近平新时代中国特色社会主义思想的重要组成部分,是党的文化创新理论的最新成果,是铸就中华文化新辉煌的根本遵循。《"十四五"文化发展规划》强调要坚持以人民为中心的创作导向,把创作优秀作品作为中心环节,推出更多无愧于时代、无愧于人民、无愧于民族的精品力作。推动文化建设,繁荣文艺事业,是不断满足人民群众精神文化需求的重要途径,对于建设社会主义文化强国具有重要意义。

《习近平新时代中国特色社会主义思想概论》第十章"建设社会主义文化强国"围绕为什么建设中国特色社会主义文化、怎样建设中国特色社会主义文化展开。"为什么建设中国特色社会主义文化"是本章内容的逻辑起点,"怎样建设中国特色社会主义文化"是本章的落脚点。本节课选自第十

章第四节"铸就社会主义文化新辉煌"中第二目"繁荣发展文化事业和文化产业",以为人民提供更多优秀精神文化产品、增强人民精神力量为切入点,围绕"以人民为中心,繁荣发展社会主义文艺"展开讲述。

(二)学情分析

(1)学生在以往的教育阶段都或多或少学习过文化方面的内容,对文化的相关内容兴趣度较高,生活中接触文艺作品也很多,但是较多停留在浅表的知识、信息层面,缺乏系统性、整体性的理论认知和问题理解,对文艺作品缺乏深刻认识,因此教学中老师应当加强理论方面的阐释。

(2)烹饪专业学生由于专业特性及未来职业发展的可能性,对饮食文化方面的作品比较关注,因此在教学中可以适当融入本地饮食文化特色。

二、案例目标

通过问题设置、案例分析、现场教学、师生互动、理论讲解,引导学生理解繁荣发展社会主义文艺为何要做到以人民为中心,提升他们对文艺作品的辨别能力和鉴赏力,认识社会主义文艺是人民的文艺,自觉增强文化自信、坚守人民立场。

三、案例设计

(一)环节一　新课导入,引出主题

结合多数大学生日常对文艺作品的接触较多等情况,展示、解读案例,激发学生的学习兴趣,引入教学主题。

(二)环节二　讲授新课,探索新知

(1)通过对当年的鲁迅艺术学院师生两个不同阶段文艺创作情况的对比讲解,加深学生对知识的理解,增强学生对社会主义文艺创作要坚持以人民为中心的情感认同。

(2)结合本地优秀文艺作品,引导学生主动思考,提升分析问题的能力,理解优秀的文艺作品都体现了文艺为人民服务、为社会主义服务的理念。

(3)通过对不同文艺作品的对比展示,帮助学生认识到如何做到守正创新,提升学生对文艺作品的鉴别力和欣赏力,增强文化自信。

(4)结合绍兴本地饮食文化资源,设置互动问题,引导学生加深对知识点的理解、提升理论运用于实际的能力、感悟本土文化发展成就、自觉赓续

传承越地红色根脉、践行弘扬新时代胆剑精神。

(三)环节三 课堂小结,反思提升

通过课堂小结引导学生整体把握本节课的学习内容,牢牢把握好以人民为中心的理念,自觉增强文化自信,践行人民立场。

四、案例过程

(一)环节一 新课导入,引出主题

教师活动:展示案例罗中立油画《父亲》,并进行作品解读。阐明文艺是文化的组成部分,文艺表达的最高境界就是文化表达。文艺的繁荣一定是文化的繁荣,文化的自信更是艺术创造的巨大推力。社会主义文艺是人民的文艺,实质是以人民为中心。源于人民、为了人民、属于人民,是社会主义文艺的根本立场,也是社会主义文艺繁荣发展的动力所在。

学生活动:结合自身专业、生活实际进行主题思考,理解社会主义文艺的实质是以人民为中心,明确学习主题。

(三)环节二 讲授新课,探索新知

1. 如何创作——坚持以人民为中心的创作导向

教师活动:展示案例"鲁艺师生'关门提高'",讲解社会主义文艺是人民的文艺,必须坚持以人民为中心的创作导向。

学生活动:认真聆听,思考领会繁荣发展社会主义文艺必须坚持以人民为中心的创作导向。

2. 如何评价——把人民满意作为社会主义文艺评价标准

教师活动1:提出互动问题:"同学们,身处历史文化名城,你们在这座特殊的博物馆里都看到了哪些优秀的文艺作品呢?"

教师活动2:展示本地优秀文艺作品,进行理论讲解。

以人民为中心,就是要把满足人民精神文化需求作为文艺和文艺工作的出发点和落脚点,把人民作为文艺表现的主体,把人民作为文艺审美的鉴赏家和评判者,把为人民服务作为文艺工作者的天职。

学生活动:思考理解把人民满意作为社会主义文艺评价标准。

3. 如何发展——在守正创新中推动社会主义文艺繁荣发展

教师活动1:提出互动问题"结合课前对我校绍兴菜博物馆的参观,作

为烹饪专业的学子,你们应如何将绍兴的'非遗'美食传承下去呢?"

教师活动 2:介绍绍兴饮食文化,进行理论总结。

推动社会主义文艺的繁荣发展,需要做到守正创新。一方面,要坚持立足根本、立足本国,守社会主义先进文化前进方向之"正",守中华文化立场之"正",保证信仰不变、立场不移、方向不偏;另一方面,要结合新的时代条件将文艺扎根于人民的生活,在传承中创新,在借鉴中学习,在实践创造中进行文化创造,创造出无愧于时代的文化精品。

学生活动:认真聆听,思考领会推动社会主义文艺繁荣发展需要守正创新,自觉在传承绍兴非遗美食中做到守正创新。

(三)环节三 课堂小结,反思提升

文艺当为时代放歌。实现中华民族伟大复兴,需要坚韧不拔的伟大精神,也需要振奋人心的伟大作品。当代中国,江山壮丽,人民豪迈,前程远大。时代为我国文艺繁荣发展提供了前所未有的广阔舞台。推动社会主义文艺繁荣发展、建设社会主义文化强国,广大青年学子义不容辞、重任在肩、大有作为。希望同学们能够持续发力,牢牢把握以人民为中心的理念,书写好新时代的人民史诗。

五、案例分析

1. 坚持理论性与实践性相统一,思政教学与学情、专业紧密相合

本节教学内容针对学生在日常生活中最容易接触到的文化产品的生活实际,以及他们对文化建设缺乏深入理解的客观实际、烹饪专业职业素养的需求实际、所处地域拥有丰厚的历史文化的资源实际,以文艺创作、坚持以人民为中心为视角进行设计,提升教学针对性。

2. 坚持灌输性与启发性相统一,以故事链形式实现建设性和批判性相结合

将党的创新理论、理论研究成果、鲜活案例材料有机融入教学过程,引导学生在体悟文化自信中启智润心,提升思辨力、践行力。

六、案例反思

本案例主要采取启发式教学法、案例式教学法、情景式教学法等教学方法,在教学过程中,通过提出问题、设置案例情境、理论讲解、现场教学、师生互动等,结合绍兴本地优秀文化资源和校本场馆资源,激发学生的兴趣,依据学生认知规律,最大限度地调动了学生的思维和学习积极性。不足之处在于教学评价方式不够丰富、不够多元化,可以探索结合增值性评价,全方位掌握学生对知识的理解程度及理论运用与实践的能力。

（供稿：丁雪梅　浙江农业商贸职业学院马克思主义学院）

"繁荣发展社会主义文艺"微课视频

案例二　牢记书记嘱托　传承春晖文化

一、案例背景

(一)时代背景

2003年7月10日,习近平同志在浙江省委第十一届四次全会上,总结浙江经济社会多年发展经验的基础上,全面系统阐述了浙江发展的"八个优势",提出了指明未来的"八项举措",这就是"八八战略"。"八八战略"基本内容中的第八点是:"进一步发挥浙江的人文优势,积极推进科教兴省、人才强省,加快建设文化大省。"①

2005年5月,习近平同志专程到绍兴调研文化工作,为绍兴的发展指明方向:"在浙江省的这些城市中,绍兴建城最早,历史名人最多。绍兴的历史文化积淀十分深厚,可以说,绍兴是浙江的'罗马'。"②习近平同志善于挖掘地区的历史文化价值,重视把绍兴当地的历史文化继承并发扬光大,让传统文化为新时期的发展服务。同年11月19日,习近平同志赴春晖中学调研,参观春晖中学校园和春晖名人故居带,听取春晖中学校史及学校发展情况汇报。

(二)学情分析

高中思想政治必修课程是培育学生学科核心素养的基本载体,而高二学生已经完成思想政治学科四本必修课程的学习,特别是通过必修一"中国特色社会主义"和必修四"哲学与文化"的学习,对习近平新时代中国特色社会主义思想和中国特色社会主义文化的相关阐述有了一定掌握,因此已经具备关于中国特色社会主义文化的知识储备,结合党的十九大报告和党的二十大报告与文化相关的内容,能够对习近平文化思想有更加深刻的理解和把握。

---

① 《文润浙江》——讲述浙江文化建设的故事[EB/OL]. https://zjnews.zjol.com.cn/202108/t20210831_23025575.shtml.

② 本书编写组.干在实处 勇立潮头——习近平的浙江足迹[M]. 浙江:浙江人民出版社,2022.

(三)切入点

高中思想政治课程紧密结合社会实践,讲授马克思主义中国化成果,特别是习近平新时代中国特色社会主义思想,引导学生亲历实践、自主思考、合作探究的学习过程,从而坚定四个自信。2023 年 10 月 7 日至 8 日,全国宣传思想文化工作会议在北京召开,首次提出了习近平文化思想。深入学习贯彻习近平文化思想,使其落地、落细、落实,就需要挖掘其文化思想中与学生生活息息相关的切入点。春晖中学是习近平同志绍兴调研的重要足迹,习近平同志参观了校史馆、春晖校园和名人故居带,并做出重要指示。这些正是我们身边的教育教学资源。深受春晖文化浸润的春晖学子,在校园实践中接触了形式多样的文化教育,从校史教育到名人故居参观、从春晖讲堂到校园文化活动,用自己的行动践行习近平总书记的嘱托,传承好春晖文化。

二、案例目标

通过参观校史馆,深度学习百年校史,了解新时代的春晖教育发展,结合春晖中学在教育教学方面的改革和发展实践,深化对"八八战略"的认识和理解,增强对习近平新时代中国特色社会主义思想,特别是习近平文化思想的认同。

通过踏循总书记的足迹,进行实地研学活动,参观弘一法师的晚晴山房、丰子恺的小杨柳屋、朱自清旧居以及夏丏尊故居平屋等名人故居,感悟总书记嘱托的"保护好、利用好、传承历史文化遗产",用自己的行动推动中华优秀传统文化创造性转化与创新性发展,推动中国特色社会主义文化繁荣兴盛。

三、案例设计

通过研学方式,走一走总书记走过的参观路线,研一研春晖发展的历史和现在,想一想春晖未来发展的愿景,动手设计一张春晖中学的"文化名片"。

(一)环节一 浅识春晖,走一走

从春晖大门到校史馆、白马湖书屋再到名人故居带,沿着总书记调研春晖中学的路线,回顾学习总书记在春晖中学的讲话精神和悉心教导。

(二)环节二　深入春晖,研一研

深度参观校史馆,挖掘春晖百年发展史中的中华优秀传统文化、红色革命文化和社会主义先进文化,探寻春晖中学的实践如何为"八八战略"中的浙江文化大省建设添砖加瓦。

(三)环节三　展望春晖,做一做

作为春晖学子,结合自身在春晖学习生活的所见所闻,设计一张春晖中学的"文化名片",传承好、发扬好春晖文化,推动春晖文化与时俱进不断发展。

四、案例过程

(一)研学主题

踏循习近平同志的春晖足迹,深入挖掘推动中国特色社会主义文化发展的春晖实践。

(二)研学内容和过程

中国特色社会主义文化源自于中华民族五千多年文明历史所孕育的中华优秀传统文化,熔铸于党领导人民在革命、建设、改革中的革命文化和社会主义先进文化,植根于中国特色社会主义伟大实践。习近平文化思想中的重要内容是推动中华优秀传统文化创造性转化和创新性发展,推动中国特色社会主义文化繁荣兴盛。

春晖文化是浙江人文历史资源和地方文化发展中的一个典型案例,春晖中学也是习近平同志亲自调研的学校,因此,沿着习近平同志的春晖足迹,学习贯彻习近平文化思想,让我们一起走近春晖,深入春晖,发扬春晖文化。

1. 环节一　浅识春晖,沿着总书记的足迹走一走春晖校园

教师:同学们,你们知道习近平总书记的绍兴足迹有哪些吗?

学生 1:春晖中学。

学生 2:"枫桥经验"陈列馆、浙东运河文化园。

教师:调查研究是谋事之基、成事之道,是我们党的"传家宝"。习近平总书记任浙江省委书记时调研绍兴 24 次,实地考察过绍兴的很多地方,深入基层、深入群众进行调查研究,指明了绍兴发展的方向,其中包括挖掘好、利用好当地的历史文化资源。今天,让我们一起沿着习近平同志在春晖中

学的参观足迹,回顾习近平同志在春晖中学的讲话精神和重要指示。

沿着春晖中学大门一直往前走,先来到顺来图书馆,首先映入眼帘的就是一幅巨大的照片。老师介绍说,这是习近平总书记于2005年11月考察春晖中学时的照片,照片中李培明校长正在向总书记介绍春晖中学的发展。

接着,沿着校园主干大道,来到校史馆参观。从丰子恺谱曲的"谁言寸草心,报得三春晖",到李叔同的"长亭外,古道边,芳草碧连天",再到柳亚子的"红树青山白马湖,雨丝烟缕两模糊"……在校史馆里,春晖中学一百多年的历史长卷慢慢展开。除校史馆外,仰山楼、曲园、一字楼、文化礼堂、矩楼等"老春晖"建筑群亦是春晖文化的重要载体。

最后,从曲园走出春晖中学老校门,来到春晖名人故居带,自西向东依次前行,每一间有每一间的故事,延续着名人巨匠们思想智慧的光芒。

学生1："山边一楼"是经亨颐先生的居住地,他把春晖中学作为教育改革和创新的试验田。他提出"人格教育"理念,主张"求学何为,学为人矣",健全的人格应该德智体美全面发展,不仅要注重对学生的智力训练,也应注意情感陶冶和意志培养。

学生2："晚晴山房"是弘一法师李叔同的禅居之处。李叔同先生博学多才,擅长话剧、西画、音乐、诗词、书法、篆刻等,在多个领域开中华灿烂文化艺术之先河。他出家后云游到宁波一带,曾说:"我和白马湖是有缘的。"

学生3：丰子恺先生举家搬迁到白马湖,居住在"小杨柳屋"。他提出"美的教育",认为绘画、音乐等可以陶冶学生的性情。湖畔风景、乡村生活和教学日常都成了他创作的源泉,由此奠定了他在漫画、散文方面的成就。

学生4：夏丏尊先生在象山脚下筑屋定居,六间粉墙黛瓦的房舍,一个小小的院子,名为"平屋"。他在春晖中学教国文时自编教材。在授课之余,他还完成了意大利作家亚米契斯的小说《爱的教育》的翻译。他以自己的一生,践行了"爱的教育"的理想。

教师和学生一起回忆习近平总书记的讲话：同学们,习近平总书记在春晖中学调研期间曾肯定我们春晖中学是一所有着百年办学历史、深厚文化积淀的名校,为国家培养了一大批杰出人才。他特别嘱托,要传承学校优良传统,弘扬春晖精神,办好人民满意的教育。

2.环节二　深入春晖,研一研推动中国特色文化发展的春晖实践

再次回到校史馆进行深度参观,完成研学任务。任务1,挖掘春晖中学百年发展史中的中华优秀传统文化、红色革命文化和社会主义先进文化;任务

2.探寻春晖中学的实践如何为"八八战略"中的浙江文化大省建设添砖加瓦。

教师：同学们，请认真参观校史馆，沿着百年校史发展沿革，找一找从春晖文化中是否可以挖掘出中华优秀传统文化、革命文化和社会主义先进文化；探一探春晖中学采取了哪些措施为浙江文化大省建设添砖加瓦。完成参观后，以2人小组为单位进行汇报。

学生组1：1922年9月10日，春晖中学开学之初，经亨颐校长便提出"与时俱进"的校训，首创男女同校，倡导民主自治，高扬改革精神。这些教育思想和举措契合了中华优秀传统文化中的核心思想理念，弘扬了中华优秀传统文化。

学生组2：抗日战争时期，春晖中学师生爱国热情高涨，通过散发传单、发表演讲、排演话剧、募捐等方式支持抗战。虽然在此期间易址办校，但是在战火连天时仍然不忘教育本心，坚持教学。1945年抗战胜利，春晖中学告别泰岳寺，重返白马湖。因此，春晖中学是重要的红色教育基地，而春晖文化也是一种红色革命文化，深刻体现着当时的师生为抗日做出的贡献。

学生组3：改革开放以来的新时期，春晖中学继续发扬"与时俱进"的优良传统，为浙江建设文化大省、科教和人才强省做出了积极贡献。多年来，春晖中学牢记习近平总书记的嘱托，保护和传承春晖文化，遵循"保护老春晖，建设新春晖"的原则，复建仰山楼，开辟校史馆，修缮名人故居带，开设白马湖红色学堂，开办校史第一课，使校史学习成为每一位春晖学子的必修课；开设"春晖讲堂"，以"弘扬传统、开拓视野、提升品质、促进交流"为宗旨，邀请国内外名家来校讲学，重现白马湖畔昔日盛景，用实际行动挖掘好、利用好、传承好春晖中学的历史文化资源。

学生组4：春晖中学始终牢记习近平总书记的嘱托，办好人民满意的教育。深化教育改革与创新，自2005年开始，春晖中学启动文科德育和学科建设两大工程。扎实推进课程改革，提出了"五育融通"（德育、智育、美育、体育、劳动教育）的教学理念，积极探索构建"三层五性"特色课程体系，自主开发开设了120余门校本选修课程，促进学生的全面发展；积极构建与大学教育、创新人才培养接轨的高中教育模式，全力打响"学在春晖"教育品牌，推动社会主义文化繁荣兴盛。

教师总结：由此可见，春晖中学正是中华优秀传统文化、红色革命文化和社会主义先进文化有机结合的一个经典样本。春晖中学也为浙江文化大省建设做出了积极贡献，一方面保护、传承历史文化资源，另一方面进行教育改革创新,为国家培养了一大批杰出人才。

3. 环节三 展望春晖,做一做春晖中学的"文化名片"

名师荟萃、大师云集,奠定了昔日春晖中学辉煌的基业,先进的教育思想、革新的教育行为成就了春晖教育,才有了春晖文化的源远流长和历久弥新。如何让春晖文化和春晖教育在继承中创新、在创新中发展是春晖中学面临的时代课题。

高二学生已经在春晖中学学习生活两年之久,对春晖中学已经从初识到了相知相熟的阶段,因此在研学最后环节设计动手实践,布置相应研学任务。

教师:请同学们在校园中,结合自身在春晖学习生活的所见所闻,设计一张春晖中学的"文化名片",并说明设计理由。

学生1:我设计的是"与时俱进"。"与时俱进"是春晖中学的校训,也是春晖精神的核心,可以概括为"拼搏、求是、求真、团队"。春晖文化是一种教育文化,凸显了人格教育、美的教育和爱的教育。

学生2:我设计的是仰山楼和湖畔。仰山楼是春晖中学校史馆所在地,也是春晖中学的标志性建筑,看到仰山楼就会想到一大批进步青年、有识之士齐聚春晖中学,播散革命火种。春晖文化是一种红色文化,燃烧不尽。

学生3:我设计的是白马湖名人故居带。春晖中学办学之初,一大批名师巨匠如弘一法师李叔同、夏丏尊、朱自清、丰子恺、杨贤江、朱光潜等纷至沓来,白马湖畔群贤毕至,使得春晖中学成为中国现代教育和新文学的发源地之一。春晖文化是一种名士文化,早期的春晖中学名师荟萃、大师云集,创造了上虞历史的文化高峰。

(三)研学总结

文化是一个国家、一个民族的灵魂,文化兴则国家兴。教育是国之大计、党之大计,教育兴则国家兴。春晖中学在习近平总书记的殷切嘱托下,在"八八战略"的指引下,在"与时俱进"思想的熏陶下,必将迈向更辉煌灿烂的明天。

五、案例分析

"宣传思想文化工作面临着新形势、新任务、新要求,我们要深学笃行习近平新时代中国特色社会主义思想,把学习贯彻习近平文化思想与学习贯彻习近平总书记考察浙江时的重要讲话精神结合起来,与学习贯彻习近平总书记在浙江工作期间关于文化建设的系列重要论述结合起来,在循迹溯源、融会贯通中奋力打造重大标志性成果，为'勇当先行者、谱写新篇章'提供强大文化力量和精神支撑"①。本案例结合习近平总书记在春晖中学考察的足迹，牢记总书记的嘱托，传承春晖文化，推动中华优秀传统文化创造性转化和创新性发展，推动社会主义文化繁荣兴盛。

春晖文化是优秀传统文化、红色革命文化和社会主义先进文化发展的一个缩影，作为春晖学子，这就是最生动、最鲜活的习近平文化思想学习的一个样本。踏循总书记的足迹，回顾春晖百年校史，能够更好地理解总书记的嘱托，更深刻地理解习近平文化思想，增强对习近平新时代中国特色社会主义思想的认同。

六、案例反思

本节课利用校史馆、白马湖图书馆、名人故居带等文化资源，跟着习近平总书记考察春晖中学的路线，回顾春晖中学百年校史、体会春晖文化和春晖精神的产生和发展，结合春晖中学在教育教学方面的创新和实践，感悟春晖文化在继承中创新，在创新中发展。

但是走出课堂的教学，容易与教材内容脱轨，因此任务的内容和目的的设计尤为重要。研学任务设计要有针对性和可操作性，在研学开始前需要提前将习近平文化思想的素材、党的十九大和党的二十大报告等相关材料、习近平同志考察春晖中学的素材交给学生进行学习和思考，与已经学过的知识进行链接，做到实践与课堂、研学与教学的统一，以便研学达到比较好的效果。

（供稿：严露露　浙江省春晖中学）

"踏循书记足迹　牢记书记嘱托　传承春晖文化"微课视频

---

① 深学细悟习近平文化思想，为奋力谱写中国式现代化浙江新篇章凝心聚力[EB/OL].
https://news.gmw.cn/2024-07/29/content_37465187.htm.

案例二 越地宋韵范 "陆风"传千年

一、案例背景

2017年1月25日,中共中央办公厅、国务院办公厅印发了《关于实施中华优秀传统文化传承发展工程的意见》,指出要"挖掘和整理家训、家书文化,用优良的家风家教培育青少年"。通过进一步挖掘陆氏家风的内涵和价值,并且寻找其在当代社会中的价值,更好地传承其在当代社会中的价值。

目前学生对陆游生平及作品有一定的了解和知识储备,但对陆氏家风的认知比较零散,对其在新时代的价值及如何更好地传承陆氏家风的认识有待加深。

二、案例目标

(1)通过项目化"宋韵绍兴看陆游",提炼陆氏家风的精神内核,理解家国情怀是陆氏家风具有千年生命力的文化基底。

(2)通过跨越时空,定格历史瞬间,整理习近平总书记父子同心的动人故事,探究陆氏家风的当代价值。

(3)通过研学、展示学习成果等,激发传承中华优秀传统文化的使命感,让陆氏家风在新时代流动起来,传承下去。

三、案例设计

(1)探索项目化学习策略,追问核心问题"为什么要从宋韵绍兴看陆游?"并对核心问题进行必要的分解,从研究阐发陆氏家风的永恒底色、陆氏家风的当代价值、陆氏家风的沛然生长等三个子任务,探讨传承陆氏家风的途径,使其古为今用。在教学起始、教学过程与教学结束时,教师不断追问学生对此核心问题的理解与思考,通过纵向对比不断推进深度学习,真正理解中华优秀传统文化的价值意蕴。

(2)开展立足道德与法治课程的跨学科主题学习。本节课设计了三个表现性学习任务:编撰项目化成果《陆氏家风》文化手册、班级家风集《家是最小国》、开展"陆氏家风与乡村建设"社会调查。这样的规划凸显了核心素养导向,确定重点培育道德与法治课程中的政治认同的核心素养,并确立所涉及的其他学科的核心素养,如历史课程中的史实实证、信息科技中的数字化学习与创新、艺术课程中的文化理解与艺术表现等,凸显综合育人价值。

四、案例过程

模块一 家国情怀:陆氏家风的永恒底色

教师:请同学们合作完成驱动性任务1"陆氏家风的精神内核是什么?"

(播放学生在坝头山村诵读《放翁家训》及参观家训馆的视频。)

学生小组代表汇报:我们实地走访,查找资料,合作完成项目化成果《陆氏家风》文化手册。我们认为家国情怀是陆氏家风的永恒底色。

全体学生现场学习、朗诵陆游的诗词。

十一月四日风雨大作

僵卧孤村不自哀,尚思为国戍轮台。

夜阑卧听风吹雨,铁马冰河入梦来。

示 儿

死去元知万事空,但悲不见九州同。

王师北定中原日,家祭无忘告乃翁。

教师:这是陆游的绝笔诗。它不仅成为南宋抗金救国的战斗号角,而且竖起了一面光辉灿烂的爱国主义旗帜,激励着我们为民族兴亡和国家富强而前赴后继、奋勇拼搏。请同学们思考这两首诗共同体现的精神内涵。

请结合陆游生活的时代,解读陆游对祖国的浓厚感情,并完成议题"如何理解'家是最小国,国是千万家'?"

陆氏一族忠君爱国,祖父和父亲修身守正的家风更是深深扎根于陆游的心底。爱国主义精神在陆游的子孙后代身上代代相传,演绎出了气壮山河的爱国主义悲歌。强国愿景与报国情怀是宋代诗词的重要主题之一,也是宋韵文化的精髓部分。

教师:(展示历代文人志士群像)家国情怀是历代华夏儿女永续传承的生命基因。请同学们完成议题:如何理解"家是最小国,国是千万家"?

学生1:在中国,家就是国。一个家的美好,是一家之美好。而千家万户的美好,便凝成了一个国家的美好。千家万户的幸福,便凝成了一个国家的幸福。千家万户的强大，便凝成了一个国家的强大。国是由无数个家组成的。因此，国也是家。

学生2：我认为，信念是爱国的初心，是报国的前提。百年前的华夏，个人命运如江上浮萍，国家命运前途未卜。鲁迅呐喊："中国自古就有为民请命的人。"他相信风雨压不垮中国的脊梁。这种信念就是中华民族必将崛起的坚定信念。

学生3：我认为，这体现了责任是爱国的底线，更是报国的基础。习近平总书记寄语当代青年：当代中国青年是与新时代同向同行、共同前进的一代，生逢盛世，肩负重任。我们要展现青春作为，彰显青春风采，贡献青春力量……①

模块二　道不远人：陆氏家风的当代价值

教师：好家风，不仅造福一个家族，还映衬着对国家和民族的热爱。习近平总书记对家风建设一直念兹在兹。（播放《习近平"典"亮新时代——家风篇》视频。）

请同学们完成驱动性任务2"提炼陆氏家风的当代价值是什么？"

教师：品读总书记的家风故事，我们总能感悟到浓浓的家国情怀。家风如细雨，润物细无声，其早已浸润在我们每个人的人生记忆和精神底色中。为了推动形成爱国爱家、相亲相爱、向上向善、共建共享的社会主义家庭文明新风尚，我们如何让"陆游家风"更好地在新时代"流动"起来，"传承"下去？

模块三　价值共契：陆氏家风的沛然生长

教师：请同学们完成驱动性任务3"我们如何让'陆氏家风'更好地在新时代'流动'起来，'传承'下去？"

1. 立足个人，赓续传统文化的精神血脉

学生小组代表分享：展示项目化成果汇集了我们三(5)班每位同学的家风集《家是最小国》，并提炼出家风是一个家庭的"精神内核"。陆氏家风教诲我们成为爱国爱家、向上向善、知书达礼的人，这些中华民族传统的家庭美德，承载着华夏文明生生不息的基因密码，我们要一代代传承下去。

---

① 【每日一句话】当代中国青年是与新时代同向同行、共同前进的一代［EB/OL］http://news. cctv. com/2021/05/05/ARTIuFyoXJEuZtWvnrRNHWrCX210505. shtml.

2. 植根社会, 展现中华文明的思想伟力

教师:(播放学生在坝头村进行社会调查, 采访村干部的视频并展示调查表。)

学生:家风是一个社会的"价值缩影"。我们开展了"陆氏家风与乡村建设"社会调查。只有全社会注重家庭家风建设, 让文明滋润社会, 才能为共筑中国梦提供道德支撑。

教师:坝头山村在学习枫桥经验的过程中, 发挥陆氏家风在基层治理中的作用, 创新性地打造出自己的治理模式, 一手抓经济发展, 一手抓村容村风, 探索共富新途。

课堂总结:悠悠陆氏家风, 历经千年"淘洗", 在今天依旧流光溢彩、熠熠生辉。这是宋韵文化的生命力。

千家万户的好家风, 不仅奠定了我们成长的方向和道路, 也撑起了全社会的好风气。这就是"天下之本在国, 国之本在家"。

五、案例分析

积极探索项目化教学方法。本案例以项目化主题"宋韵绍兴看陆游"贯穿全课, 按照学生认知水平层次的高低设计了三个子任务。请同学们合作完成驱动性任务 1:"陆氏家风的精神内核是什么?";驱动性任务 2:"提炼陆氏家风的当代价值是什么?";驱动任务 3:"我们如何让'陆游家风'更好地在新时代'流动'起来、'传承'下去?"。三个子任务均紧紧围绕核心问题"为什么宋韵绍兴看陆游?"设计情境, 展开探究。

重视表现性评价。《义务教育道德与法治课程标准(2022 年版)》注重应用表现性评价对学生的学习情况进行质性分析。本案例通过让学生合作完成项目化成果《陆氏家风》文化手册、陆氏家风与乡村建设调查报告、家风集《家是最小国》, 从学习目标的达成、合作探究的过程、学习成果的质量等方面进行过程性和终结性评价, 发挥了表现性评价的引领、导向作用, 更是为下一次的学习铺垫了基础。

六、案例反思

本案例以大概念"宋韵绍兴看陆游"开展项目化教学, 在思政课的基础上, 同时融合了语文、美术等跨学科知识, 促进学生的真实学习, 设计了真实情境、真实任务。学生整体参与度、积极性都比较高。但教师综合运用不同学科的知识、能力和经验不足, 为学生提供的脚手架过多, 对学生自主发现更多有价值的问题,并尝试自主解决,体会学习的意义和深度造成了一定的不利影响。

[供稿:高珺 绍兴市第一初级教育集团(镜湖校区)]

"越地宋韵范 '陆风'传千年"微课视频

案例四 "越"传承 "剧"精彩

一、案例背景

嵊州是著名的越剧之乡,嵊州儿女理应成为"小小越剧传承人"。相比家乡的物质形态,家乡的文化形态更为抽象。五年级的小学生对家乡的越剧文化已有了些许了解,如嵊州是越剧之乡,是越剧发源地;曾去越剧小镇游玩;城市乡村都有戏台等。但是他们对于越剧的悠久历史、深厚文化以及文化背后蕴含的精神力量,感受和认知并不深刻。四年级有专门的越剧教材,学生虽学唱过几节课,但是一年之后,几乎都不会唱了。一则是因为平时不练唱;二则是因为对越剧的兴趣远比不上对流行歌曲的兴趣,缺乏传承与创新意识。

本课旨在打破传统课堂界限,打造"行走的思政课"模式,将思政教学与研学活动相融合,从"跟随习近平总书记的足迹"入手,有效利用本地思政教育资源,引导学生通过研学活动,切实感受越剧文化的魅力,客观认识家乡越剧发展中存在的问题,从点及面,由浅入深,促使学生真正产生认同感、自豪感,将文化自信在潜移默化中入心、入脑。

二、案例目标

(1)通过项目化研学活动,有针对性地深入了解越剧文化及文化背后蕴含的精神力量,增强越剧文化自信。

(2)通过与越剧名家面对面,感受专业演员对越剧艺术的热爱,激发学生对越剧传承者的敬意,使其发现新时代越剧需要创新精神。

(3)通过穿戏服、戴戏帽、学唱越剧的体验活动,激发学生对越剧的兴趣,使其初步树立"争做越剧传承人"的意识。

三、案例设计

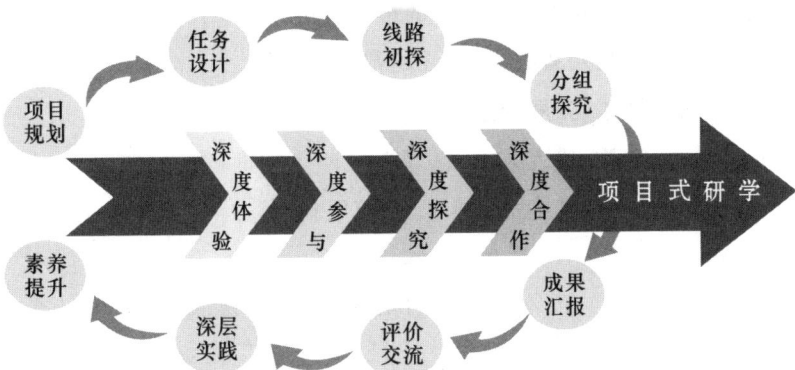

四、案例过程

(一)活动前

教师:踏看场地;设计研学任务单、研学评价单;制作展板和越剧人物徽章。

学生:通过查阅资料、询问家长等途径了解生活中的越剧文化,提交一个最感兴趣的"越剧问题"。

(二)活动中

活动一　走进越剧诞生地,追寻习近平总书记的足迹

1.参观越剧诞生地——东王村,了解"稻桶舞台"

猜一猜:位于嵊州市甘霖镇东王村的"稻桶舞台"的来历及用处。

教师揭晓:"稻桶舞台"是最早的越剧表演舞台。早在一百多年前,嵊州唱书艺人在这里,以稻桶搭台,唱响袅袅越音。百年越剧,就从这里诞生。

2.重温习总书记的话,感知家乡越剧声名远播

师生齐读牌匾内容:"嵊州文化底蕴深厚,首先是越剧之乡,声名远播,无论在哪里都知道,知道越剧就知道嵊州,一直想来越剧之乡,今天如愿以偿。"(习近平同志 2004 年 12 月 14 日考察嵊州时的讲话)①

思考交流:习近平总书记 2014 年来嵊州考察时留下的讲话深意。

---

① 邹焕庆,张乐.越剧"嵊"开[N].新华每日电讯,2024-03-29(012).

3. 揭示研学任务,挖掘越剧文化背后的精神

教师布置越剧研学之旅的任务和意义——探寻越剧的悠久历史,感受越剧文化的魅力和文化背后所蕴含的精神力量。

活动二 走进越剧博物馆,探寻越剧历史文化

1. 明晰研学要求,开展分组研学

(1)从曲目、服饰、代表人物、舞台布景四个方面进行探究,根据自己感兴趣的探究点选择相应任务单,组团开展研学活动。(研学时间:1个小时。)

(2)根据自选研学单,贴好相应组别的"越剧人物"徽章,组成4个小组分别行动。

2. 汇报研学成果,感受越剧魅力

第一组:越剧曲目我探寻。

(1)组员汇报现场找到的代表性曲目,引导全班实地参观并讲解。

(2)教师随机补充。

如:《核桃树之恋》是全国唯一一部晋京献演于中国共产党成立百年舞台的越剧作品,这部作品背后所蕴含的文化价值极高。

第二组:代表人物我探访。

(1)组员汇报越剧代表性人物,引导全班实地参观并讲解。

(2)与新越剧十姐妹代表人物黄美菊面对面。

教师邀请国家一级演员黄美菊现场讲述"越剧情缘",学生现场进行采访、合影、签名等。

(3)教师补充介绍新生代越剧传承人代表。

代表性青年越剧演员陈丽君:越剧《新龙门客栈》主演,打破传统舞台,创新沉浸式越剧表演形式的代表人物之一。

代表性"小梅花"陈子心、陈可心双胞胎姐妹:曾登上《中国好声音·越剧特别季》(播放视频:《中国好声音·越剧特别季》片段。)

(4)交流越剧进课堂的感受。

第三组:越剧服饰我探究。

组员介绍越剧服装与头饰,互动式讲解。

猜一猜:不同的戏帽分别代表什么样的身份? ——皇帝、皇后、状元、新娘……

认一认：不同服饰分别代表什么角色？——通过服饰特点，判断出越剧博物馆大厅里的 4 个越剧卡通人物分别是老生、小生、老旦、花旦的扮相……

第四组：舞台布景我探查。

(1)组员汇报越剧舞台布景，结合项目式活动进行讲解。

知名古戏台、河台、戏迷角……

(2)教师补充延伸：课后每个小组用画画、剪纸、模型制作等方式，制作一个越剧舞台，展示于教室创意角。

活动三 总结研学新收获，争当越剧传承人

1.总结研学新收获

2.体验穿戏服戴戏帽，向同伴学唱越剧

亮一亮：师生共同过把越剧瘾，根据喜好穿上服装，戴上头饰。

唱一唱：跟随从 6 岁开始学习越剧的程文玺，学唱《我家有个小九妹》。

3.总结

一座嵊州城，半部越剧史。依依剡溪水，百年戏流芳。越剧，从一个江南小剧种，一路打拼、创新，探索出一条新时代的"出圈"之路。就让我们从现在开始，从这里出发，一起成为小小越剧传承人！

(三)活动后

1.填写研学活动评价单

2.志愿服务

本学期结束前当一次越剧博物馆的"小小讲解员"，换取一枚"莲娃公益章"。

五、案例分析

1.把握资源优势，厘清研学价值

越剧作为一种非物质文化遗产，是中华民族文化宝库中的精神财富，本身具有传承与发展的巨大价值。嵊州作为百年越剧诞生地，凝结了鲜明的地方文化内涵，为学生开展研学提供了优质场所和素材，而越剧文化是学生了解家乡文化的极佳切入点。通过研学方式开展思政教学，让学生走进社会生活的真实环境，具有动态性、开放性、历史性、体验性等特点，不仅可以激发学生的学习兴趣，还能使学生通过互动式观察、沉浸式体验等学习形式,对越剧文化的历史渊源有更深入的了解与感悟。

2.渗透学科理念,培育核心素养

从课堂学习方式来讲,项目化研学的形式更开放、更包容,在立足思政课的基础上,与其他学科之间有衔接性、交叉性和融合性。"行走的思政课"区别于普通研学活动的最大特点在于思政课程理念的渗透,主要表现在政治认同、道德修养、责任意识等方面的素养培育。本次研学单的设计,集中体现了思政课程的学科理念。例如:(1)越剧发展史——有针对性地深入了解越剧文化及文化背后蕴含的精神力量,增强越剧文化自信。(2)越剧名家面对面——感受越剧传承者的创新精神,激发对越剧传承者的敬意。(3)穿戏服、唱越剧——激发学生对越剧的兴趣,初步树立"争做越剧传承人"的责任意识。

3.依托评价机制,促进学习效率

此次研学活动,紧紧围绕"立足素养"设计评价单,力求达成"教—学—评"一致性。研学评价单不仅贯穿研学前、研学中、研学后,强调评价的贯穿性、连续性、动态性,同时立足于学生的个性化表现和小组合作的集体表现,兼顾学生的个别差异,注重过程性评价和增值性评价。充分发挥了评价的导航作用,指向学生思维能力、探究能力和合作能力的培养,真正达到以评育人的目的。

六、案例反思

本次越剧研学,是一次师生与家乡文化的对话,创新了思政课的教学模式,凸显了地方资源的育人价值,但是也发现了一些不足之处。

1.将思政教育融入研学过程的技巧方法有待加强

思政教育最担心的就是说教主义痕迹太浓,就比如将盐撒入汤里,可以提味,但是最好不要看见盐。如何将这盐放得恰到好处,十分考验教师的水平。一线思政教师还需不断地思考与尝试相关的技巧与方法,真正将思政小课堂和社会大课堂相结合,全面提升学生的学习能力和学习品质。

2.学校思政课程体系建设有待进一步提升

这是一次全新尝试,在固本培元的基础上有所创新,但不可浅尝辄止,学校思政教研团队应加强顶层设计,开发更多的研学资源,尝试系统化设计思政研学课程,搭建"游、学、行、思"的课程支架,潜移默化地将课程理念落到实处,增强学生的实践能力,涵养学生的品格。

(供稿:魏东曲 嵊州市莲塘小学)

"'越'传承 '剧'精彩"微课视频

主题二
弘扬运河文化

案例一 学习运河文化 坚定文化自信

一、案例背景

进入新时代以来，党中央高度重视文化建设，将建设社会主义文化强国纳入国家战略。文运与国运相牵，文脉同国脉相连。2023 年 10 月召开的全国宣传思想文化工作会议正式提出并系统阐述了习近平文化思想。习近平总书记高瞻远瞩地给我们指引了新时代新的文化使命：在新的起点上继续推动文化繁荣，建设文化强国，建设中华民族现代文明。

浙江是中华文明的发祥地之一，历史悠久，文化灿烂，打造了"万年上山文化""五千年良渚文明"等一批浙江文化标识。习近平总书记在 G20 杭州峰会开幕式上做主旨演讲时深情地说："我曾在浙江工作了 6 个年头，熟悉这里的山水草木、风土人情，参与和见证了这里的发展。"①在浙江工作期间，习近平同志高度重视浙江文脉，比如对于西湖保护、良渚遗址保护、大运河保护，他都亲自指示，部署领导。作为中国经济最活跃、发展最均衡的地区之一，浙江独特的地域文化基因、丰富的文化遗产，已经成为新时代中国的文化高地。

---

① 习近平：我曾在浙江工作了 6 年 熟悉这里的山水草木［EB/OL］. https://news. 12371. cn/2018/01/20/VIDE1516432980689276. shtml.

2023 年 9 月 20 日至 21 日,杭州亚运会举办之前,习近平总书记来到浙江考察。在浙江考察期间,习近平总书记要求浙江更好担负起新时代新的文化使命,在建设中华民族现代文明上积极探索。9 月 20 日下午习近平乘车来到位于绍兴的浙东运河文化园考察。他步行察看了古运河河道和周边的历史文化遗存,详细了解了浙东运河发展演变史和当地合理利用水资源、推进大运河保护等情况。习近平强调,大运河是世界上最长的人工运河,是十分宝贵的文化遗产。大运河文化是中华优秀传统文化的重要组成部分,要在保护、传承、利用上下功夫,让古老的大运河焕发时代新风貌。[①]

浙东运河文化作为中华优秀传统文化的重要组成部分,承载着深厚的历史底蕴和丰富的文化内涵。我们必须站在弘扬中华优秀传统文化、坚定文化自信的全局和战略高度,深入学习浙东运河文化,传承和发扬其精神内核。为此,我们要深刻认识到,坚定文化自信最广泛、最深厚的基础是人民,必须坚持以人民为中心,充分发挥人民群众在传承浙东运河文化中的主体作用。我们要让人民群众认识到浙东运河文化既是我们的精神家园,也是推动社会发展的重要力量。在此基础上,全社会要大力弘扬运河文化,树立文化自信,使人民群众自觉传承和创新发展运河文化。

当代大学生作为国家的未来和民族的希望,在学习浙东运河文化、坚定文化自信方面肩负着重要责任。在校大学生正处于人生观、价值观、文化观形成和确立的关键时期,深入学习浙东运河文化,有助于大学生树立正确的文化观念,增强文化自信。本案例研究选取贴近新时代大学生生活和认知水平的浙东运河文化传承与创新案例,旨在引导大学生坚定文化自信,努力提升文化素养,为培养更多高素质文化人才及后备力量贡献力量。

二、案例目标

(1)激发大学生学习浙东运河文化的热情和兴趣,提升大学生对传统文化的认知和理解,牢固树立文化自信,奠定传承发展中华优秀传统文化的思想基础。

(2)培养大学生关注浙东运河文化的保护与传承,树立文化自觉、养成文化习惯,自觉弘扬传统文化、抵制文化虚无主义,同时积极参与到文化创新、文化推广等各领域中,努力成为新时代中国特色社会主义文化建设的栋

---

① 张环宙.讲好大运河故事 擦亮中华文化名片[N].人民日报,2023-09-28(13).

梁之材和文化自信的传播者。

三、案例设计

1. 创设体验式文化课堂场景

针对新时代大学生的生活方式和认知特点,精心挑选与浙东运河文化相关的热点话题,将大学生带入具有浓厚生活气息的课堂文化体验中,提升课堂内容的生动性和感染力,增强大学生在课堂上的互动性和参与感。

2. 构建递进式的问题探究模式

利用浙东运河文化的丰富性和历史性,在教学设计和实施过程中,设计一系列由浅入深、相互联系的问题链,通过这些问题引导大学生主动思考、深入探究,培养他们的思维能力,有助于大学生对浙东运河文化的深刻理解,并将其内化为自己的文化自信。

3. 采取互动性的文化探究教学方法

浙东运河文化的教育不仅仅是传授知识,更是要引导学生理解文化内涵,结合社会习俗和人文情怀,将文化精神阐释得更加深刻、生动、具体,鼓励大学生探讨文化与生活、传统与现代的关系,引导他们探索文化的传承与创新途径,培养大学生"认同文化—尊重文化—传承文化"的认知模式和行为习惯。

四、案例过程

案例 1　海洋文明溯源头,稻作文化促发展

教师导入:同学们,大家好。在课前,想必大家都了解过浙东运河了。请结合这张浙东运河地形图,谈一谈你对浙东运河地理情况的理解。

学生回答:浙东运河位于中国大运河最南端,并且是大运河的重要组成部分。大运河的开凿始于春秋时期,历经两千多年的发展和演变,至今仍发挥着重要的交通和水利功能。

教师追问:有句古话叫"通江达海,运济天下"。浙东运河是中国大运河唯一一条与海洋连接的河段,通过港口可以将货物运往天下。请同学观看浙东运河线上 3D 博物馆的"向海而生""稻作部落"板块,穿越到史前时期,了解浙东地区海洋文化的源头。在观察了这些海洋文明遗址之后,谁能分享一下自己感悟的和启发?

学生1:浙东运河连接海洋,与海洋文化相交融,不仅更大程度地发挥了浙东运河的水利功能与文化内涵,也帮助海洋文明兴盛千年。其海洋文化底蕴深厚,堪称中国海洋文化的主要源头。

学生2:在史前时期,不仅海洋文明十分兴盛,稻作文明也开始快速萌发。稻作文化与浙东运河有着千丝万缕的内在联系。稻作文化的繁荣,带动了当地的经济社会发展,百姓安居乐业,更好地发挥了浙东运河的水利、航运等功能。因此,浙东地区繁荣的稻作文化,为浙东运河发挥其功能奠定了重要的经济基础。

教师小结:同学们的分享非常精彩,你们对浙东运河与海洋文化的交融、稻作文化的发展有了深刻的认识。确实,浙东运河作为连接海洋的重要通道,其海洋文化的底蕴为中国海洋文明的发展奠定了基础。同时,稻作文化的繁荣与浙东运河的水利、航运等功能密切相关,为当地的经济社会发展提供了有力支撑。通过这次线上3D博物馆的参观,我们不仅了解了浙东地区海洋文化的源头,也感受到了稻作文化对浙东运河功能发挥的重要作用。希望同学们在今后的学习中,继续深入探究浙东运河的文化内涵,传承和发扬我国优秀的传统文化。

案例2 大禹精神传千年,工匠精神利天下

教师导入:说起大运河文化,首先想到的便是大禹文化。在"壁画和传说"板块,有着许多关于大禹的传说故事,如《毕功了溪》《禹会诸侯》《涂山娶妻》等。

在这些传说故事的背后,你感受到了大禹什么样的精神?

学生1:大禹治水不仅堵水,而且采用引水和堵疏结合的方式,体现了他的科学创新精神。

学生2:大禹治水三过家门而不入是为了天下苍生,体现了他天下为公的家国情怀。

学生3:自强不息、艰苦奋斗的拼搏精神。

教师追问:这就是三江闸的模型。三江闸是明代汤绍恩主持修建的大型挡潮排水闸。看完了右侧的三江闸设计结构示意图,你感受到了什么?

学生1:古代的工匠凭借如此复杂的设计图纸将它完美地建造出来,这体现了古代劳动人民的智慧和精益求精的工匠精神。

学生2:习近平总书记曾仔细察看三江闸的设计结构,并询问:这个闸现在还在不在? 总书记如此关注三江闸,由此可见,三江闸发挥着重要的水

利功能。

教师总结：数千年来，"创新""实干""为民""奉献"的大禹精神已融入中华民族的血液。习近平总书记曾说过，大禹文化是中华优秀传统文化的重要组成部分，大禹精神是要世代弘扬的。① 我们要传承大禹的精神，发挥好大禹精神的现代意义。不仅如此，三江闸和古纤道还蕴含着工匠精神。工匠精神是中国共产党人精神谱系的伟大精神之一。古人的智慧正启迪着后人的实践。

案例 3　运河文化延千里，文化自信我坚定

教师导入：我国高度重视大运河文化的保护和利用工作。通过历时 8 年的申报努力，浙东运河被列入《世界遗产名录》。习近平总书记指出："大运河是祖先留给我们的宝贵遗产，是流动的文化，要统筹保护好、传承好、利用好。"②党的二十大报告明确指出，要加大文物和文化遗产的保护力度，加强城乡建设中历史文化的保护传承，建好用好国家文化公园。大运河不仅是一条河，更是绵延千年的中华历史文脉。

同学们，从今以后，你会如何对待中华优秀传统文化？

学生 1：中华优秀传统文化是中华民族的宝贵财富，要勇于承担传承弘扬中华优秀传统文化的责任和使命。可以在生活中弘扬中华优秀传统文化。

学生 2：应该对传统文化心存敬意。不能轻易否定或轻视传统文化，更不能将其抹杀或淡化。

学生 3：中华文化绵延千年，源远流长，博大精深，我们有充分的文化自信，有充足的底气。

教师总结：中华优秀传统文化是中华文明的智慧结晶，是我们最深厚的文化软实力，也是中国特色社会主义植根的文化土壤。我们要坚定文化自信，以中华优秀传统文化为精神指引推进中国特色社会主义建设，为实现"中国梦"而不懈努力。今天的思政课到此结束。

---

① 大禹故里 奇迹和政 弘扬大禹文化传承大禹精神[EB/OL]. https://new.qq.com/rain/a/20230712A09IK400.

② 张环宙. 讲好大运河故事 擦亮中华文化名片[N]. 人民日报，2023-09-28(13).

五、案例分析

1. 以生动实例缩短大学生与浙东运河文化的距离

本案例在选材上紧密结合当代大学生生活在网络化、信息化、多元化的新时代的背景，针对大学生对新事物敏感、好奇心强的特点，选取与浙东运河文化紧密相关、在大学生群体中有一定影响力的生动实例，让学生深刻感受到浙东运河文化就在我们身边，缩短大学生与浙东运河文化的距离感，激发大学生对传统文化的兴趣和热爱。

2. 以互动式教学引导学生深入体验浙东运河文化

本案例在教学设计和实施过程中，以浙东运河文化为线索，引导学生主动探索、互动交流，通过不断的体验、感悟、反思，逐步培养大学生对浙东运河文化的认同感和自豪感，进而提升传承和弘扬优秀传统文化的能力，培养具有文化自信的新时代人才。

3. 结合新时代大学生学习需求进行课堂教学创新

本案例在课堂教学设计中，充分考虑新时代大学生的学习需求，即大学生更倾向于关注与自身生活紧密相关、对个人成长有用的内容。因此，本课在导入环节以大学生广泛关注、具有较高文化价值的浙东运河文化案例为起点，引导学生思考浙东运河文化的价值与意义，讨论如何在新时代传承和发扬这一文化，从而吸引学生的注意力，提升课堂教学的实效性。

六、案例反思

本案例在文化教学设计与师生互动方面还存在提升空间，教学设计可以更加丰富，师生互动可以更加高效。具体可以从以下方面进行优化。

1. 教学设计可以更加丰富

在课堂教学活动中，可以引入更多互动环节，如组织学生进行小组合作探究、小组间的文化知识竞赛或主题演讲，通过对浙东运河文化的深入探讨和多角度分析，让学生在交流中深化对传统文化的理解，增强文化自信。

2. 师生互动可以更具有效性

在教学实践中，可以鼓励学生利用网络资源、图书馆资料等，自主搜集浙东运河的历史文化信息，通过课堂分享，让学生更加积极地参与到教学活动中，从而提高课堂教学的互动性和实效性。

3. 学生角色扮演可以更加有针对性

在文化案例分析时,可以让学生扮演不同的历史角色,如古代运河规划者、商人、文人墨客等,通过角色扮演,让学生更深入地理解浙东运河在历史中的作用和地位,体验不同文化背景下的生活状态,从而增强学生对传统文化的认同感和自豪感,提高文化自信教育的效果。

(供稿:高健、冯煊茹　绍兴文理学院马克思主义学院)

案例二 护运河文化之"脉" 植文化自信之"根"

一、案例背景

(一)教学缘起

"求木之长者，必固其根本；欲流之远者，必浚其泉源。"①中华优秀传统文化是中华民族的"根"和"魂"，习近平总书记多次提到加强文化遗产保护传承、弘扬中华优秀传统文化对于文化自信的重要意义。寻根于人文底蕴深厚的绍兴，我们摸到了一条贯通古今、流淌千年的悠悠水脉。两千五百多年前，越王勾践修凿"山阴故水道"，千余年城址不变，水脉文脉未断。2014年，中国大运河被列入世界文化遗产，成为一道亮丽的文化风景线。2023年9月20日，习近平总书记考察了浙江绍兴的浙东运河文化园，强调"大运河文化是中华优秀传统文化的重要组成部分，要在保护、传承、利用上下功夫，让古老大运河焕发时代新风貌"②。2024年正好是中国大运河被列入世界文化遗产的十周年，只有坚持从历史走向未来，从延续民族文化血脉中开拓前进，才能铸就中华文化新辉煌，实现中华民族伟大复兴。

(二)教材分析

本课的内容主要围绕《习近平新时代中国特色社会主义思想学生读本》(高中版)第五讲第三课"铸就中华文化新辉煌"中的"推动中华优秀传统文化创造性转化、创新性发展"这一主题内容展开。文化兴国运兴，文化强民族强。文化是一个国家、一个民族的灵魂。中华优秀传统文化是中华民族的精神命脉，是涵养社会主义核心价值观的重要源泉，也是我们在世界文化激荡中站稳脚跟的坚实根基。坚持中国特色社会主义文化发展道路，推动中华优秀传统文化创造性转化、创新性发展，是新时代新的文化使命。因此本课的内容至关重要。

---

① 吴楚材，吴调侯.古文观止[M].北京：中华书局，1959.
② 习近平.始终干在实处走在前列勇立潮头 奋力谱写中国式现代化浙江新篇章[N].人民日报，2023-09-26(01).

(三)学情分析

本课的授课对象是高一年级学生。首先,从学生的知识能力看,在初中阶段,学生已经接触过与文化发展相关的知识,对我国的文化建设已经有了一定的了解,能够理解我国的文化发展必须与国情相适应。但是,他们对于耳熟能详的"传统文化""文化创新""文化自信"等概念可能缺乏深入的理性认识,理论联系实际的能力较差。

其次,从学生的思维水平看,高一学生思维较活跃,善于思考。尤其是对于学校南校门旁就流淌着的浙东运河,学生有较强的兴趣和探索欲。但这部分知识理论性较强,学生在思考、感知时会存在一定的障碍。从对学生的采访调查来看,他们对这一条河流的历史文化价值的了解不够深入,难以捕捉到运河文化中的变与不变。因此,本课将充分运用现实情境,并结合体验学习等形式,激发学生的学习兴趣,增强学生对中华优秀传统文化的理解和认同。

二、案例目标

1. 政治认同

通过学习和弘扬中华优秀传统文化,增强学生对我国文化发展战略目标的认同,从而进一步认同党和国家现阶段采取的一系列文化发展政策和措施。

2. 科学精神

通过探讨如何保护、传承和利用好中华优秀传统文化,增强学生对文化传承创新与文化自信关系的认识,进而深化对习近平新时代中国特色社会主义文化思想的理解。

3. 公共参与

通过围绕推动文化发展的问题,组织学生讨论探究,并引导学生运用所学知识,针对我国当前文化发展的现状,提出对策或建议,增强社会参与意识。

三、案例设计

本课的设计贯彻新课程理念,力求构建以培育学科核心素养为主导的活动型学科课程,打造议题式教学模式。以"千年文脉 奔流不息"文化研学游为主情境,贯通本节课教学的三个环节,从流淌千年的运河文脉中坚定对于民族文化的自信心。本课围绕"护运河文化之'脉',植文化自信之'根'"这一个总议题,沿着"贯通古今,流淌千年的悠悠水脉 不忘本来,底蕴深厚的历史文脉—面向未来,创新活力的时代动脉"的逻辑脉络来铸就中华文化新辉煌。通过运用情境教学法、合作探究法、学习评价法来充分调动学生这一学习主体的积极性和创造性,让学生"自主、合作、探究、创新"地学习,提高学生的政治认同、科学精神和公共参与。在教学过程中引导学生观察文化现象、引发辩证思考、生成构建知识、反思践行提升,从而体现新的学习观、知识观。

四、案例过程

总议题 护运河文化之"脉" 植文化自信之"根"。

【导入新课】

议题一 贯通古今,流淌千年的悠悠水脉

【议学情境一】绍兴一中南校门运河水岸

教师：同学们,我们的家乡绍兴是远近闻名的江南水乡。在我们学校的南校门旁,就有 条河流缓缓流过。大家对这条河流了解多少呢?

学生回答(略)。

教师：原来,流经南校门的这条河流是中国大运河的重要组成部分——浙东大运河绍兴段的支流。大运河留下了丰富的历史文化遗存,积淀了深厚的人文底蕴。2014 年,由京杭大运河、浙东大运河、隋唐大运河共同构成的中国大运河被列入世界文化遗产,成了一道亮丽的文化风景线。2024 年,正好是大运河申遗成功十周年。就让我们开启一趟"千年文脉 奔流不息"文化研学游,共同感受大运河带来的文化魅力。

【讲授新课】

议题二 不忘本来,底蕴深厚的历史文脉

【议学情境二】浙东运河博物馆

教师：2023 年 9 月 20 日,习近平总书记考察了浙东运河文化园,他强调大运河文化是中华优秀传统文化的重要组成部分,要在保护、传承、利用上下功夫,让古老运河焕发时代新风貌①。今天,我们沿着习近平总书记的足迹来到了浙东运河博物馆,让我们一起通过游览体验来感受运河文化孕育的灿烂文明。

学生参观浙东运河博物馆。(浙东运河博物馆以"千年古韵,江南丝路,通江达海,运济天下"为主题,打造大运河文化带独特亮点,向公众展示"一部浙东运河宏伟史诗,一篇越地文化璀璨华章,一幅宁绍山水风物画图",重点反映了两千五百多年来浙东运河的历史地位、技术与文化遗产价值。)

【议学活动】

教师:浙东运河博物馆的游客络绎不绝,讲解员一人难求。现在博物馆也在招募志愿讲解员,有没有同学愿意来尝试一下?

学生讲解(略)。

【议学任务】

教师:"运河繁华在,文化韵味长。"结合游览体验,请同学们谈谈大运河文化有何特点,我们应该如何挖掘和继承这些优秀传统文化。

学生回答(略)。

师生总结:大运河文化承载了中国历史文化的厚重、壮美和辉煌。作为中华优秀传统文化,大运河文化源远流长、博大精深,是我们最深厚的文化软实力。我们只有不忘本来才能开辟未来,善于继承才能更好创新。

议题三　面向未来,创新活力的时代动脉

【议学情境三】浙东运河文化园

教师:如果说浙东运河博物馆打造的是具有高密度真迹、史料的室内空间,那么我们沿古运河而建的浙东运河文化园就是真正意义上的开放的"博物馆"。

学生参观浙东运河文化园。(浙东运河文化园内,有记载历史文化的"运河记事",有展示桥乡精品的"古桥遗存"。历代营建的纤道石桥等古迹静静矗立,诉说着厚重的过往。浙东运河博物馆、浙东运河文创区、文旅区等刚刚建成,人们可以在这里组织游园打卡、文创市集、"非遗"制作、天幕露营等活动,融入民俗、艺术、"非遗"、美食等运河文化元素,打造大运河文化IP,勾勒出崭新的未来。厚重的历史与现代气息的交融,让运河绽放出别样

---

① 赓续中华文脉,推动大运河文化创新发展[EB/OL]. https://www.cssn.cn/skgz/bwyc/202311/t20231122_5698245.shtml.

的魅力。浙东运河文化园力争成为古运河畔的新地标。)

【议学活动】

教师：5月18日，正好是国际博物馆日。作为没有围墙的"博物馆"，浙东运河文化园推出了"浙东运河博物馆奇妙夜"开放活动，正在为这一活动征集活动内容、活动海报和logo。大家能否根据刚才的研学体验，为这一征集活动贡献金点子呢？

学生分享(略)。

师生总结：保护、传承和利用好大运河文化，要坚持古为今用、推陈出新，要有鉴别、有扬弃，按照当今时代的特点和要求对其进行创造性转化和创新性发展，实现传统文化与现实文化相融通，让更多人了解和传承这一宝贵的文化遗产。

【结束新课】

教师：游览到现在，我们今天的文化研学游就要暂告一个段落了，但我们对运河文化的保护和传承不会止步。浙东运河有着独特的历史文化价值，如何保护、传承、利用好运河文化，是我们要思考和实践的现实课题。在课后也请同学们根据今天的游览体验设计一份关于大运河文化保护传承和生活化利用的调查问卷，并制作相应的调研报告，让我们一起做运河文化的传承者和践行者。

大运河是活着的、流动着的文化遗产，而我们绍兴正在将这张文化"金名片"持续增亮，古老运河正以昂扬姿态在新时代焕发新生机。我们坚信，这一方活水，能够流向更深、更远的前方。

五、案例分析

在新课改深入推进之际，教学设计要贯彻新课程理念，构建以培育学科核心素养为主导的活动型学科课程。本课采用议题式教学模式，在议题设置中积极创设生活化情境，并贯穿教学过程始终，充分调动学生这一学习主体的积极性和创造性，达成学科核心素养的有效培育。

(一)基于素养，注重生成

新课程应基于学科核心素养，紧紧围绕政治认同、科学精神、法治意识和公共参与来设计议题，解决学生的认知冲突，引导学生明辨是非。在教学情境的设计中，本课以提升学科核心素养为出发点，通过生活化情境创设来引导学生观察文化现象、引发辩证思考、生成构建知识、反思践行提升。通过三个议学情境的设置以及问题链的精心设计,来组织学生讨论教学难点、疑点,鼓励学生发表自己的看法,进一步提高学生对实际问题的认识、分析能力和组织、表达能力。最后布置的调研作业落脚于现实实践,引导学生真正做运河文化的传承者和践行者。

(二)精选议题,层层深入

根据新课标要求,采用议题式教学,是落实活动型学科课程的重要抓手。本课结合教材内容和学生实际精选议题,以"千年文脉 奔流不息"文化研学游作为情境导入,围绕"护运河文化之'脉',植文化自信之'根'"这一个总议题,通过"贯通古今,流淌千年的悠悠水脉—不忘本来,底蕴深厚的历史文脉—面向未来,创新活力的时代动脉"一系列分议题,层层递进,形成了一个结构化的议题链。围绕议题链构建丰富多样的议学情境,把思想政治学科核心素养融入具体情境中,引导学生在学习体验中实现全面发展。

(三)以生为本,贴近生活

对于绍兴一中的学生来讲,运河并不陌生。学生每天上下学经过的南校门旁就流淌着浙东运河绍兴段的支流,在岸边立着的一块大石碑上刻着"世界遗产——中国大运河"几个大字。通过生活化情境的设置,激发学生的兴趣,使其在情境中感受到运河文化的魅力,实现良好的导课效果;通过志愿讲解、活动征集等形式,给学生展示自我的机会,让学生认识到继承和发展运河文化的重要性,同时充分发现、意识到自己的存在,培养自己的合作精神和与人交往的能力;通过实地调研、学习评价,给学生提供生活体验的机会,激励学生主动地去实践、尝试,将所学内化于心、外化于行,为践行青春使命、描绘古运新貌打下基础,为核心素养的培育提供适切的路径。

六、案例反思

本课采用议题式教学模式,积极创设生活化情境,让学生走进浙东运河文化园探寻运河文化,衔接初中阶段"是什么"和大学阶段"怎么做",实现从感性认识到理性认识的螺旋上升。

在实际的教学过程中,还有一些不尽如人意的地方。一是问题的设计还不够精准,没能真正培养学生的高阶思维能力;二是教学的开放性应继续加强,力求使学生的活动形式多样;三是师生互动占多数,缺少生生互动,只有充分调动学生的积极性,充分相信学生的能力,课堂才会活起来;四是教学评价方式欠多元,要通过自评、互评、教师评价等形式开展,对学生进行多角度、综合性评价,促进学生全面发展。

（供稿：茹奕蓓　绍兴市第一中学）

"护运河文化之'脉'　植文化自信之'根'"微课视频

案例三　触历史根脉　思运河价值

一、案例背景

习近平总书记强调:"要坚持理论性与实践性相统一,用科学理论培养人,重视思政课的实践性,把思政小课堂同社会大课堂结合起来,教育引导学生立鸿鹄志,做奋斗者。"[①]因此,作为初中思政课一线的教师,我们要深入理解将思政小课堂与社会大课堂相结合的本质要求,在教学实践中不断摸索理论性与实践性相融合的教学设计。2023年9月,习近平总书记考察浙东运河文化园时强调:"大运河是世界上最长的人工运河,是十分宝贵的文化遗产。大运河文化是中华优秀传统文化的重要组成部分,要在保护、传承、利用上下功夫,让古老大运河焕发时代新风貌。"[②]

初中孩子在学习中国历史后对隋朝开凿大运河有了比较深刻的了解,特别是初三学生对于大运河申遗成功十周年这个时政热点也有一定的关注。博物馆是集文化、教育、娱乐和科研为一体的机构,是有效的社会教学资源,是思政小课堂与社会大课堂融合的绝佳场所。研学浙东运河博物馆可以让学生深入了解运河的历史、文化和生态等方面的知识,增强对中华文化的认同感和自豪感。思政课项目研学通过实地研学、任务设计、问题探究等环节,发挥学生的主体地位,让学生在运河文化博物馆研学中,从历史的深度去了解运河的巨大价值,让学生在生活体验中达成真实的情感体验和价值认同。

二、案例目标

(1)通过研学运河史,感受运河文化的独特魅力,增进中华民族的价值认同和文化自信,培育政治认同,形成正确的世界观、人生观和价值观。

(2)通过了解运河变迁中劳动人民、杰出人物的伟大贡献,了解大禹精神、胆剑精神等绍兴精神,培育学生的道德修养,传承传统美德和伟大中国精神。

---

① 习近平.习近平谈治国理政第三卷[M].北京:外文出版社,2020.
② 讲好大运河故事 擦亮中华文化名片[EB/OL]. http://zj.people.com.cn/n2/2023/0928/c186327-40588676.html.

（3）通过运河项目研学活动,学会研学博物馆和合作探究,充分了解运河的价值,提升对社会、国家和人类的责任感,增强担当精神和参与能力。

三、案例设计

1. 开展实地研学活动

本课力求思政课教学与社会实践相统一,希望学生在做中学,创设真实情景,解决真实问题,即通过实地研学浙东运河和浙东运河文化博物馆了解大运河,增强对运河文化的了解和认识,感悟其重要历史价值。

2. 创设真实驱动性项目任务

学生在初步了解和实地调查浙东运河后提出疑问:浙东运河看上去这么普通,为什么能够成为世界文化遗产? 由此围绕驱动性问题"运河为什么能够获准列入世界文化遗产名录?"开展任务性研学,让学生在任务中合作探究,在运河博物馆中通过研学两千五百多年的运河发展史寻找答案,在做中学,学中思。

3. 采用体验式教学形式

教学设计追求学生的活动和情感体验,通过研学运河博物馆,拉近知识内容与学生生活的距离,在项目研学体验中学习运河文化知识,树立正确的三观,热爱家乡,增强文化自信,感悟自身的责任和参与意识,积极保护运河。

四、案例过程

环节一 追根溯源 话运河历史

教师导入:各位同学好,现在我们所处的是浙东运河文化博物馆的"序厅"。在出发前我们就已经提前了解了博物馆的组成、参观路线,制订了研学计划,现在我们就开始我们的"沉浸式"深度参观。

教师提问:请大家认真看《中国大运河分段示意图》。从中你获取到怎样的信息?

学生回答:中国大运河由京杭运河河段、隋唐时期运河河段、浙东运河河段组成。

教师追问:那么同学们能够从地图中感受到浙东运河的重要地位吗?

学生回答:浙东运河是中国大运河的重要组成部分,并且是大运河联通东海的河段。

教师小结：说得很好。我们再来看《当代浙东运河示意图》。浙东运河西起杭州西兴古镇，流经绍兴，东至宁波，与海上丝绸之路相连。运河主航道至今保存完好，仍在水利、航运、文化、生态、经济等方面发挥重要作用。也因此，浙东运河博物馆的主题是千年古韵，江南丝路，通江达海，运济天下。

教师过渡：下面我们进入展厅第一部分"鱼米之乡溯河源"。这部分重点展示了浙东运河的起源和发展，以及与周边地区的经济联系。

教师活动：教师带领学生研学了博物馆的"序厅"和第一部分内容，详细介绍浙东运河从春秋山阴古水道—东汉—晋唐—宋代—明代—清代发展演变，着重介绍越王勾践修建山阴古水道、大禹治水、马臻修筑鉴湖等历史故事，讲述运河修建的原因和发展历程。

学生活动：结合博物馆史料和教师的讲授，在历史中触摸了解运河发展历史，感受大禹精神和胆剑精神的诞生和随着发展被赋予新的时代特征。

环节二　合作研学　探运河价值

教师过渡：本次博物馆研学之旅我们是带着问题而来的，即运河为什么能够获准列入世界文化遗产名录？现在我们开始以小组为单位，开展任务性研学，在两千五百多年的运河发展史中寻找答案。

教师活动：根据学生意愿将学生分成 5 个小组，每组 4～5 人。前三组学生分别定下主题为：浙东运河是一条经济带；浙东运河是一条文化带；浙东运河是一条生态带。另外两组同学自定主题。让学生以小组为单位在博物馆内自主研学，围绕主题，寻找至少三处"研学点"来论述运河的价值，引导学生合作研学，充分应用博物馆资源，进行手机或者笔记记录，通过小组讨论与交流形成报告。

学生活动：以小组为单位合作研学"千古名河济天下""越风河运铸人文"和"因河筑梦兴浙东"三部分展厅内容，认真阅读展品说明，了解展品年代、来源等信息，注意观察展品细节，利用博物馆的互动展项，例如触摸屏、VR 体验等，积极参与体验。在研学的过程中，共同对展品等进行讨论和相互交流以拓展思路。对于比较感兴趣的或者符合主题的内容进行拍照记录，对于无法解决的问题利用互联网寻求答案。参观完成后，形成本组的观点和论证，进行分享展示交流。感受大运河不仅沟通了南北交通，促进民族统一、经济、文化、生态等各方面发展，更是连通了海上丝绸之路，对于世界历史发展有重要价值。

环节三　展望未来　绘运河前景

教师过渡：长河清波浸润千年，从千帆竞发到百轮云集，两千五百年的历史在这里无声诉说，茫茫运河水，正见证着更加绚烂的丝路繁华。我们该如何运用好运河文化，讲好运河故事呢？

学生1：要加强对运河的保护，一方面保护运河水质和河道清洁，另一方面，对运河沿线的历史文化古迹实施有效的保护措施，防止文化遗产损毁。

学生2：要利用好新媒体，对运河文化进行宣传，提高运河文化的知名度和品牌价值。搞好运河文化旅游，打造大型文化演出，例如越王勾践、太守马臻的舞台剧、动漫等，助推运河经济发展，传承非物质文化遗产，传承精神。

学生3：讲好浙东运河的故事就要讲好江南水乡的故事，讲好绍兴人的人间烟火故事，让运河文化与老百姓的生活密切结合，让小桥流水人家一直延续。

学生4：继续发挥运河的运输价值，正如博物馆的主题"通江达海，运济天下"，助推对外开放，走向世界。

教师小结：运河的未来充满了无限可能与挑战，我们要紧紧围绕保护、传承、创新和利用的方向继续打造运河品牌，树立绿色、开放、共享、共富、创新的新发展理念。本次研学活动，纵向了解运河发展的历史脉络，横向思索运河的丰富价值，让我们认识到大运河是中国文明也是全人类共同的宝贵财富，是当之无愧的世界文化遗产。大运河从古代走来，流淌到今天，奔腾向未来。

五、案例分析

1.关注项目研学和体验学习

初中学生相对而言具有一定的行动能力与合作能力，实地研学浙东运河文化博物馆，围绕驱动性问题学习，增强学生的学习体验，旨在通过合作探究、实践调查、展示分享等研学环节，让学生在体验中、实践中学习，从而了解浙东运河的发展历程，感受运河的文化价值，增强文化自信。

2.学习多元评价促进持续发展

初中学生具有一定的自主性，所以在研学活动时，尊重学生的自主选择性，让学生自行选择任务和合作伙伴，开展项目研学活动。学习活动贯穿了自我评价、小组互评、教师评价相结合的方式,对活动实施过程中的态度表现、学习效果进行评价。学生在研学博物馆活动中,能够一边学习,一边不断调整策略和总结经验,不断加深对浙东运河的认识和感悟。

3. 积极开发学生资源和社会资源

学生对浙东运河的认识并非空白,而是有一定的学习基础和社会经验的。教学中注重的是有效建立课堂与生活的联系,重视思政课的实践性,发挥学生的研学能力和合作能力,在亲身经历中研学浙东文化博物馆、浙东运河等社会资源,拓展了学习资源。

六、案例反思

在本课的教学实践过程中,学生能够通过研学浙东运河文化博物馆,感受运河文化的独特魅力,了解大禹精神、胆剑精神等绍兴精神,充分了解运河的价值,增进中华民族价值认同和文化自信,增强担当精神和参与能力,保护和传承运河文化。但个人觉得可以在以下方面加以改进:

(1)增强研学项目活动的可操作性。如何让思政课与社会大课堂相结合,学会理论与实际的联系,需要我们一直探索。在研学活动中,如何让每位学生都积极参与到项目的探究或者展示中,保证学生的参与度,需要我们进一步合理规划和厘清小组合作研学的具体成员任务。

(2)实践活动需要跟进持续评价。研学活动等实践活动,需要教师的引导和动态评价,帮助学生在问题探究的过程中,不断寻找合适的途径和方法。虽然学生进行了活动汇报,但是对于他们在博物馆中产生的新的兴趣点和疑问,可以进一步深入探究。学生最后也需要总结研学经验,提炼适合自己的学习方法,为今后的学习提供参考。

(供稿:郭露璐 柯桥区鲁迅外国语学校)

"触历史根脉 思运河价值"微课视频

案例四 "桥"见运河文化

一、案例背景

在新时代的新征程中,习近平总书记强调文化自信的重要性,并对文化遗产的保护、传承和利用提出了明确要求。2017 年 6 月,习近平总书记对建设大运河文化带作出了重要指示:"大运河是祖先留给我们的宝贵遗产,是流动的文化,要统筹保护好、传承好、利用好。"①这一指示为我们的乡土文化教育提供了指导方针。在全球化和信息化的背景下,学生对于本土文化的了解和认同感显得尤为重要,这不仅关系到文化的传承,也是培养民族自信心和自豪感的关键。

小学高段学生对于乡土文化有一定的了解,能够列举出一些具有地方特色的文化元素,如传统节日、民间故事、地方美食等。然而,对于乡土文化的深层次内涵和历史渊源,学生的了解程度普遍较低,缺乏系统的学习和认识。学生正处于知识积累和价值观形成的关键时期,对乡土义化的认识情况将直接影响其文化素养和情感态度。

因此,本案例以浙东运河文化为线索,以古桥为载体,结合习近平总书记关于文化遗产的重要指示,引导学生深入学习和体验。通过实地探访和多媒体展示相结合的方式,引导学生从身边的古桥出发,探索和体验乡土文化的丰富内涵。通过观察、讨论和实践操作,让学生在互动和体验中学习和感受运河文化的独特魅力,培养对本土文化遗产的认同和尊重,激发他们的文化自信和创新精神。

二、案例目标

(1)通过实地探访了解柯桥融光桥和古纤道的历史背景和文化价值,培养学生的观察力。

(2)通过多媒体和实地观察模拟,了解古纤道的历史作用和古代水上运

---

① 习近平的文化情怀——"大运河是祖先留给我们的宝贵遗产"[EB/OL]. http://politics. people. com. cn/n1/2022/0720/c1001-32480533. html.

输,体会劳动人民的艰辛与智慧,弘扬敢于拼搏、不畏艰险的胆剑精神。

（3）了解浙东运河文化,培养文化自信,增强保护文化遗产的责任感和传承意识。

三、案例设计

1. 情景模拟法

利用视频、图片等多媒体资料,创设接近实际的历史情境。如在"桥见现在"环节,播放浙东运河柯桥段古桥视频,让学生仿佛身临其境,激发他们对运河文化的兴趣。

2. 实践操作法

通过亲身体验和实际操作来加深对知识技能的理解和掌握。如在"桥见现在"环节,组织学生实地参观融光桥,观察并描述桥梁的建筑结构。在"桥见过去"环节,组织学生实地探访古纤道,让学生动手操作,如模仿纤夫拉纤,亲身体验纤夫的劳动过程,增进对古代水上运输方式的认识。

四、案例过程

(一)桥见现在

视频导入:播放浙东运河柯桥段古桥视频。万古名桥出越州,绍兴被誉为中国的"古桥博物馆"。今天,就让我们一起开启一场寻找古桥、探寻历史的旅程吧!

1. 课前调查:你知道哪些柯桥的古桥?

(1)展示课前调查的统计结果,聚焦融光桥和古纤道。

(2)学生交流是如何知道这些桥的。

学生 1:因为我家就在融光桥附近。

学生 2:我和家人晚上经常去柯桥古镇散步,融光桥就在古镇融光寺边上。

学生 3:我回老家会路过 104 国道,总能看到河上那长长的桥,妈妈告诉我那就是古纤道。

教师小结:你们都是生活中的有心人。融光桥还是绍兴古桥群之一,是第七批全国重点文物保护单位。我们一起去看看现在的融光桥吧!

2.实地探访：组织学生实地参观融光桥

(1)介绍融光桥的历史背景。

(2)学生观察交流融光桥建筑结构,发现拱桥的特点。

教师小结：是的,像这样桥身弯曲的桥叫拱桥,我们柯桥有很多这样的石拱桥,融光桥就是具有代表性的一座。

(3)学生观察提出疑问：桥下的路是做什么的？

(4)学生猜测交流。

学生1：是不是多一条通道可以行走？

学生2：我猜以前的人在这里洗菜、洗衣服。

学生3：对,以前还没有自来水呢,只能用河水洗。

教师小结：其实这段路是纤道,是古代纤夫们拉船走过的小路。我们一起去看看鲁迅笔下的纤夫。

(二)桥见过去

1.影视欣赏：认识古纤道与纤夫

教师：(播放视频)这是鲁迅的作品《祝福》中的片段。就像刚才你们说的,以前没有自来水的时候,人们用河水洗菜、洗衣服,只不过不一定要在纤道上,只要岸边都行。视频中主人公祥林嫂还在岸边做什么？

教师：(继续播放《祝福》片段)现在你们知道过去纤道的作用了吧?!

教师小结：纤道是古代行舟拉纤用的通道,背纤拉船的劳动人民就是纤夫。

学生质疑：为什么要人来拉船呢？

师生交流古代水上运输的特点：在古代船运是一种必不可少的运输方式,煤、木材、农副产品和日用品全靠船只运进运出,当时也没有机械只能靠人力,所以当船逆风逆水或是遇到险滩恶水搁浅时,就必须靠很多人合力拉船,这些背负着粗重纤绳拉船的劳动人民就是纤夫。纤道供纤夫背纤和躲避风浪用。

纤夫们拉纤时,为了动作步调一致还会喊背纤号子。(播放纤夫拉纤喊号子视频)

教师：看完后你们有什么感受？

学生1：纤夫们真辛苦,纤道上凝聚了他们的汗水与力量。

学生2：建造纤道也能看出古代劳动人民的智慧。

教师小结: 除了融光桥下的纤道,我们柯桥还有一条最长的古纤道,也是我们课前小调查中的第二座桥。我们一起去古纤道上体验一把纤夫的生活。

2. 实地模拟:在古纤道上模仿纤夫拉纤

教师: 现在,我们仿佛穿越到了古代,来到了这条古纤道上,这里曾经见证了纤夫们辛勤的劳动。

学生: 走在古纤道上,我也忍不住想象纤夫那样喊起船工号子(学生模仿纤夫拉纤,喊船工号子)。

教师小结: 在这里,每一步都充满了历史的厚重感。我们仿佛能听到纤夫们喊号子的声音,感受到他们不畏艰难、勇往直前的精神。

3. 观察地图:了解浙东运河文化

学生提出疑问: 古纤道有多长? 通到哪里呢?

大家移步到石碑地图,学生看地图并读文字介绍,从中了解古纤道的长度与历史。

学生发现联系: 原来桥下的河是浙东运河啊!

大家移步到浙东运河地图。

教师: 你们发现了什么?

学生1: (发现地图信息)原来融光桥、古纤道都在浙东运河上。

学生2: (发现文字信息)太厉害了,浙东运河是中国大运河的重要组成部分,是世界文化遗产!

教师小结: 除了我们刚才走过的桥梁和纤道,确保浙东运河水陆畅通的设施还有渡口和码头,用于船舶停靠、装卸货物。虽然如今运河上的码头和纤道多已失去原有功能,但作为大运河千年航运和劳动者辛勤付出的见证,它们已成为运河遗产的重要组成部分。

(三)桥见未来

教师: 习近平总书记指出:"大运河是祖先留给我们的宝贵遗产,是流动的文化,要统筹保护好、传承好、利用好。"①那么我们该如何保护、传承、利用大运河文化呢?

---

① 习近平的文化情怀——"大运河是祖先留给我们的宝贵遗产"[EB/OL]. http://politics. people. com. cn/n1/2022/0720/c1001-32480533. html.

学生交流讨论，提出自己的建议和想法。

学生 1：习近平总书记还说过"绿水青山就是金山银山"①。我们要保护好浙东运河，有环保意识。

学生 2：融光桥在柯桥古镇，古纤道旁有公园，我们可以将浙东运河和旅游融合起来。

学生 3：虽然纤夫已悄悄消失在岁月长河中，但他们不畏艰难的精神可以传承下来。作为小学生，我们也要奋发图强，勇往直前。

教师总结提升：在你们身上，我见到了未来。今天我们走访了融光桥和古纤道，从桥中见到了浙东运河文化的过去、现在与未来。希望同学们能将敢于拼搏的精神传承下去，成就浙东运河更辉煌的未来！

五、案例分析

本案例围绕"赓续传承越地红色根脉、践行弘扬新时代胆剑精神"的主题，用好绍兴文化元素——浙东运河文化。设计的初衷在于响应习近平总书记关于文化遗产保护、传承和利用的指示，同时针对学生对乡土文化深层次内涵和历史渊源了解不足的现状。通过实地探访和多媒体展示，让学生在亲身体验中感受历史文化的魅力，培养文化自信和责任感。

建构主义学习理论认为，知识是通过实践活动、社会互动和真实情境体验构建出来的，因此，本课采用课堂与研学相结合的形式进行教学。此外，情境学习理论也被应用于案例中，通过创设接近实际的历史情境，让学生在有意义的背景中学习，增强学习的动机和效果。以下特点更是在本课的教学成效中发挥了重要作用：

（1）现实与历史的结合。案例通过实地探访古桥和纤道，将学生从课堂带入现实世界，再通过历史资料和文学作品，将现实与历史紧密结合，增强了学习的情境感和时代感。

（2）实践与体验的结合。学生通过实地模拟纤夫拉纤等活动，亲身体验古代劳动人民的工作，这种实践操作有助于加深学生对历史知识的认识和理解，提高了教学的实效性和趣味性。

（3）情感态度与价值观的培养。本案例不仅传授知识，还将习近平总书

---

① 习近平：绿水青山就是金山银山[EB/OL]. http://theory. people. com. cn/n1/2017/0608/c40531-29327210. html.

记关于文化遗产的重要指示融入教学,注重培养学生对本土文化遗产的认同和尊重,以及文化自信和创新精神。

六、案例反思

受时间限制,这节课对浙东运河文化的历史底蕴与价值没有进行更深入的了解,未来可以通过增加课时或利用课后时间进行更深入的探讨。此外,还应注意将红色教育和历史文化教育相结合,让学生在传承红色基因的同时,增强文化自信和民族自豪感。

在未来的教学中,我将更加注重教学方法的创新和教学内容的丰富性,以更好地引导学生走进运河文化的世界,感受其深厚的历史底蕴和独特的魅力。

(供稿:俞杰　柯桥区实验小学)

"'桥'见运河文化"微课视频

主题三
赓续胆剑血脉

案例一　赓续胆剑血脉　谱写青春华章

一、案例背景

（一）时代背景

随着中国特色社会主义进入新时代，文化强国战略成为党和国家工作的重要组成部分。在 2023 年 10 月召开的全国宣传思想文化工作会议上，习近平总书记这样强调："要坚持中国特色社会主义文化发展道路⋯⋯弘扬革命文化，传承中华优秀传统文化⋯⋯增强实现中华民族伟大复兴的精神力量。"①

作为首批国家历史文化名城之一的绍兴，在两千五百多年的建城史中积蓄了丰厚的文化底蕴和宝贵的精神财富，"胆剑精神"便是其中浓墨重彩的一笔。2023 年 9 月 20 日，习近平总书记第 29 次亲临绍兴考察调研，并赋予我们"谱写新时代胆剑篇"的重大使命和时代课题。同年 12 月 28 日，绍兴市委九届五次全体会议强调，要坚持把"谱写新时代胆剑篇"作为历史使命和战略目标。2024 年是谱写新时代胆剑篇的关键一年。

---

① 习近平对宣传思想文化工作作出重要指示［EB/OL］. https://www.gov.cn/yaowen/liebiao/202310/content_6907766.htm.

（二）学情分析

"05后"学生个性鲜明，思维活跃，但思政学习主动性弱，畏难情绪重。他们基础扎实，对文化现象有兴趣，但知识体系不系统。作为人工智能专业学生，他们学习能力强，但沟通能力、抽象思维能力较弱。教学中应融合新技术，采用互动、直观教学方式，如视频、小组讨论，激发其兴趣，提升核心素养，关注科技与文化融合，增强其专业认同感与成就感。

二、案例目标

（一）学段目标

大中小学思政课教学目标的一致性，是开展一体化教学的理论逻辑前提。大中小学不同学段的思政课教学目标虽然各有侧重，但都指向一个整体性目标，即发展学生的学科核心素养，培养担当民族复兴大业的时代新人。

（二）教学目标

1.知识目标

通过对越地文化的学习，能够熟练说出新时代"胆剑精神"的科学内涵、形成发展、价值和意义，对中华优秀传统文化的创新性发展有更加准确的认识与理解。通过组织VR思政虚拟展厅布展活动，学生能有效感知中华传统文化的优秀成分，增强文化自信。结合线上线下探究、图文视频等资料进行深入学习，为后续知识的应用打下基础。

2.能力目标

理解"胆剑精神"的科学内涵和价值，培养学生对中华优秀传统文化进行理性思考和分析的能力，把握绍兴发展大势，主动适应全面建设社会主义现代化国家对于新时代青年的需要，并与个人理想进行有机结合。组织虚拟展厅布展活动，让学生能够参与文化建设，培养学生的团队合作能力，提高攻坚克难、协同创新能力，提升公共参与能力。

3.素养目标

通过感受古越文化的底蕴和千百年历史的传承性，以及绍兴建设发展取得的成就，激发对越地文化、绍兴精神的喜爱和自主了解的兴趣，进而培养学生对中华优秀传统文化的认同感和自豪感，对中华优秀传统文化的生命力有坚定信心,增强文化自信,牢固树立起"谱写新时代胆剑篇"的理想信念,提升使命意识和担当精神,践行新时代"胆剑精神",引导学生积极参与中华优秀传统文化的传承和发展,成为新时代的文化传承者,为绍兴建设贡献自己的力量。

三、案例设计

(一)教学方法与策略

(1)教法:任务驱动法、问题链讲授法、情境教学法。

(2)学法:自主探究学习、小组合作学习、体验式学习。

(二)教学资源

(1)选用教材:《习近平新时代中国特色社会主义思想概论》(高等教育出版社,2023年版)。

(2)网上资料:学习通网站"习近平新时代中国特色社会主义思想概论"课程资源;共产党员网"中国共产党的精神谱系"专栏。

(3)VR思政虚拟展厅。

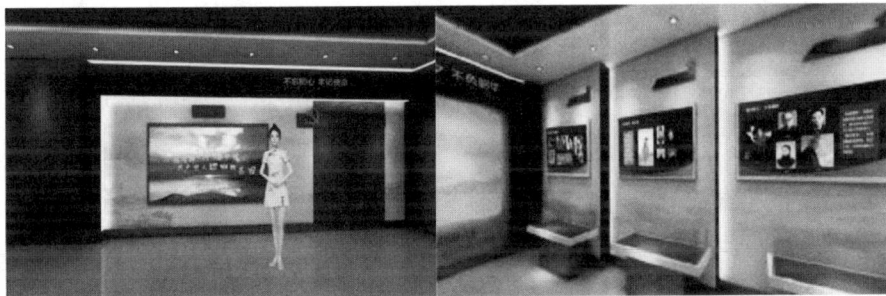

(4)"2266"智慧化教学资源:校内外2个实践基地;2个教学系统,即智慧教室系统、自主开发评测系统;6个教学平台,即中国大学慕课平台、校微信公众平台、学习强国平台、超星学习通平台、线上互动平台、青年大学习平台;6个教学资源库,即校精品课程资源库、思政理论课试题库、模范先进大国工匠先进事迹库、思政影视资源库、社会实践优秀作品库、课堂优秀成果库。

(三)教学实施要点

"问题引导、学生中心、教师主导"的课堂教学模式。

(1)创新教学场景和道具,通过从古至今绍兴城市变迁的场景视频、江南名士的图文、越王勾践的 AI 在线对话以及 VR 思政虚拟展厅的布展活动,帮助学生理解并识记新时代"胆剑精神"的科学内涵、精神基因,自觉赓续红色文脉。

（2）采用合作探究、头脑风暴、小组展示的自主学习形式,引导学生结合已有知识探究新时代"胆剑精神"的内涵和价值,培养独立思考及解决问题的能力。

三、案例过程

(一)课前自学

（1）课前通过线上平台发布预习内容及调查问卷,统计学生知识掌握情况和认识实践能力。

（2）发布小组探究作业,引导学生感受绍兴本地丰厚的文化底蕴,并思考新时代"胆剑精神"的科学内涵和精神基因,选择一个版块进行设计和制作,完成以"胆剑精神,淬炼中国共产党人初心的基因"为主题的 VR 思政虚拟展厅的展示内容。

(二)课堂导入

（1）与 AI"越王勾践"开展跨时空对话。

（2）通过问题设置明确学习目标,以探究任务驱动学生展开理性分析。

(三)教学过程

探究一:新时代"胆剑精神"的科学内涵是什么?

学生研学体验、观看视频和互动讨论。

教师(1)组织课堂互动讨论:"结合自身所了解的知识回答何为新时代的胆剑精神?",学习通发布教学任务,词云图投屏。

（2）组织研学活动:跟着"越王"云游越王台。

（3）通过视频资料、案例向学生讲解新时代"胆剑精神"的提出背景和科学内涵、形成发展、价值和意义。

探究二:新时代"胆剑精神"的精神基因有哪些?

学生阅读材料和小组展示。

教师(1)组织 4 个小组进行课前作业 VR 虚拟展厅策展的汇报。

（2）讲述虚拟展厅的主题背景,总结如何从新时代"胆剑精神"的科学内涵来挖掘中国共产党人初心的精神基因。

探究三：浙江青年该如何奋力"谱写新时代胆剑篇"？

教师总结并引导学生牢固树立起"谱写新时代胆剑篇"的理想信念，提升使命意识和担当精神，践行新时代"胆剑精神"，积极参与中华优秀传统文化的传承和发展，成为新时代的文化传承者，为绍兴建设贡献自己的力量。

(四)课后拓展

(1)根据课堂学习的内容，修改完善 VR 思政虚拟展厅内容、图片及排版，正式展出后进行作品互评。

(2)在教学平台完成思考作业：作为浙江青年的我们，该如何奋力"谱写新时代胆剑篇。

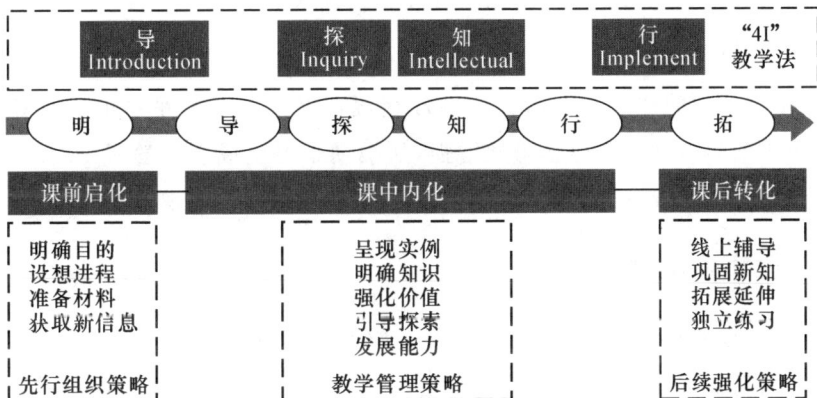

四、案例分析

(一)理论依据

本教学案例体现了马克思主义文化理论、中国特色社会主义文化发展道路、文化自信与文化自觉、社会主义核心价值观以及党的文化政策与战略部署等多个重要的理论依据。这些理论依据相互支撑、相互补充，共同构成了建设中国文化强国的科学指南和行动纲领。

(二)教学效果与特色创新

1."4I"教学法，化解重难点

本节课采用问题探究法和问题链任务驱动法优化教学过程，创新"4I"教学方法，即，导(introduction)——情景导入、目标导示；探(inquiry)——自主探索、合作探究；知(intellectual)——知识精讲，认知反思；行

(implement)——价值践行、知行合一。环环相扣,有效突破教学重、难点,使课堂更加生动有趣。这些教学方法有助于激发学生的学习兴趣,提高他们的参与度和主动性。

2. 数智赋能,增强专业认同

借助 AI 对话模型,让学生课前自主探索学习,通过播放人工智能相关视频和图片,使学生更加直观地了解文化建设的成果和现状。引导学生在 VR 虚拟思政展厅进行布展活动,贴合人工智能专业学生的学习兴趣,不仅能丰富教学方式,还能让学生看到数智技术在教育教学领域的直接应用,并能将所学技能直接运用于日常学习中。所布置的虚拟展厅在全校进行公开展示,增强了学生的专业认同感、获得感、成就感。

(三)教学评价

根据学生的课前与课后作业完成情况以及线上教学平台的大数据显示,学生的参与度与获得感明显增强,从被动学习变成主动学习,以任务解决为导向,线上线下相结合,实现全程、全员、全域评价,实现教学目标。

五、案例反思

数智技术现场教学存在不足,影响课堂教学的稳定性 。

数智技术的使用需要师生都具备一定的技术操作能力,并且还需要适当的设备和网络支持,否则可能会受到技术依赖和设备限制的影响。针对不同教学内容、不同专业学生等情况,有计划、有针对性地去更新设计好的内容,将能在更大程度上提升数智化教育系统对于思政课堂教学的趣味性和实效性。

（供稿：屠斯宇　绍兴职业技术学院马克思主义学院）

"赓续胆剑血脉　谱写青春华章"微课视频

案例二 淬英烈之心 续红色血脉

一、案例背景

红色资源是中国共产党艰辛而辉煌奋斗历程的见证,是红色文化的载体,是中华民族主体性的重要精神标识,"是最宝贵的精神财富"。习近平总书记指出,要"设计符合青少年认知特点的教育活动,建设富有特色的革命传统教育、爱国主义教育、青少年思想道德教育基地,引导他们从小在心里树立红色理想"①。我们要以习近平总书记重要讲话精神为根本遵循,用好红色资源,传承红色基因,把革命先烈流血牺牲打下的红色江山守护好、建设好。

课前通过对高二(四)班的学生进行问卷调查,了解到同学们对红色革命文化的兴趣比较浓厚,平时也会通过影视作品、短视频等途径了解革命文化,非常希望能够近距离地参观革命烈士纪念馆或者探访红色教育基地,希望能与英烈后代交流进而更好地了解革命文化、传承革命精神、树立文化自信。

因此在高中思想政治统编版教材必修四"哲学与文化"第三单元"文化传承与文化创新"第九课"发展中国特色社会主义文化"第一框"文化发展的必然选择"第一目"革命文化与社会主义先进文化"的教学中,通过清明祭扫烈士墓、参观故居、对话后代等研学活动,增强学生对革命文化的体验感与获得感。

二、案例目标

1.筑牢坚定的理想信念

中国特色社会主义文化,源自于中华民族五千多年文明历史所孕育的中华优秀传统文化,熔铸于党领导人民在革命、建设、改革中创造的革命文化和社会主义先进文化,植根于中国特色社会主义伟大实践。通过对红色

---

① 习近平.用好红色资源赓续红色血脉 努力创造无愧于历史和人民的新业绩[N].人民日报,2021-06-27(01).

烈士墓的祭扫活动,加强学生对中国特色社会主义制度的认同、对中国共产党领导的拥护,铸就其坚定的中国特色社会主义理想信念。

2. 练就过硬的实干本领

中国的红色革命斗争史是一部血与泪交融的奋斗史。砥砺奋进的中国人民从没有停止探索和奋进的脚步。高中生是中国特色社会主义现代化建设的后备力量。本课通过祭扫烈士墓,促进学生向革命先辈学习,树立艰苦奋斗的精神,不畏艰苦,自强不息,不断提高自身本领,积极投身于社会实践,练就过硬的实干本领。

3. 赓续不屈的红色精神

红色革命精神是革命文化的命脉和灵魂,是激励中华儿女不断奋勇前行的力量源泉。进入新时代以来,革命精神团结各族人民,为实现中华民族的伟大复兴而自强不息、开拓进取。通过祭扫烈士墓,加强对学生的革命传统教育,使其自觉传承革命精神,赓续红色血脉,为推进社会主义现代化建设、实现中华民族的伟大复兴持续奋斗。

4. 增强个人的责任担当

中华民族的伟大复兴是一代代人奋斗得来的,未来青年只有具有敢于担当、乐于担当和善于担当的智慧,才能在困难和挑战面前矢志不渝。通过祭扫烈士墓,参观烈士故居等形式,使学生深入了解中国共产党的发展史、革命先辈的奋斗史,从而增强民族自尊心、自信心和自豪感,坚定个人责任担当和使命担当,培养爱国情怀和报国志向,自觉将伟大的革命精神融入学习与生活之中。

二、案例设计

本案例的设计贯彻新课程理念,力求构建以培育学科核心素养为主导的活动型学科课程,打造研学式教学模式。围绕"淬英烈之心　续红色血脉"研学主题,设置四个环节,分别是"革命事迹、走近烈士""敬献花篮、缅怀烈士""碑前发言、传承精神""故居参观、感悟升华"。

课前学生通过自主合作探究搜集俞秀松烈士的革命事迹资料、习近平总书记有关革命文化的重要指示等;在研学过程中我们怀着崇敬之情缅怀革命先烈,通过与纪念馆讲解员、烈士后代的对话,鼓励学生积极传承红色革命精神,以先烈为榜样,成为有责任、有担当的新时代少年;课后学生撰写日记或感悟文章,作为研学成果的一部分,陈列于教室"读书角"供大家参读,也让学生体会到研学活动的成就感。

通过问卷调查、查阅文献、红色讲解、访谈后代、参观故居等方式了解革命文化,培养学生的合作探究能力,使学生在听、说、读、写中深刻体会"小我"与"大我"的关系、"个人"与"家国"的关系,从而找到使命感、获得感、归属感,让赓续红色血脉的家国情怀落地生根。

三、案例过程

研学主题:淬英烈之心 续红色血脉

环节一:革命事迹、走近烈士

【研学情境一】俞秀松烈士纪念馆

教师: 同学们,今天我们首先来到的是俞秀松烈士纪念馆,通过刚才聆听周素敏讲解员讲述俞秀松烈士事迹,你对俞秀松烈士的成长经历和革命事迹了解多少呢?

学生 A: 少年壮志。

1908 年,10 岁的俞秀松进入父亲俞韵琴创办的溪埠行余初级小学读书。民国初年,学校改名为儒城小学,设有语义、算术、体育、书法等新式科目,俞秀松在此开始接受新式教育。1913 年 9 月,俞秀松以优异的成绩考入萧山临浦高级小学继续读书深造。少年时的俞秀松学习用功,勤于思索,并关注各种社会问题。

学生 B: 探索救国。

1916 年春,俞秀松考入浙江省立第一师范学校(今杭州高级中学前身),由此踏上了追求救国真理的道路。在此期间,俞秀松经常阅读进步书刊,不断传播新思想、新文化,成为学生运动的骨干之一。

1919 年,五四运动爆发。5 月 12 日,俞秀松与宣中华等人领导组织杭州 14 所学校近 3000 名学生,在湖滨公园举行游行示威,声援北京、上海的学生运动。同年 10 月,俞秀松等发起创办《双十》周刊(后改名《浙江新潮》),进一步宣传反帝反封建的思想。

1920 年 1 月,俞秀松到北京参加工读互助团,探索改造社会的道路。同年 3 月,工读互助团失败,他由京返沪,在陈独秀的介绍下进入《星期评论》杂志社工作。此间,在陈独秀等人的影响下,俞秀松深刻认识到改造中国社会决不能走脱离社会的改良主义道路。因此俞秀松逐渐接受马克思主义思想,决心做一个无产阶级革命者。

学生 C:参建党团。

1920 年 6 月,俞秀松加入中国共产党上海发起组,成为坚定的马克思主义者。同年 8 月,俞秀松受陈独秀委托,筹建上海社会主义青年团,并任书记。9 月,中国共产党上海发起组为了培养进步青年,创办了外国语学社,俞秀松任秘书,具体管理学校的行政事务。

1921 年 3 月,俞秀松担任中国社会主义青年团临时团中央书记。1922 年 5 月 5 日,俞秀松以上海、杭州的团代表身份,出席了在广州召开的中国社会主义青年团全国第一次代表大会。会上,他当选为第一届团中央执行委员。

学生 D:赴苏深造。

1921 年 3 月底,俞秀松受青年共产国际邀请,第一次赴莫斯科参加青年共产国际第二次代表大会,同时出席共产国际第三次代表大会,并入莫斯科东方大学学习。1922 年 3 月,俞秀松回到上海。1925 年 10 月底,俞秀松带领一批留苏联学习的学生进入莫斯科中山大学学习。1927 年 11 月,他考入列宁学院学习,后留校任教。因反对和抵制王明宗派主义和"左"倾冒险主义,俞秀松遭到打击和排挤,被诬为"江浙同乡会""托洛茨基派""反党小集团"头子。

学生 E:秀松长青。

1962 年 5 月 15 日,党和国家为表彰俞秀松对革命事业的功绩,向他的家属颁发了由毛泽东主席亲笔签署的《革命牺牲工作人员家属光荣纪念证》。1989 年,中共诸暨县委、县人民政府为纪念俞秀松诞辰 90 周年,在他的家乡溪埭村修建了俞秀松烈士纪念碑。1996 年 8 月 29 日,俄罗斯军事检察院正式作出为俞秀松恢复名誉的决定,并寄来了《平反证明书》。至此,这件长达半个多世纪的冤案才得以彻底澄清。

教师:斯人已逝,秀松长青。俞秀松短暂的一生是为党、为祖国、为人民战斗的一生。同学们,在此,我们缅怀先烈,继承遗志,为实现中华民族伟大复兴的中国梦而努力奋斗!

环节二:敬献花篮、缅怀烈士

【研学情境二】俞秀松烈士纪念碑

教师:同学们,清明节是我国传统的祭祀节日,也是缅怀先人、敬仰英烈的重要时刻。今天,我们站在俞秀松烈士纪念碑下,向为国家、为民族英勇斗争、壮烈牺牲的英烈表达我们的崇敬和怀念之情。

【研学活动】

(1)师生共同打扫俞秀松烈士纪念碑;

(2)学生向俞秀松烈士纪念碑敬献花篮;

(3)全体肃立,面向纪念碑,默哀1分钟。

教师:希望同学们积极传承红色革命精神,以先烈为榜样,成为有责任、有担当的新时代少年!

环节三:碑前发言、传承精神

【研学情境二】俞秀松烈士纪念碑

【研学活动】

(1)金一敏同学进行纪念碑前演讲;

(2)蒋楼颖同学采访周素敏讲解员。

学生A:(演讲稿略)。

学生B:讲解员,您好,我是来自草塔中学204班的学生蒋楼颖,今天代表我们班有几个问题想请教您。第一个问题是俞秀松烈士为什么要创办外国语学社?

讲解员:因为当时在我们国家新青年是没有组织的,所以当时陈独秀就指派了俞秀松同志创办了外国语学社,希望当时的有志青年能够加入外国语学社,对外是外国语学社,对内就是党团培养革命青年的摇篮。

....

教师:同学们,烈士长眠,精神永存。今天我们重温那段血与火的峥嵘岁月,感悟革命先辈用生命谱写的人间大爱,汲取奋进前行的精神力量!

环节四:故居参观、感悟升华

【研学情境三】行余小学、俞秀松故居

教师:经过今天一系列的研学活动,请同学们畅谈研学感悟。

学生A:在历史的长河中,有那么一些英雄人物,他们以坚定的信念和不屈的意志,为理想献出了宝贵的生命。俞秀松烈士便是其中之一,他的事迹如同一颗颗闪耀的星辰,照亮了一代又一代人的心灵。习近平总书记说,广大青年既拥有广阔的发展空间,也承载伟大时代使命。明天的中国希望寄托在青年身上。今天,当我们站在新时代的门槛上,回望那段波澜壮阔的历史,我们更应该铭记烈士们的牺牲与奉献,将这份精神财富转化为推动社会前行的强大动力。

学生 B:俞秀松烈士的事迹如耀眼星火,照亮了一代代人的心灵。作为新青年,我们应以秀松精神增强文化自信。我们敬爱的习近平主席曾说:"文化自信是更基础、更广泛、更深厚的自信,是一个国家、一个民族发展中最基本、最深沉、最持久的力量。"①新时代的文化自立自强,需要融汇中华优秀传统文化、革命文化和社会主义先进文化。我们要继承和弘扬俞秀松烈士的遗志,保持文化自信,坚守文化根源;同时,开放包容,积极吸收世界文化的优秀成果。正如俞秀松烈士所体现的那样,既要坚持原则,也要灵活变通,用实际行动践行文化的自信自强。

学生 C:这次研学已经接近尾声,我也充分了解到了俞秀松烈士的革命精神。习近平总书记指出:"光荣传统不能丢,丢了就丢了魂;红色基因不能变,变了就变了质。"②我们要以"秀松精神"传承红色基因。通过对俞秀松烈士的纪念,我们不仅能够汲取到革命精神的力量,更能够在新时代的征程中,以实际行动践行和弘扬红色革命文化。让我们携手并进,以革命先辈为镜,不断开创中国特色社会主义事业新局面,让红色革命文化的火种在新时代焕发出更加夺目的光芒。

学生 D:传承红色基因,告慰烈士英灵。习近平总书记指出:"新中国是无数革命先烈用鲜血和生命铸就的,要深刻认识红色政权来之不易、新中国来之不易、中国特色社会主义来之不易。"③今天,我们怀着无比崇敬的心情,与俞秀松烈士进行了一场跨越时空的对话。通过这次对话,我领悟到,一个不记得来路的民族是没有出路的民族,作为一个新时代青年,必须铭记历史,不忘初心。要学习烈士们对理想信念的坚守,无论遇到何种困难和挑战,都要保持坚定的意志和决心,乘风破浪,勇往直前!

学生 E:与俞秀松烈士的精神对话,不仅仅是对过往英雄的缅怀,更是一次新时代文化自信的宣言。习近平总书记说:"广大青年要勇敢肩负起时代赋予的重任,志存高远,脚踏实地,努力在实现中华民族伟大复兴的中国梦的生动实践中放飞青春梦想。"④面对新时代的风云变幻,我们必须深刻认

---

① 习近平.在庆祝中国共产党成立 95 周年大会上的讲话[J].求是,2016(13):4.

② 习近平在党的十八届六中全会第二次全体会议上的讲话(节选)[EB/OL]. http://cpc. people.com.cn/n1/2017/0103/c64094-28995008.html.

③ 今天的美好生活来之不易[EB/OL]. http://www.qstheory.cn/dukan/qs/2019-10/03/c_1125069256.htm.

④ 习近平.习近平谈治国理政:第一卷[M].北京:外文出版社,2018.

识到,文化自信是一个国家、一个民族走向强盛的重要支撑。让我们在新的历史起点上,以烈士们的精神为镜,以文化的力量为桥,共同书写中华民族伟大复兴的新篇章!

教师总结:同学们,诚如大家所感悟的,俞秀松烈士对共产主义信仰的坚守,对新时代的我们依旧有着强大的感染力。今天,我们来到俞秀松烈士纪念馆以及故居,能够感受到他不仅是我们伟大的党的创立者之一,更是终其一生、矢志不渝的伟大践行者。作为新时代的青少年,我们应该传承革命精神,弘扬红色文化,树立文化自信,做新时代的好少年!

五、案例分析

本教学设计贯彻新课程理念,构建以培育学科核心素养为主导的活动型学科课程。采用研学式教学模式,课程内容用史实说话,增强表现力、传播力、影响力,生动传播红色文化;设计符合高中生认知特点的教育活动,充分调动学生的积极性和创造性,引导他们在心里树立红色理想,以期完成高中思想政治学科立德树人的根本任务。

(一)课外实践,感知红色精神

清明祭扫共青团创始人俞秀松烈士墓的实践活动,是青年学子对烈士精神的再发现之旅、价值观深化之旅,也是一堂鲜活的红色精神传承教育思政课。本次研学活动是一种更有历史感、更贴近生活的教育:一方面,通过与历史"当事人""活文物"对话,增进对烈士的了解,丰富对祖国发展历程的认知;另一方面,领略了烈士们的奉献与奋斗精神,更加坚定了建设社会主义现代化强国的决心。

(二)学以致用,传承红色精神

思政课"教育合一"的学科属性,要求我们在落实学科任务方面充分考虑内容与形式的有机结合。一方面,要以"课程内容活动化"的形式落实"教"的任务,另一方面,要以"活动内容课程化"的形式落实"育"的任务。在本次研学活动中,教师将主动权交给学生,以生为本,很大程度上激发学生学习的积极性、主动性,努力提升学生在研学过程中的获得感、参与感,从而更好培育学生思想政治学科核心素养。

六、案例反思

本次课堂活动通过课前对学生的问卷调查,了解学生关于红色革命文化知识的掌握情况,进而更好地设计研学活动。上课的形式不拘泥于课堂,通过研学活动,凸显学生的主体作用,做到边走边学、边看边悟。研学活动主题鲜明,紧紧围绕习近平总书记文化思想,宣传习近平总书记文化思想。研学活动充分利用诸暨当地的红色革命资源,事先设计详细的活动方案,希望学生在活动中体验、在体验中感悟、在感悟中升华!

(供稿:楼煌婷　诸暨市草塔中学)

"淬英列之心　续红色血脉"微课视频

案例三 赓续红色血脉 谱写新时代胆剑篇章

一、案例背景

绍兴是"胆剑精神"的发源地，"胆剑精神"早已融入绍兴人血脉之中，成为绍兴精神的"根"与"魂"，并随时代发展而不断丰富与完善。2004年绍兴市委正式提出"胆剑精神"，并提炼出"卧薪尝胆、奋发图强、敢作敢为、创新创业"的精神内涵。本班学生都是诸暨籍的，他们对"胆剑精神"和家乡的红色故事有所耳闻但了解不深，并且已经学过九年级（上）道德与法治课中的"延续文化血脉"一课，对中华优秀传统文化和民族精神的相关知识有较好的掌握。因此，本课以诸暨丰富的家乡红色资源为切入点，通过让学生担任"胆剑精神"宣讲员，探寻家乡红色故事中的"胆剑精神"，以传承前人红色血脉，使其更深刻地理解和弘扬"胆剑精神"，激发学生爱国爱家乡的热情和社会责任感。

二、案例目标

（1）通过讲述新中国成立前后的红色故事，感受红色血脉的赓续，产生爱党、爱国、爱家乡的热情。

（2）通过探寻红色故事中的"胆剑精神"，理解"胆剑精神"的内涵与价值，懂得"胆剑精神"是随着时代进步而传承发展的。

（3）通过讲述身边榜样人物的先进事迹，理解"胆剑精神"在新时代的表现，传承弘扬新时代"胆剑精神"，增强社会责任感。

三、案例设计

本案例采用项目化学习、体验式学习的学习方法，让学生走进诸暨红色研学基地，担任"胆剑精神"宣讲员，讲述红色故事中的"胆剑精神"，并录制一份视频。通过该学习活动，学生能理解"胆剑精神"的内涵及价值，并积极向英雄先烈及身边的先进共产党员、优秀同学学习，践行并弘扬新时代"胆剑精神"。

四、案例过程

【导入新课】

教师：同学们，2023年9月习近平总书记回浙江视察绍兴时，嘱咐绍兴人民要继续努力，谱写新时代"胆剑篇章"。那什么是"胆剑精神"？哪位同学可以给大家介绍一下？

学生基于项目化学习前期成果，介绍"胆剑精神"的来源——越王勾践卧薪尝胆的故事，以及"胆剑精神"的内涵——"卧薪尝胆、奋发图强、敢作敢为、创新创业"。

教师总结：两千五百多年来，胆剑精神与绍兴的发展相生相伴，更是刻进绍兴人基因里的意志与品格。今天，老师想请同学们走进诸暨的红色研学基地，跟随诸暨的共产党人的脚步，更深入地学习并传承"胆剑精神"。

教师：(引出驱动性问题)历史上，诸暨的共产党人领导人民弘扬"胆剑精神"谱写下一个个动人的红色故事。请同学们担任"胆剑精神"宣讲员，探寻红色故事中的"胆剑精神"，并录制一份视频加以宣传。

【讲授新课】

(一)讲述红色故事,感悟胆剑之义

任务一：讲述新中国成立前，诸暨的共产党人领导群众追寻民族独立、人民解放的红色故事，挖掘其中的"胆剑精神"，理解精神内涵。

教师引导学生寻找诸暨的红色革命故事。

学生分组参观俞秀松纪念馆和同山丽坞底村纪念馆，讲述俞秀松和丽坞底村村民的革命故事，体会"胆剑精神"。

教师：同学们，现在你对"胆剑精神"有何新的理解呢？请举出具体事例说明。

学生1：面对列强入侵、军阀混战，俞秀松等人以天下为己任，坚定投身革命就彰显了"胆剑精神"。

学生2：俞秀松创办《浙江新潮》、创建中国第一个社会主义青年团体现了"胆剑精神"中创新创业的精神。

学生3：丽坞底群众积极参加抗日斗争体现了"胆剑精神"中奋发图强、敢作敢为的精神。

教师总结："胆剑精神"在不同时代有着不同的表现。新中国成立前，俞秀松和以丽坞底村村民为代表的诸暨的共产党人为民族独立、人民解放而奋斗就是"胆剑精神"在革命年代的生动体现。

(二)传承红色基因,弘扬胆剑之魂

任务二:寻找新中国成立后,诸暨的共产党人传承红色基因、弘扬"胆剑精神"为社会主义建设而奋斗的先进事迹,感悟精神力量。

教师:"胆剑精神"随着时代进步而不断丰富和完善,那么,新中国成立后,诸暨的共产党人会如何传承前人的红色基因,弘扬先辈的胆剑之魂呢?

学生分组采访俞秀松的后人俞豪泰、同山醉美人酒业公司的谢小义,听他们讲述赓续先辈红色血脉参军报国、建设家乡的故事。

教师:是什么激励着俞豪泰、谢小义传承前人之志,为国效力、为家乡而奋斗呢?

学生4:俞豪泰从小立志参军报国,长大后接过俞秀松烈士的接力棒,戍边卫国,他身上体现了勇于担当的"胆剑精神",这应该是受到俞秀松革命精神的激励。

学生5:谢小义致力于发展家乡的同山烧酒业,创新传承同山烧"非遗"工艺,带领同山人民发展致富。谢小义身上体现了社会主义建设时期同山人民创新创业的"胆剑精神"。

教师总结:从俞秀松到俞豪泰,从同山丽坞底的群众到谢小义,他们用实际行动赋予了"胆剑精神"新的时代内涵,推动"胆剑精神"在传承中创新,在创新中发展,在发展中迸发出更蓬勃的精神力量!

(三)延续红色血脉,续写胆剑篇章

任务三:寻找身边弘扬新时代"胆剑精神"的榜样人物,并与大家分享。

教师:我们作为诸暨学子,生于斯长于斯,深受"胆剑精神"的化育,我们身边也有许多弘扬新时代胆剑精神的榜样人物。

学生采访身边的榜样人物——中国初中男子篮球国家集训队成员陈启亮,讲述同班同学热血追梦的故事。

教师总结:陈启亮同学在日常训练中认真刻苦、逐梦前行是"胆剑精神"在我们青少年身上的生动映照。在我们身边这样的人还有很多,请同学们分享一下。

学生6:我爸爸是枫桥派出所的一名民警,他敬业乐业,服务为民。他创新拍摄短视频,播放"打更式"反诈音频,起到很好的宣传效果。虽然他只是个普通的民警,但他使我感受到创新创业的"胆剑精神"。

学生7:我爷爷是诸暨"老兵红色宣讲队"的一员,虽然他已经73岁了,但他坚持深入机关、企业、社区,结合亲身经历讲战斗故事。他说:"只要身体允许,我就会一直讲下去。"受爷爷的影响,我长大也想参军报国。

教师总结:在革命时期,抛头颅洒热血是"胆剑精神"的体现;在社会主义建设的今天,能在平凡的工作中守好自己的岗位、在日常学习中追逐自己的梦想也是"胆剑精神"的映照。

教师寄语:正如同学们所说,新时代,我们青少年应当以实际行动肩负起时代重任,以坚定的信念和昂扬的斗志,为社会主义建设奉献力量,谱写属于我们的胆剑新篇章!

五、案例分析

项目化学习和体验式学习都倡导在真实的情境体验中,在问题解决中建构知识、提升能力、培育素养。本案例紧紧依托诸暨的红色研学资源与学生自身资源,以"担任'胆剑精神'宣讲员,讲述红色故事中的胆剑精神"的任务为驱动,让学生深入诸暨乡村、社区。学生在体验"胆剑精神"宣讲员的过程中,深刻理解"胆剑精神"的内涵及价值,并主动传播弘扬胆剑精神,有效培育了政治认同、道德修养、责任意识等核心素养。在活动中,学生能积极主动与社区干部、村委沟通,解决拍摄中的难题,有效提升了学生的合作交流能力、社会实践能力,体现了做中学的理念。

本案例的三个任务环环相扣,以"新中国成立前—新中国成立后—社会主义建设新时代"的时间为线,以"俞秀松到俞豪泰、同山丽坞底村村民到谢小义,再到同学们身边的人物"为纽带,依托不同时期共产党员的红色故事,将较为抽象的"胆剑精神"在内涵、价值上层层剖析。这不仅体现了"胆剑精神"在时间和人物上的传承,呼应"赓续红色血脉"的主题,而且落脚到身边的人物及自身能更好激励学生弘扬"胆剑精神",谱写新时代胆剑篇章。

六、案例反思

本案例在学生自主考察、完成任务之余,老师能对学生的探究活动进行总结提升,深化主题,充分展现了学生的主体性和教师的主导性的有效结合。但是本案例还有需要改进的地方。绍兴作为"名士之乡",拥有丰富的红色文化资源,但本课仅立足于诸暨本土。应该进一步启发学生探究绍兴其他地区的红色文化,以增强其对家乡的认同感。

（供稿：寿婧杏　海亮初级中学）

"赓续红色血脉　谱写新时代胆剑篇章"微课视频

案例四　阳明圣学亘古今　继扬越贤胆剑心

一、案例背景

(一)时代背景

党的十八大以来,党中央高度重视文化建设,将建成文化强国作为实现社会主义现代化的目标之一。阳明文化作为中国传统文化的重要组成部分,通过其独特的哲学思想和道德观念,以及对全球文化交流的贡献,对加强中国人的文化自信产生了显著的影响,是中华民族传统文化中不可或缺的重要组成部分。党的十八大以来,习近平总书记曾在不同场合反复提到王阳明或引用王阳明的学说,2015年两会期间,习近平总书记说道:"王阳明的心学正是中国传统文化中的精华,也是增强中国人文化自信的切入点之一。"①

(二)学情分析

本节课的授课对象是小学二、三年级的学生。此前学生通过学习"我爱家乡山和水""家乡新变化""神州谣"等相关内容,对于中华文化,尤其是家乡的越地文化有了一定的了解,但是了解得不够具体、全面,对王阳明以及阳明文化了解不多,对其文化价值和文化意义的思考和实践不足,需要借助教师引导,通过情境材料的选取,实践、研学活动的体验,建立对阳明文化的初步了解。在教学实施过程中,还需要设置具体的学习目标和任务,设置奖励机制或与实际生活相联系的案例来增强学生的学习动机。

二、案例目标

(1)政治认同:初步了解、学习阳明文化,如"知行合一"等,认识到阳明文化在中国传统文化中的重要地位和价值,从而增强对中华文化的亲近感、认同感和自豪感。

(2)立德树人:了解王阳明立志成圣的故事以及他的生平,体会阳明文

---

① 曹文泽.从阳明学中汲取智慧和力量[N].光明日报,2015-12-25(15).

化与"胆剑精神"的深厚内在联系,并书写立志锦囊,效仿圣贤立志,弘扬新时代"胆剑精神"。

(3)公共参与:通过制作阳明文化相关的主题书、当小宣讲员等方式践行"知行合一",继承、发扬中华优秀的阳明文化。

三、案例设计

本课以"赓续传承越地红色根脉,践行弘扬新时代胆剑精神"为主题,将了解王阳明、学习阳明文化作为切入点,根据王阳明的生平经历以及"知行合一"的心学思想,结合"胆剑精神",设计了"寻剑之旅"的课程主线,将学习任务渗透在寻找王阳明的三把"心剑"中,并且充分利用绍兴丰厚的历史文化资源,在阳明故里实施课程。

在这场"寻剑之旅"中,教师将利用情景教学法,带领学生"穿越时空"来到阳明故里拜访圣贤,聆听阳明先生的故事;借助多媒体教学法展开学子与圣贤的古今对话,在阳明故里体验沉浸式研学游;实施实践教学法,让学生在趣味多样的实践活动中实现学习目标和任务。

四、案例过程

(一)课前初探

(1)引导学生调查了解绍兴贤士,以及"胆剑精神"的来源、内涵。

(2)引导学生查阅、了解王阳明的生平、王阳明的小故事。

(二)鉴湖乡贤永流芳,越地后生齐分享

教师以毛泽东的诗句"鉴湖越台名士乡"以及明代袁宏道评价绍兴"士比鲫多"的典故导入,引导学生分享、介绍绍兴名人。

教师:同学们,明代有个文人说过,绍兴的名人,比河里的鲫鱼还多呢!你们知道有哪些吗?

学生:鲁迅、越王勾践、蔡元培、陆游、王羲之、鉴湖女侠秋瑾……

在交流中,学生分享鲁迅弃医从文、越王勾践卧薪尝胆的故事。

教师小结:绍兴人杰地灵,自古以来人才辈出,你会发现,在很多绍兴名人身上,都能看到这种卧薪尝胆、奋发图强的品质,我们称之为"胆剑精神"。今天,老师就要带大家去认识这样一个人,他便是"心学大儒"王阳明,世称阳明先生。大家想不想认识他呢?(生齐答:想。)不过阳明先生生活在距离

我们几百年前的明代,我们需要乘坐时空穿梭机去见他!

(三)阳明圣贤三不朽,阳明故里研学游

(1)由越地乡贤引出"心学大儒"王阳明,创设"穿越时空访圣贤"的情境,一起去阳明故里实地探访了解阳明文化。

(2)阳明像前行拜礼,志效大儒学修心。

教师介绍中国尊师重道的传统美德以及行拜师礼的规范和步骤,师生共同在阳明像前行拜师礼,以示对阳明先生的尊敬。

师生在阳明像前诵《示宪儿》,学习立德修心。

(四)寻"剑"之旅——继扬心剑

教师:阳明先生作为绍兴越贤,也继扬了"胆剑精神"。他用自己的毕生经历磨炼出了三把"心剑"。这三把剑帮助他在跌宕的一生中破除了各种障碍,渡过了一次又一次难关。同学们,你们想知道是哪三把剑吗?(学生齐答:想!)阳明先生说要考考大家。

1. 立志之剑——志不立,天下无可成之事

(1)利用现代信息技术,让"阳明先生"出现在大屏幕上,与学子展开古今对话。

阳明先生:小朋友们大家好,很高兴今天你们来看我,我的第一把"心剑"就藏在接下来的小故事里,希望你们认真聆听。

(2)聆听阳明先生从小立志做圣贤的故事,搜集第一把"心剑"的线索。

(3)共同探讨并举例说明什么样的人才叫作"圣贤"?从而获得第一把"心志之剑"。

教师:同学们,故事中小王阳明立志成为圣贤,那么你们觉得什么样的人才能叫作圣贤呢?

学生1:我觉得应该是孔子那样的人,品德高尚、诲人不倦。

教师:是的,孔子被称为至圣先师,培养出了很多优秀的学生呢。

学生2:我觉得杜甫也是圣贤,他很会写诗,很有才华,而且忧国忧民,心怀大爱。

教师:除了古人,你们还能想到谁呢?

学生3:雷锋叔叔!他帮助了很多人。

学生4:还有袁隆平爷爷!他培育了杂交水稻,造福了老百姓。

教师:大家都说得很好,圣贤就是那些品德高尚,有才华,对他人、社会有贡献的人,年仅十二岁的小王阳明就是想成为这样的人。志不立,天下无可成之事,这就是王阳明的第一把传奇之剑——心志之剑。

2.心性之剑——人须在事上磨,方能立得住;方能静亦定,动亦定

(1)阳明像前聆听王阳明遭同僚排挤,三箭威服众人的故事,体会圣贤之路的不易、王阳明坚忍的内心以及卓越的才智。

(2)参加心剑考验环节——射箭小游戏,考验心性。师指导,射箭成功后,获得第二把"心性之剑"。

(3)通过小游戏引出王阳明的名言:人须在事上磨,方能立得住;方能静亦定,动亦定。请学生结合故事谈谈对这句话的理解。

教师小结:人生难免会遇到各种困难,越是在这种时候越能体现人的心性,也正是对心性的最好磨炼。比如刚才的小挑战,如果你能静下心来,稳住心态,是不是成功的概率就会更大了呢?

3.心学之剑——知行合一

(1)为了寻找第三把"心剑",学生们来到王阳明专题影厅,观看王阳明被贬贵州龙场,历经磨难,将小时候的志向付诸行动,最终开悟成圣的纪录片。

(2)研讨交流:结合所学,讨论什么是"知行合一"。

教师:通过龙场悟道,王阳明修炼出了第三把心学之剑,后来还总结出了"知行合一"的道理,这可是他毕生的智慧结晶。

学生1:老师,什么是"知行合一"?

教师:这个问题提得很好,大家可以猜猜看,讨论一下。谁说得最好,老师就将这把写有格言的扇子送给他。

学生2:我在书上看到过,就是在知中行,在行中知,把学到的知识和行动结合起来。

学生3:就是要把课堂上学到的道理和生活联系起来。

(3)联系实际生活,交流如何在生活中贯彻"知行合一"的道理,谈论结束后获得第三把"心学之剑"。

教师:简单来说,"知行合一"就是要把你认识到的道理付诸实践。比如,大家知道要讲文明懂礼貌,那么在走廊上看到老师,你们要怎么做呢?

学生4:要向老师问好!

教师:如果在教室里看到垃圾要怎么做?

学生5:马上捡起来,扔进垃圾桶!

教师总结: 通过今天的学习,你从阳明先生身上学到了什么呢?

学生讨论后分享: 遇事要冷静、要勇敢地面对困难。从小要树立远大志向以及要做到"知行合一"等。

(4)少年明志:传习堂书写立志锦囊。

教师: 现在你们已经做到了"知行合一"中的"知",未来你又打算怎么去"行"呢?阳明先生曾说,志不立,天下无可成之事。接下来,就跟老师一起到传习堂,在立志锦囊里写下你们的志向,努力去实现它们吧!

五、案例分析

(一)赓续传统,弘扬新风

党的十八大以来,党中央对文化建设高度重视,阳明文化更是中华民族传统文化中不可或缺的重要组成部分。在授课思路上,本案例紧扣"赓续传承越地红色根脉、践行弘扬新时代胆剑精神"的主题,体察和挖掘到阳明文化与"胆剑精神"之间深厚的内在联系——都强调人的主观能动性和精神力量,从而将阳明心学与"胆剑精神"相结合,创造性地统整绍兴丰富的历史文化资源,以王阳明生平的"一心三剑"为线索,设计了"寻剑之旅",将两者创造性地融合在思政课堂中,渗透"胆剑精神"和阳明心学的要点,使学生认识到阳明文化和"胆剑精神"在中国传统文化中的重要地位和价值,增强对中华文化、越地文化的亲近感、认同感和自豪感。

(二)实践为基,思悟阳明

在课程实施过程中,教师积极遵循习近平总书记对思政课的评价要求:"思政课的本质是讲道理,要注重方式方法,把道理讲深、讲透。讲活,老师要用心教,学生要用心悟,达到沟通心灵、启智润心、激扬斗志。"[1]注重理论结合实际的教学方式,利用阳明故里这一具有历史和文化底蕴的场所,为学生们提供了身临其境的学习环境,展开丰富的实践活动。以"寻剑之旅"的趣味游戏为主线,创设"穿越时空访圣贤"、古今对话的情境,参与射箭活动、观看纪录片、设置游戏与奖励等项目,在实践活动中水到渠成地使学生感悟到王阳明在坎坷的一生中保持内心光明,克服种种困难,最终成为圣贤的不

---

[1] 习近平.坚持党的领导传承红色基因扎根中国大地 走出一条建设中国特色世界一流大学新路[N].人民日报,2022-04-26:1.

易,感受到王阳明坚守信念、正直高尚、坚忍不拔、冷静理智的品质特点,让阳明文化成为塑造学生品格和磨砺意志的重要力量,在学生心中生根发芽,绽放出智慧与德行的花朵。

(三)解行并进,筑梦未来

学生们在实践中与阳明文化进行深度互动,了解了王阳明的志向、生平,初步体会了阳明心学"知行合一"的内涵,最后以探讨交流、书写立志锦囊的方式,将学到的知识迁移运用,内化于心,外化于行,以先贤为榜样,以志向为航标,以实践为基石,引领学生向着高远的理想前行。课后还安排了一系列拓展活动以巩固学习成果,反哺课堂,并且扩大宣传面,让更多的人了解、接触阳明文化,真正做到践行"知行合一"。

六、案例反思

本堂课的教学目标总体完成度较高,做到了德润心田、启智开慧,让学生们在学习、感悟阳明文化、"胆剑精神"的同时,也增强了对中华文化的亲近感、认同感和自豪感,并能在课后积极宣传、弘扬阳明文化。但是在本堂课中,也有一些需要改进的地方。

(1)加强理论与实践的结合。可以布置一些实践性强且时间跨度更大的实践活动,比如展开阳明故里暑期志愿服务活动,开展关于国人对阳明文化了解、认知、实践现状等相关主题社会调研活动。

(2)开展多样化的宣传教育活动。如邀请专家学者就阳明文化与"胆剑精神"的内在联系来校开展讲座。在学校组织举办王阳明与"胆剑精神"主题的文化展览和演出活动,通过实物展示、图片解说、文艺表演等形式,生动形象地展现阳明文化与"胆剑精神"的内涵和魅力。

(供稿:冯欣瑜 绍兴市塔山小学)

"阳明圣学亘古今 继扬越贤胆剑心"微课视频

| 第三篇 |

"越思政·越有味"：一体化同向同行

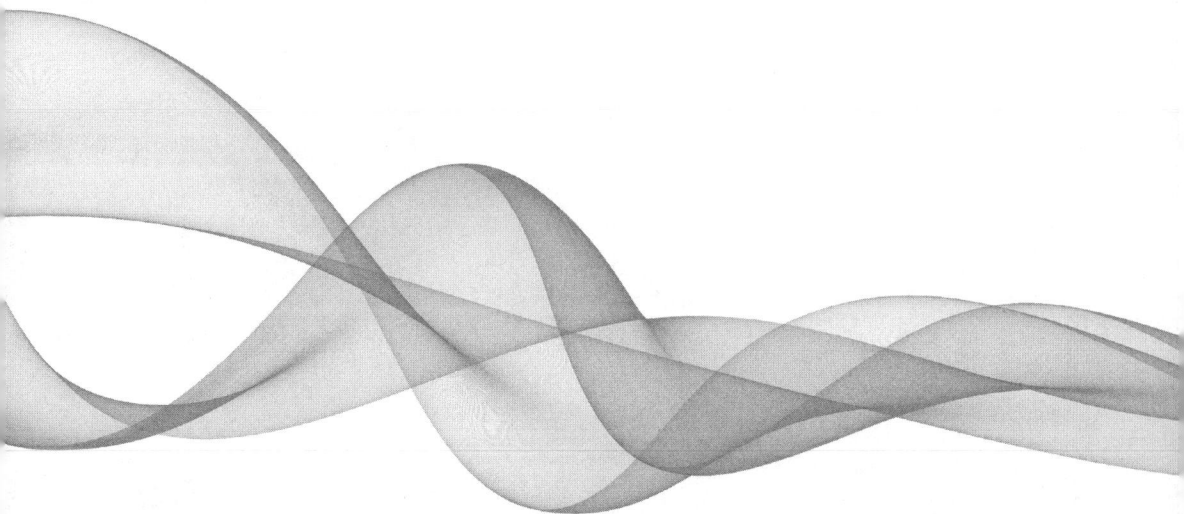

2019 年 3 月 18 日,习近平总书记在学校思想政治理论课教师座谈会上强调:"要坚持显性教育和隐性教育相统一,挖掘其他课程和教学方式中蕴含的思想政治教育资源,实现全员全程全方位育人。"①

2019 年 8 月 26 日,中共中央办公厅、国务院办公厅印发的《关于深化新时代学校思想政治理论课改革创新的若干意见》指出:"深度挖掘高校各学科门类专业课程和中小学语文、历史、地理、体育、艺术等所有课程蕴含的思想政治教育资源,解决好各类课程与思政课相互配合的问题,发挥所有课程育人功能。"②

遵循习近平总书记系列重要讲话的精神和教育部、省教育厅有关部署要求,绍兴市大中小学积极行动,在以绍兴文理学院为引领和在绍高校的支持下,绍兴市"课程+思政"的课程思政及一体化建设有序推进。自 2021 年以来,连续五年开展大中小学课程思政案例的征集、评选和展示活动,及时总结一线教师通过学科进行思政元素渗透的好的做法和典型的经验,取得丰硕的成果。

绍兴是一座古老的城市。"绍兴黄酒越千年,中华国酿总缠绵。圣贤庶民皆钟情,春夏秋冬飘欲仙。"黄酒,是中国的国酒;绍兴,是黄酒的故乡。绍兴黄酒承继了古老东方的历史基因,凝练了天工古法的技艺精华,在独特的地理环境下,散发出特有的文化气质。本篇我们一品黄酒里的"思政味",分别从思政课程和课程思政两个角度进行教学的实践。思政课程以黄酒为情境,演绎思政课程的教学过程,体现大中小学思政课的一体化推进;课程思政同样以黄酒情境,演绎不同学科的思政元素的融入过程,体现思政课程与

① 习近平.思政课是落实立德树人根本任务的关键课程[M].北京:人民出版社,2020.
② 深化新时代学校思想政治理论课改革创新[EB/OL].http://politics.people.com.cn/n1/2019/0815/c1001-31295893.html.

课程思政同向同行。

绍兴又是一座现代的城市。科技立则民族立,科技强则国家强。2024年1月,习近平总书记在主持二十届中央政治局第十一次集体学习时强调:"科技创新能够催生新产业、新模式、新动能,是发展新质生产力的核心要素。这就要求我们加强科技创新特别是原创性、颠覆性科技创新,加快实现高水平科技自立自强。"①在推进中国式现代化的进程中,在科技创新的征途上,绍兴凝结了卧薪尝胆、奋发图强,敢作敢为、创新创业,攻坚克难、全力以赴的"胆剑精神"。本篇我们共品科创里的"绍兴味",同样从思政课程和课程思政两个角度进行教学的实践。思政课程以科创为情境,演绎思政课程的教学过程,体现大中小学思政课的一体化推进;课程思政同样以科创情境,演绎不同学科的思政元素的融入过程,体现思政课程与课程思政同向同行。

"越文化"是中华文化的重要组成部分,又极具地方特色,是极有价值的思政教育资源。无论是黄酒里的"思政味"还是科创里的"绍兴味",都分别体现浓郁的绍兴特色,借绍兴元素在学科课堂教学中融入思政元素,最终实现大中小学思政教育一体化的真正落地。

今后我们将进一步依托绍兴丰富的文化资源,深挖各类资源中的思政元素,无论是思政课程,还是"课程+思政",都更会"越有味"。

---

① 习近平在中共中央政治局第十一次集体学习时强调加快发展新质生产力 扎实推进高质量发展[EB/OL]. https://www. moj. gov. cn/pub/sfbgw/gwxw/ttxw/202402/t20240201_494314. html.

主题一
黄酒里的思政味

案例一　推动文化双创

一、案例背景

(一)时代背景

文化是一个国家、一个民族的灵魂。文化兴国运兴,文化强民族强,没有高度的文化自信,没有文化的繁荣兴盛,就没有中华民族伟大复兴。发展中国特色社会主义文化,要坚定文化自信,增强文化自觉,坚持走中国特色社会主义文化发展道路,激发全民族文化创新创造活力,建设社会主义文化强国。

(二)学情分析

授课学生:2022级机械设计制造及其自动化本科1、2班。

从知识储备看,学生均为普高生源,其中55%的学生高考选择了政治学科,有较强的思政理论积累。从小学到高中,积累了中国文化发展的相关知识。大学阶段,专业课程居多且偏重技术实践,因此他们的直接知识储备相对有限。

从能力水平看,学生的逻辑思维和实践操作能力较强,这有助于他们在理解文化"双创"的逻辑结构和实施路径时,能够运用分析性思维。但他们要学会将已有的技术视角与文化、社会等领域知识相融合,提升综合分析能力。

从学习特点看,学生更习惯于通过实验、项目等方式学习,因此,在学习文化"双创"内容时,采用案例分析、VR体验法等实践性强的教学方法可能会更受欢迎。

从信息素养看,学生具备较高的信息技术应用能力,能够熟练使用各种软件和网络资源进行学习研究。我们需要培养学生的信息筛选与批判性思维,让他们学会甄别信息真伪,特别是在涉及文化、政策解读时,确保获取的信息准确可靠。

（三）案例切入点

本案例服务的核心知识点是文化的"双创",即中华优秀传统文化的创造性转化和创新性发展。绍兴黄酒文化之旅与文化"双创"的具体切入点如下。

1. 创造性转化

这指的是按照时代特点和要求,对那些仍有借鉴价值的内涵和陈旧的表现形式加以改造,赋予其新的时代内涵和现代表达形式,激活其生命力。绍兴黄酒的创造性转化,可以通过以下方式实现。

（1）现代科技与传统工艺的结合:利用现代科技手段改进传统的黄酒酿造工艺,提高生产效率和产品质量,同时保持传统风味。

（2）设计创新:采用现代包装设计和营销策略,使传统黄酒更加符合当代消费者的审美和消费习惯。

（3）产品创新:开发新型黄酒产品,如低度黄酒、黄酒鸡尾酒等,以适应年轻消费者的需求。

2. 创新性发展

这指的是按照时代的新进步、新进展,对中华优秀传统文化的内涵加以补充、拓展和完善,增强其影响力和感召力。在绍兴黄酒的创新性发展中,可以采取以下措施。

（1）文化旅游项目:开发黄酒文化旅游项目,如黄酒博物馆、体验工坊等,让游客亲身体验黄酒的酿造过程和文化背景,增强文化认同感。

（2）品牌建设:通过品牌故事讲述、品牌营销活动等方式,提升绍兴黄酒的品牌形象和知名度。

（3）国际合作:参与国际展会、文化交流活动,将绍兴黄酒推向国际市场,传播中国文化。

通过上述措施,绍兴黄酒不仅能够保留其深厚的文化底蕴,还能适应现代社会的发展需求,实现文化的持续传承与发展。因此,本案例在设计过程中选择了更适合在课堂上呈现的一些切入点:通过 VR 体验让学生感受黄酒魅力,沉浸式感受中华优秀传统文化;引导学生感受黄酒产业的困境和突破,推动文化创造性转化和创新性发展;引导学生立足专业,承担起对绍兴黄酒文化传播的责任感和使命感,成为能推动文化双创的高素质技术技能人才。

二、案例目标

(1)认识到文化创造性转化和创新性发展的意义。明确激发全民族文化创新创造活力、建设社会主义文化强国的重要性。

(2)具备运用辩证唯物主义和历史唯物主义的观点和方法分析文化"双创"的能力。具备利用多种渠道获取信息和分析信息的能力。提升理论联系实际的能力,活学活用。

(3)能坚定文化自信,增强文化自觉,坚持走中国特色社会主义文化发展道路。

三、案例设计

本节课的内容来自《习近平新时代中国特色社会主义思想概论》"第十章 建设社会主义文化强国"。本案例将"第四节 铸就社会主义文化新辉煌"的三个部分转化为"推动绍兴黄酒文化香飘出海"项目的三个任务:(1)传承发展中华优秀传统文化设计为"任务一:酒里乾坤大,杯中日月长",通过 VR 体验让学生感受黄酒魅力,沉浸式感受中华优秀传统文化;(2)繁荣发展文化事业和文化产业设计为"任务二:曾经越酒行天下,而今迈步从头越",引导学生感受黄酒产业的困境和突破,推动文化创造性转化和创新性发展;(3)不断提升国家文化软实力和中华文化影响力设计为"任务三:香飘海外,守正创新",引导学生立足专业,承担起对绍兴黄酒文化传播的责任感和使命感,成为能推动文化"双创"的高素质技术技能人才。

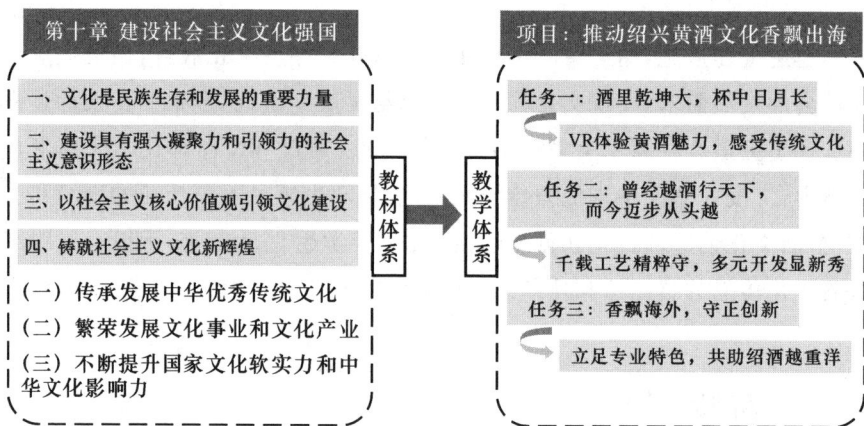

第十章 建设社会主义文化强国		项目：推动绍兴黄酒文化香飘出海
一、文化是民族生存和发展的重要力量		任务一：酒里乾坤大，杯中日月长
二、建设具有强大凝聚力和引领力的社会主义意识形态	教材体系 → 教学体系	VR体验黄酒魅力，感受传统文化
三、以社会主义核心价值观引领文化建设		任务二：曾经越酒行天下，而今迈步从头越
四、铸就社会主义文化新辉煌		千载工艺精粹守，多元开发显新秀
（一）传承发展中华优秀传统文化		任务三：香飘海外，守正创新
（二）繁荣发展文化事业和文化产业		立足专业特色，共助绍酒越重洋
（三）不断提升国家文化软实力和中华文化影响力		

四、案例过程

（一）前期准备

（1）知识前测：发布《推动文化创造性转化和创新性发展》知识点前测。

（2）资源上传：《推动文化创造性转化和创新性发展》学习资源；导入教学相关 VR 资源。

（3）项目介绍：立足专业，助力绍兴黄酒香飘出海

（二）项目探究

任务一：酒里乾坤大，杯中日月长

VR 体验：感受绍兴黄酒文化魅力。通过沉浸式体验，让学生见证了绍兴黄酒的悠久历史，深刻理解了它作为文化载体所承载的社会意义和文化价值。

任务二：曾经越酒行天下，而今迈步从头越

（1）案例背景介绍：绍兴黄酒发展现状。黄酒的区域特征明显，消费认知度和消费场景存在不足，社交属性偏弱，并且黄酒的主销区域相对集中于江浙沪，制约了产业的发展壮大。

（2）提出问题：突破和增长的路径在哪里？

（3）知识链接：文化创造性转化和创新性发展。我们要走中国特色社会主义文化发展道路，要激发全民族文化创新创造活力，而文化的"双创"原则其实就是文化的"推陈出新"。

（4）提出问题：同学们知道绍兴黄酒都有哪些"新玩法"吗？

（5）案例分析：黄酒的突破路径。第一，要发挥好 IP 价值和情感价值；第二，要革新产品体系和营销"玩法"；第三，融入现代生活和消费场景。

任务二：绍兴黄酒香飘海外，千年风华守正创新

（1）链接校园生活"中国黄酒技艺与人文大讲堂"。浙江工业职业技术学院自 2022 年至今已经开办了 14 期"中国黄酒技艺与人文大讲堂"，邀请国家黄酒酿造大师、浙江省劳动模范、浙江工匠等作为主讲嘉宾。

（2）提出问题：立足专业，我可以为绍兴黄酒文化的创造性转化和创新性发展做些什么？播放来自不同专业的同学对于"立足专业，我可以为绍兴黄酒文化的创造性转化和创新性发展做什么？"问题的构想视频。

VR 体验：绍兴黄酒国际发布会。

教师总结：

开来继往辟新天，守正方能更创先。千载工艺精粹守，多元开发显新秀。

青年使命扛肩上，创新活力心中藏。共助绍酒越重洋，海外扬香说佳酿。

五、案例分析

（1）将项目化学习引入思政课堂，其针对性和实用性、学生主体性、学科交叉性、互动性等特色亮点均有助于提高学生的实践能力、团队协作能力、自主学习能力、创新思维、解决问题的能力，为学生的全面发展打下坚实的基础。

（2）将教材体系转化为项目化教学体系，以助力黄酒文化"双创"出海项目贯穿始终，串联起各个话题。较强的趣味性和互动性更加符合学生的学习习惯和能力水平。

（3）在学情分析中运用信息化手段做知识前测，能较为准确地掌握学生的学情，以此设计出更具有针对性的教学设计。

（4）在教学过程中采用 VR 体验，让学生能更好体验绍兴黄酒的文化魅力，激发学生的学习热情。

六、案例反思

在大中小学四个学段中采用同一案例"绍兴黄酒"，这种"一案到底"的教学方法增强了系统性和连贯性，鼓励学生深入挖掘案例背后的原理、规律和应用,通过不断探索和讨论,促进学生从浅层记忆向深层理解转变,提升分析问题和解决问题的能力。

同课异构的主题选择"文化",结合各学段的认知程度,设计小学——感知文化魅力;初中——传承文化血脉;高中——酿出文化自信;大学——推动文化双创四个学段学习内容,层层递进。

(供稿:鲁青青 浙江工业职业技术学院马克思主义学院)

"推动文化'双创'"微课视频

案例一 酿出文化自信

一、案例背景

本节课是中职思政基础模块一"中国特色社会主义"课程中的重要组成部分，位于第四单元的开篇位置，旨在引导学生深入了解和学习中国特色社会主义文化建设的丰富内涵。课程内容围绕三个核心主题展开：传承中华优秀传统文化、弘扬革命文化和发展社会主义先进文化。这些主题不仅涵盖了中华民族五千多年的文明历史，也包括了在党的领导下，人民在革命、建设、改革中创造的革命文化和社会主义先进文化。

本节课的授课对象是中职酒类酿造专业的二年级学生，他们已经通过初中阶段的"道德与法治"课程对中国特色社会主义文化有了初步的认识。这些学生思维活跃，具有强烈的求知欲，具备良好的抽象思维能力和表达能力。尽管如此，他们对文化自信的深层次理解仍需教师的引导。学生们性格开朗，喜欢参与多样化的活动，特别是与他们专业相关的主题能激发他们极大的兴趣。他们在日常生活中通过互联网等现代信息渠道，已经对中华优秀传统文化、革命文化和社会主义先进文化有了一定的了解和认识。通过这一课程，学生将从熟悉的花雕黄酒酿造入手，通过实践活动深入领悟中国特色社会主义文化的精髓，从而培养起对民族文化的自信和对"非遗"传承的职业理想。

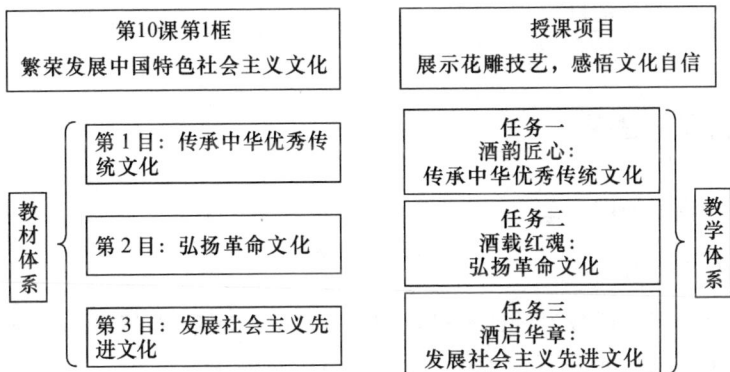

	第10课第1框 繁荣发展中国特色社会主义文化		授课项目 展示花雕技艺，感悟文化自信	
教材体系	第1目：传承中华优秀传统文化	教学体系	任务一 酒韵匠心： 传承中华优秀传统文化	
	第2目：弘扬革命文化		任务二 酒载红魂： 弘扬革命文化	
	第3目：发展社会主义先进文化		任务三 酒启华章： 发展社会主义先进文化	

二、案例目标

（1）政治认同：引导学生深刻理解中华优秀传统文化的核心价值，增强文化自信。

（2）职业精神：培养学生将中华优秀传统文化、革命文化和社会主义先进文化融入职业实践，形成敬业、诚信、创新的职业精神。

（3）健全人格：促进学生形成健全的人格，通过学习和传承中华优秀传统文化，培养自尊、自信、自强的品质。

（4）公共参与：鼓励学生积极参与文化活动和公共事务，传播和弘扬中华优秀传统文化、革命文化和社会主义先进文化，增强社会责任感。

三、案例设计

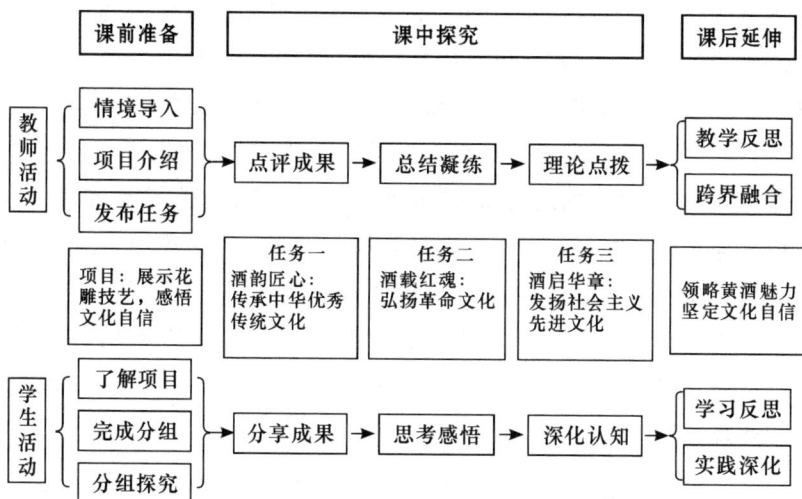

四、案例过程

（一）课前项目准备

1. 任务布置

教师根据本课教学设计安排，引导学生分为3组，布置各组课前任务：按照要求在专业课上制作手工花雕黄酒用于课堂展示。

学生提前预习教材内容，根据课前任务，分组制作手工花雕黄酒，并准备好课堂展示。

2.资源链接

教师提前了解花雕酒制作专业知识和绍兴黄酒文化相关知识。

(二)课中项目探究

任务一 酒韵匠心:传承中华优秀传统文化

1.引出本次课题——酿出文化自信,明确学习方向

教师阐述文化自信对于一个民族、一个国家的重要性,并引出黄酒作为文化符号所承载的文化自信,吸引学生的注意力,激发学生对黄酒文化的兴趣,引导学生进入学习状态。

2.学生介绍项目成果——黄酒花雕作品

学生依次上台,展示自己的作品,并详细介绍其制作过程、设计理念和所蕴含的文化意义。

3.教师点评,总结升华

(1)点评总结:教师对学生的展示进行点评,肯定其努力与创意,并总结黄酒技艺所蕴含的中华优秀传统文化及其在现代社会的价值。

(2)讲解升华:教师利用视频并配以讲解,进一步展示中华优秀传统文化的丰富内涵和重要地位,强调传承和发扬这些文化的重要性。

(3)引导思考:教师引导学生思考如何作为"非遗"传承小匠人,更好地传承和发扬这些传统技艺,以及如何在现代社会中推广和普及这些文化。

任务二 酒载红魂:弘扬革命文化

1."红船"花雕酒坛作品展示

请学生上台展示并详细介绍他们的"红船"主题花雕酒坛的创作理念与意义;学生观察展示的花雕酒坛,思考其背后的文化内涵与意义。

教师点评,总结升华

(1)点评总结:教师对学生的展示进行点评,赞扬其创意和深刻内涵,并强调"红船"作为革命文化象征的重要性。

(2)讲解升华:教师利用视频、PPT,配以讲解,介绍中国共产党伟大建党精神的形成、内涵和历史意义,以及革命文化在新时代的重要性。

(3)引导思考:教师引导学生思考如何在新时代继续弘扬革命文化,特别是伟大的建党精神,如何在日常生活中践行这些精神。

任务三 酒启华章:发扬社会主义先进文化

1.分享黄酒在新时代的发展

教师回顾之前关于黄酒传统酿造技艺的讨论。学生思考黄酒在现代社会中的创新形式。

2.教师点评,总结升华

教师对学生的分享进行点评,强调黄酒文化创新的重要性,并指出创新需要尊重传统与现代的融合。教师展示 PPT,介绍社会主义先进文化的内涵和重要性。学生思考如何将黄酒文化的传承与弘扬与社会主义先进文化相结合。

3.从实践的角度看,如何弘扬社会主义先进文化

学生总结自己在黄酒文化传承与创新方面的认识,并思考如何在未来的学习和生活中更好地践行和弘扬社会主义先进文化。

本课总结

学生在教师的带领下,回顾本节课的学习内容,思考如何将所学应用于实际生活中,形成自己的文化自觉。

五、案例分析

(一)理论依据

(1)马克思主义文化观:强调文化是社会存在的重要组成部分,具有历史性、民族性,是社会发展和人类进步的重要推动力。

(2)中国特色社会主义文化发展观:强调在继承和发扬中华优秀传统文化的基础上,发展具有时代特征的社会主义先进文化。

(3)"知行合一"教育学理论:认为知识与实践相结合是教育的重要目标,通过实践活动可以加深对知识的理解。

(4)建构主义学习理论:强调学习是一个主动建构知识的过程,通过实践活动和情景模拟,学生可以更加深入地理解和掌握知识。

(二)案例优点

(1)创新性:将传统的思政教育与学生的专业知识相结合,通过项目化学习的方式,使思政教育更加生动和贴近学生实际。

(2)实践性:通过制作手工花雕黄酒等实践活动,使学生在实践中学习和体验文化,增强了学习的直观性和体验性。

（3）互动性：案例中教师与学生的互动、学生之间的互动，增强了课堂的活跃度，提高了学生的参与度和学习兴趣。

（4）文化传承与创新的结合：在传承中华优秀传统文化的同时，鼓励学生思考如何在现代社会中进行创新，体现了对时代发展的适应和引领。

六、案例反思

1. 小组中各成员的参与度不均衡

学生素质的个体差异较大，综合能力较弱的学生在团队中承担任务相较于活跃学生仍有差距。

2. 学生评价难精确量化

由于课程性质和学生学习的情况的多样性，对于学生的学习评价欠缺一定的精准性。

（供稿：章舒腾 绍兴市中等专业学校）

"酿出文化自信"微课视频

案例三　延续文化血脉

一、案例背景

（一）内容分析

"延续文化血脉"是九年级《道德与法治》上册第五课"守望精神家园"的第一框,属于社会主义核心价值观国家层面文明的价值要求,在整个单元中上承建设法治中国,下启建设美丽中国。为了落实学生的核心素养,本案例以设计绍兴黄酒为毕业礼物展开项目化学习,共包括三个项目。项目一"思文化血脉之源"从绍兴黄酒酿造的秘密,初步感受家乡的自然风光和文化底蕴,认识到劳动人民的智慧和自然环境是文化血脉之源。项目二"拓文化血脉之基",通过酒礼、酒故事让学生充分体会黄酒魅力,感受中华文化的博大精深、源远流长,激发学生对家乡传统文化的热爱,进一步增强学生的文化自信。项目三"解文化血脉之困",采取困境破解的教学方法,通过提出"老酒真的老了吗"问题,让学生主动参与社会调查,破解绍兴黄酒面临的困境,提高学生解决问题的能力和创新能力。最终引导学生有意识地了解中华文化的产生、特点、内容和重要性以及坚定文化自信的原因和做法,使学生自觉重视中华文化的价值,形成对民族文化的认同感,铸就和合少年。

（二）学情介绍

通过小学"道德与法治"课程中"我的家在这里""我家的好邻居"和"请到我的家乡来"三课内容的学习,让学生初步了解家乡独特的自然风光,理解"一方水土养一方人"的含义,激发学生热爱家乡的情感。

该学段的学生对于枯燥讲授道德与法治知识不感兴趣,乐于通过参与实践,探索知识,表达自己独有的观点。学生在日常生活中通过互联网等途径对黄酒的起源、黄酒文化等有所了解,但受外来文化影响,在一定程度上会淡漠传统文化的价值,缺乏文化自信。

二、案例目标

(1)政治认同:知道中国特色社会主义文化的内涵;理解文化自信的意

义,明确文化自信的途径;体会中华文化的源远流长和博大精深,弘扬中华传统文化,增强对中华文化的认同感和归属感,坚定文化自信。

(2)道德修养:知道弘扬传统文化的重要性,培养辩证认识文化现象的能力,并能作出符合文化自信要求的判断和选择。

(3)责任意识:感受中华文化的力量。培养热爱中华文化的情感。自觉弘扬中华文化,自觉承担起青少年应尽的责任,铸就和合少年。

三、案例设计

(一)教学方法

项目化教学、小组合作学习、探究式教学。

本课围绕"延续文化血脉"的项目主题来展开,以三个任务"黄酒与山水:思文化血脉之源""黄酒与文化:拓文化血脉之基""黄酒与发展:解文化血脉之困"贯穿本课,从学生熟悉的毕业礼物制作着手,引导学生从活动中领悟中国特色社会主义文化的内涵及价值,树立文化自信,构筑起和合少年精神。

(二)教学流程

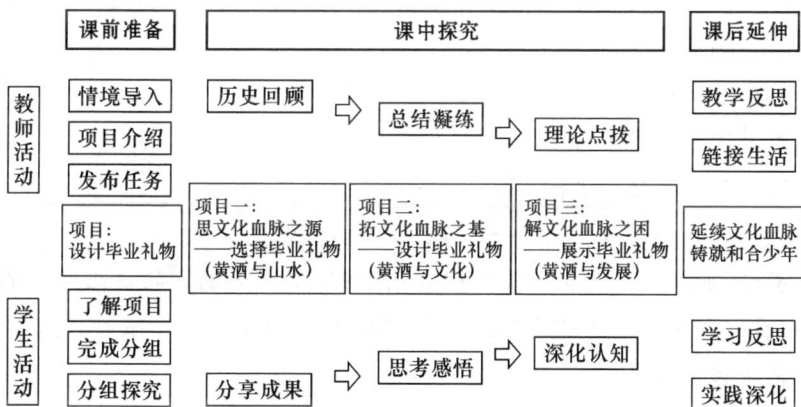

三、案例过程

(一)课前项目准备

1. 情境导入

教师:时光如白驹过隙,转眼大家就要各奔东西。有同学提议:设计一份独特的毕业礼物,既感恩学校,也勉励自己。

学生了解项目——设计毕业礼物,了解三个子任务的基本情况和任务设定。

2. 项目介绍和准备

教师介绍任务目标,明确三个子任务。

学生收集资料,分组认领任务,并收集相关资料,准备汇报成果。

(二)课中项目探究

项目一　思文化血脉之源——选择毕业礼物(黄酒与山水)

活动一　酒局里的招募——前期准备毕业礼物

教师活动:教师发布毕业礼物设计招募令。

学生活动:学生通过头脑风暴选出了一系列毕业礼物,并最终通过投票的方式选择了绍兴黄酒。

教师:我们为什么要选择黄酒?要设计什么样的黄酒作为毕业礼物呢?让我们通过今天的课堂来进一步探究。

活动二　酒坛里的秘密——体验探寻酿造工艺

教师:(播放视频)黄酒一共有八大流派,但最具代表性的当数绍兴黄酒,故有"天下黄酒源绍兴,绍兴黄酒甲天下"之说。大家知道绍兴黄酒是如何酿造的吗?

学生活动:学生查找绍兴水系示意图和绍兴气候图,探究绍兴黄酒独绝的自然原因,并汇报调查结果。

项目二　拓文化血脉之基——设计毕业礼物(黄酒与文化)

活动一　酒杯里的风味——捶打历练黄酒性格

教师:如果说绍兴的历史是用酒坛承载的,绍兴的人物是浓缩在酒中的,那么绍兴文化中最浓墨重彩的一笔当数黄酒文化。接下来,请同学分享他们的项目化成果。

学生:在所有酒类中,黄酒以其独有的"温醇"受人称道。历史上诸多文人雅士,如王守仁、任伯年等都可见证这种温和尚礼的性情。但黄酒酒烈,所以绍兴人也有刚毅果敢的一面,如教学兴国的蔡元培、横眉冷对的鲁迅、巾帼英雄秋瑾等。绍兴人的个性——外柔内刚,厚积薄发,早已与绍兴黄酒融为一体。

活动二 酒意里的故事——传承发展黄酒文化

教师：黄酒文化源自中华民族五千多年文明历史所孕育的中华优秀传统文化，熔铸于中国共产党在革命、建设、改革中创造的革命文化和社会主义先进文化。这便是文化血脉之基。接下来，请同学分享他们的项目化成果。

学生：春秋时期，勾践投醪劳军破吴国"十年生聚，十年教训"，将酒倒于河中，与将士同流共饮，这是绍兴人的"胆剑精神"；东晋时期，王羲之曲水流觞创作《兰亭序》，被誉为"天下第一行书"，这是绍兴人的肆意洒脱；唐朝时期，贺知章金龟当酒会李白，山阴道上，你呼我"谪仙"，我尊你"狂客"，这是绍兴人的君子之交；南宋时期，陆游"红酥手，黄縢酒"，"山盟在心，锦书难托"，这是绍兴人的深情款款；新中国时期，周总理在开国第一宴上指示，今后国宴上，第一杯酒一定要上绍兴黄酒，从此绍兴黄酒成为国宴用酒，还作为国礼馈赠国宾并多次荣获国内外大奖；新时代习近平总书记寄语：黄酒是绍兴经济发展的财富，也是文化发展的瑰宝，必须进一步保护好、发展好。[①]

项目三 解文化血脉之困——展示毕业礼物（黄酒与发展）

活动一 酒牌里的困境——探究破解黄酒困局

教师：黄酒不仅是文化，更深深地熔铸在中国人的血液里。感谢两组同学的精彩分享。但同学们在设计毕业作品的过程中竟发现陷入了困境。绍兴老酒难道真的老了？

教师指导学生了解黄酒困境现状、探究黄酒困境原因、破解黄酒困境难题。

学生：困境一是 2023 年我国黄酒销售集中在江浙沪，市场小；困境二是鉴湖水遭到污染，导致黄酒的品质下降；困境三是绍兴黄酒的口味、包装设计比较传统，甚至被认为黄酒就是料酒，所以受众小，特别是不受年轻人的喜欢。基于上述理由，我们提出黄酒毕业礼物要坚持守正创新，赋予文化自信。

活动二 酒设里的意蕴——担负铸就和合少年

教师活动：教师提供黄酒毕业礼物设计展示舞台。

学生活动：学生展示毕业作品，在文化传承中创新，在创新中发展，共同祝酒：愿你在未来既崭露锋芒又圆融得体，成长为一名和合少年。

---

① 关于《绍兴黄酒保护和发展条例》的说明[J].浙江人大（公报版），2021（3）：133-136.

五、案例分析

（1）文化自信的重要性：文化自信是一个民族、一个国家发展进步的重要精神支柱。通过学习和传承中华优秀传统文化，可以增强学生的民族自豪感和自信心。

（2）项目化与思政融合：将项目化教学引入思政课堂，将教材体系转化为项目化教学体系，将"延续文化血脉"的教学内容和绍兴黄酒毕业设计结合为项目，贯穿本课始终，其针对性和实用性、学生主体性、学科交叉性、互动性等特色亮点均有助于提高学生的实践能力、团队协作能力、自主学习能力、创新思维、解决问题的能力，为学生的全面发展打下坚实的基础。

（3）实践与理论结合：本课设计既涉及地理学科的自然环境分析，从而引出"道德与法治"课程中的保护环境情感教育，又涉及历史部分人文典故，引出"道德与法治"课程中文化博大精深、源远流长的概念，最后以黄酒困境回归"道德与法治"课程中的文化血脉的传承和创新。通过实践与理论结合，使学生在亲身体验中领悟中国特色社会主义文化的内涵和价值，为思想铸魂。

六、案例反思

1. 教学目标可操作化

在团队协作和项目管理能力培养方面，学生在项目执行过程中逐渐学会了分工合作、沟通协调，但仍有提升空间，特别是在时间管理和任务分配上需要更多指导。

2. 教学内容深度化

小组讨论和项目汇报环节促进了学生之间的交流与合作，但也发现部分学生在准备过程中存在资料收集不充分、分析不深入的问题。

（供稿：顾秀华　绍兴市第一初级中学）

"延续文化血脉"微课视频

案例四 感知文化魅力

一、案例背景

当下,各类文化互相交融、影响,中华优秀传统文化的传承面临诸多挑战。培养学生的文化自信和民族自豪感,保护和传承中华民族优秀传统文化是刻不容缓的责任。基于这样的时代背景,本案例以《道德与法治》三年级下册第七课"请到我的家乡来"第二课时为例,使用情境教学法,让学生初步了解、感知家乡的美,感受家乡传统文化的魅力,激发对家乡、对祖国的热爱之情。

三年级学生的生活空间逐步从家庭和学校扩展到家乡,对家乡的自然环境、物产和人有初步了解,但对于家乡的认识不深,没有立体的、完整的体会,还未建立深度的情感链接。他们的脑子里家乡的概念比较模糊,还不能深入了解自己的家乡,还未能完全从情感上认同自己的家乡。他们已具备一定的收集、整理资料能力,热衷于表达自己的想法,乐于参与实践教学环节,基本可以围绕主题开展信息搜索,但还不能精准筛选信息,搜索信息的途径有局限性。故而本课把"为新疆小伙伴设计一条家乡黄酒文化研学路线"作为切入点,以绍兴特色的黄酒文化为引,让孩子们在真实情境中了解、探索自己的家乡,感受家乡的文化魅力,增强文化自信。

二、案例目标

(1)政治认同:了解家乡的自然环境和物产情况,感知家乡的美,激发对家乡、对祖国的热爱之情。

(2)道德修养:通过收集资料、设计路线的活动,学会合作,能够运用各种方式去探究、解决问题。

(3)责任意识:感知家乡人的可爱,初步感受家乡优秀传统文化的魅力,增强文化自信。

三、案例设计

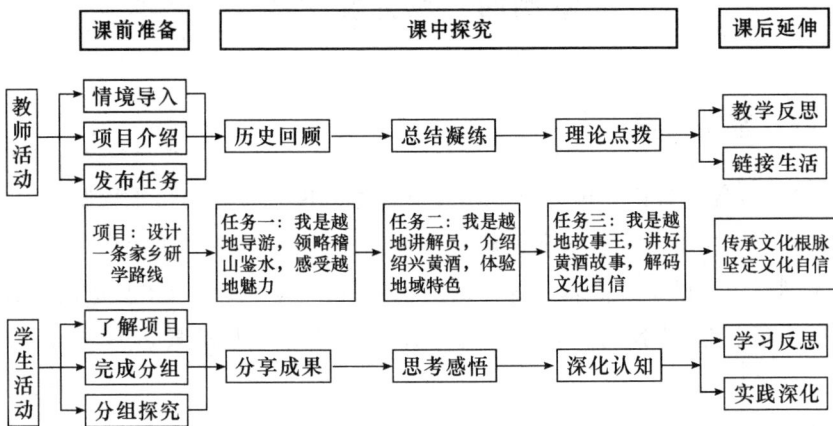

四、案例过程

(一)课前项目准备

1. 情境导入

教师展示新疆小伙伴的来信,介绍本课学习项目的方向。

学生了解项目,了解三个子任务的基本情况和任务设定。

2. 项目介绍

教师介绍任务目标,明确三个子任务。

学生收集资料,分组认领任务,并收集相关资料,准备汇报成果。

(三)课中项目探究

[情境导入]

教师:几天前,我们收到了一封来自新疆的信。信上说和我们结对的新疆小伙伴们想来绍兴开展一次和黄酒有关的研学旅行。

我们作为绍兴的小主人,一定要招待好远道而来的朋友呀! 前几天,老师给大家布置了一个学习任务:一起来设计一条和黄酒有关的研学路线。大家一起来回顾一下吧!

这次研学的目的是让远道而来的小客人们领略绍兴的自然风光,感受我们绍兴的文化魅力,喜欢我们的家乡——绍兴。有这几个小任务:任务一,我是越地小导游;任务二,我是越地讲解员;任务三,我是越地故事王。

任务一 领略稽山鉴水,感受越地魅力——我是越地小导游

1.越地小导游成果汇报

(1)第一组同学汇报"越地小导游"研学路线设计成果。

(2)教师引导学生说明设计意图,初步唤醒学生对家乡风光的热爱。

教师:可以说说你们的理由吗?

学生:咱们绍兴有句老话:汲取门前鉴湖水,酿得绍酒万里香。只有用鉴湖水酿的黄酒,才能香飘万里。鉴湖水可以说是我们绍兴黄酒的灵魂,所以我们想带新疆的小客人们去鉴湖,寻找黄酒的起源。

(3)具体介绍研学路线,在分享中领略家乡美景,感受文化魅力。

学生:我们想带小客人们泛舟鉴湖,领略水乡独特风光;去叶家堰村感受"一部全唐诗,半部在鉴湖"的浓厚文化底蕴。

2.教师总结、评价越地小导游的路线设计方案

教师:不愧是我们的越地小导游!通过你们的精彩介绍,相信小客人们一定会被我们绍兴独特的自然风光和文化魅力所吸引。老师也感受到了你们作为小绍兴人,对家乡独特风光、深厚文化底蕴的认同和自豪。

任务二 介绍绍兴黄酒,体验地域特色——我是越地讲解员

1.越地讲解员成果汇报

(1)游黄酒博物馆,品千年酒文化

在鉴湖溯黄酒之源后,第二小组设计了黄酒博物馆之旅,从领略家乡风光过渡到体验家乡特色。他们想带新疆的小伙伴们去黄酒博物馆,了解绍兴黄酒的历史,感受绍兴的黄酒文化。

(2)介绍黄酒历史,感受传承创新

第二小组从黄酒的发展历史、酿造工艺和开拓创新三个方面介绍了绍兴黄酒。从博物馆讲解员的视角出发,发现家乡特产的魅力,进一步建立文化自信。

学生1:我想为小客人们介绍绍兴黄酒的历史。绍兴酿酒的历史非常悠久,从春秋战国时期就有相关记录。到了明清,绍兴已经成为全国黄酒的酿造中心,同时黄酒开始远销海外,出现了"越酒行天下"的繁荣景象。

学生2:我为小客人们介绍绍兴黄酒的酿造工艺。我们的黄酒传承千年,形成了一套独特精湛的工艺。你瞧,要经过浸米、蒸饭等八道流程,才能酿出绍兴黄酒。每一坛黄酒都带着酿酒老师傅的辛勤劳作和执着追求。

学生 3：我们绍兴黄酒不仅继承了传统，还不断创新。你瞧，这是黄酒棒冰，里面有黄酒、牛奶、糯米饭，闻起来有一股淡淡的酒香，吃起来是浓浓的奶香，让人吃了还想再吃。到时候我一定请小客人们尝尝黄酒棒冰的滋味。

2.教师总结、评价越地讲解员的路线设计方案

教师：我们的小讲解员真是专业又热情。你们从黄酒的历史、工艺、创新这几个方面带小客人们感受了我们黄酒独特的文化。老师也能从你们的介绍中听出对我们绍兴传统文化的热爱与自信。

任务三　讲好黄酒故事，解码文化自信——我是越地故事王

1.越地故事王成果汇报

继续研学之旅，讲好黄酒传承故事。

绍兴黄酒延续千年，黄酒文脉得以传承，不仅得益于天时地利，更需要一代代传承人勇担使命，开拓进取。学生通过了解、收集黄酒传承人王阿牛爷爷的故事，感受到绍兴一代代酿酒人坚守与传承的故事，同时也融入了自己对家乡的热爱与自豪。

2.教师启发学生感悟黄酒传承精神

教师：王阿牛爷爷一生都致力于做好一坛酒，他的心愿就是把我们绍兴黄酒的工艺传下去，把绍兴黄酒的精神传下去。在绍兴，一代代像王爷爷一样的工匠们将黄酒传承千年，黄酒也滋养了我们一代代绍兴人。相信新疆的同学们也会被王阿牛爷爷的精神感动。听完王爷爷的故事，我们的同学又有怎样的感悟呢？

学生 1：我要学习王爷爷的坚守，把我们绍兴的传统文化传承下去。

学生 2：我要学习王爷爷的创新，把我们绍兴的传统文化像黄酒棒冰一样，变得有滋有味又有趣。

学生 3：我要学习王爷爷的无私奉献，不仅要把绍兴文化介绍给新疆的同学，还要把绍兴文化介绍给更多人，带它走向全世界。

3.解码文化自信

最后，教师用习近平总书记的话让学生们了解传统文化是寻找文化自信的源泉，要增强文化自信，树立为共产主义远大理想和中国特色社会主义共同理想而奋斗的信念和信心。学生们在三个任务中激发了对家乡的热爱，对家乡文化的认同，立志做传统文化的守护者、传承者和弘扬者。

五、案例分析

1. 立足核心素养，厚植文化自信

政治认同是社会主义接班人的思想前提。《义务教育道德与法治课程标准(2022年版)》(简称"新版《课程标准》")提到："政治认同表现之一为家国情怀。对家庭有深厚的情感，热爱家乡，热爱伟大祖国，热爱中华民族，自觉铸牢中华民族共同体意识，有以实现中华民族伟大复兴为己任的使命感。"[①]《道德与法治》三年级下册第七课"请到我的家乡来"让学生把对家乡的认识与情感体会建立在环境和人这两个维度上，从而获得立体的、完整的感受。这堂课主要通过创设情境，认领学习项目，搜集、整理、汇报等活动，让学生进一步了解家乡，激发学生热爱家乡的情感。因此，这一课在现代社会教育背景下具有重要价值。

2. 用项目式学习，促进知行合一

在这节课中，我设计了一个和我校学生息息相关的情境，以"为新疆阿瓦提县结对小伙伴设计一条研学路线"作为项目启动问题，将项目式学习引入思政课堂，其针对性和实用性、学生主体性、学科交叉性、互动性等特色亮点均有助于提高学生的实践能力、团队协作能力、自主学习能力、创新思维、解决问题的能力，为学生的全面发展打下坚实的基础。

同时将教材体系转化为项目式教学体系，以设计一条家乡研学路线项目贯穿始终，以"我是越地小导游""我是越地讲解员""我是越地故事王"三个任务串联起各个话题。较强的趣味性和互动性更加符合学生的学习习惯和能力水平。通过学生自主汇报，检验学习成果，有助于增强学生的综合素质，促进师生之间的交流与互动。

3. 强化思政教育一体化，遵循成长规律

新版《课程标准》提出，要强化课程一体化设计，以螺旋上升的方式组织和呈现教育主题，强化课程设计的整体性，更好地提高课程育人质量。这在本课中主要表现为教学目标、教学方式、教学内容的衔接。本课主题紧紧围绕"政治认同"中的家国情怀展开，在本学段主要以启蒙学生道德情感，使其感受文化魅力，激发学生对家乡的热爱之情，初步树立文化自信为目标。采

---

① 中华人民共和国教育部. 义务教育道德与法治课程标准(2022年版)[M]. 北京：北京师范大学出版社，2022.

用项目式学习方法,为后续学段打牢思想基础、提升政治素养、增强使命担当提供思维养料。

六、案例反思

1. 学习成果可视化

在课上,学生采用汇报的形式来反馈他们的学习成果,但是没有把学习成果可视化。针对这一问题,可以让学生合作,制作一份"研学计划书",将他们的学习成果变成真实可及的成果材料,充分体现"道德与法治"课程学习的实践性、体验性特点。

2. 评价维度多元化

虽然教师设计了一份"项目式学习评价表",意图形成多方共同激励的机制,但是在评价的维度上过于关注结果,没有重视表现性评价。应该重新设计评价量表,注重观察、记录学生在实践活动中的典型行为和态度特征。

(供稿:章雯　绍兴市鲁迅小学)

"感知文化魅力"微课视频

案例五 保护珍贵水源 守护绿水青山

一、教学设计

"课程思政"微课设计书

课程名称	市政给排水工程
微课所在章节名称	第1章 绪论 水源及引水工程
授课对象	工程造价专业大三年级学生

教学设计

切入课程思政的课程知识点	1.通过对鉴湖水质的检测,培养学生守护绿水青山的专业能力。 2.对照水质标准,通过对鉴湖水水质的分析,从专业的角度确定鉴湖水之"清",引导学生思考鉴湖水水质清澈是由于"绿水青山就是金山银山"理念的践行,培养学生守护绿水青山的信念。
思政教育的课程目标	1.探寻越地水源,在感官上了解绿水青山。 2.探究越地水源,提高守护绿水青山的专业能力,体会生态宜居、生态富民和生态为民,根植守护绿水青山的信念。 3.校企合作,用实际行动保护绿水青山。
知识点与思政教育结合的教学设计	1.参观越地水源,感官上了解绿水青山 　　课前学生参观越地水源,将拍摄的照片上传平台。可以看到,学生走访的水源有钦寸水库、长诏水库、鉴湖等,其中鉴湖是绍兴黄酒的水源和灵魂。让学生亲身感受绍兴水源之清澈,体会保护绿水青山的重要意义。 2.探究越地水源,加深对绿水青山的思考 　　通过对鉴湖水质的检测,培养学生守护绿水青山的专业能力。对照水质标准,分析鉴湖水水质,从专业的角度确定鉴湖水之"清"。让学生认识到这是由于"绿水青山就是金山银山"理念的引领和"污水零直排区"、农村污水治理等政策的实施。以治水富民的典型——叶家堰和曹娥江引水工程为案例,让学生体会生态建设的重要意义,培养学生保护绿水青山的信念。 3.校企合作,用实际行动践行生态文明建设 　　课后,学生参与老师的浙江省访问工程师项目——多场景下涂装废水中污染物去除及沉淀物形成仿真技术,深入企业,用实际行动践行生态文明建设。

二、微课实录

1. 课程记录

教师：同学们，大家好，欢迎走进今天的"市政给排水工程"课堂。在这节课中，我们一起来学习水源及引水工程。课前同学们分小组去参观了绍兴的水源，并将拍摄的照片上传了平台，包括钦寸水库、长诏水库、鉴湖等，那么请一组同学来和大家分享一下自己组的体会。

学生：我们组参观的是鉴湖。从这些照片中我们可以看到鉴湖风景如画，水质清澈，置身其中，如在镜中游。而且鉴湖更是绍兴老酒的水源和灵魂。

教师：分享得非常精彩。接下来我们学习水质检测和水质分析内容。请大家分小组对鉴湖水进行水质检测，检测指标已经发送给各位同学，包括pH值、浊度等，检测完成之后请对照《地表水环境质量标准》(GB 3838—2002)，分析鉴湖水是几类水源。

教师巡查并指导。(5分钟)

教师：大家都已经完成检测了，那么请一组同学进行分享。

学生：根据检测结果，对照《地表水环境质量标准》(GB 3838—2002)，得出鉴湖水符合Ⅱ类水标准。Ⅱ类水适用于集中式生活饮用水地表水源地一级保护区、珍稀水生生物栖息地、鱼虾类产卵场、仔稚幼鱼的索饵场等，可见鉴湖水的水质是非常干净清澈的。

教师：通过水质检测和分析，我们可以看出鉴湖水水质很好，那是由于在"绿水青山就是金山银山"理念的引导下，浙江实行了污水零直排区建设、农村污水治理和河长制等政策，开展全方位、整体性水环境综合整治和管护。截至目前，绍兴已连续三年实现绍兴市128个县控及以上断面Ⅰ～Ⅲ类比例、达标率均100%；8个县级以上城市饮用水水源地水质达标率保持100%。那么水质保护有什么意义呢？我们一起来看一下这个例子。柯桥叶家堰原本是一个发展贫弱的帮扶村。为了改善这种情况，其兴村先治河。为了使水更清、环境更好，近年来叶家堰开展了鉴湖江沿岸立面改造：拆迁98户，形成环江景观带；对村河1200米的塘沟开展清淤疏浚及河岸拆违整治；实施排污管道改造，生活污水纳管排放，6个公共厕所全部完成水冲式升级改造。叶家堰把"五水共治"与美丽景区、美丽乡村建设紧密结合，开展景区化建设示范村创建，围绕"鉴湖、酒源、渔歌"等元素，致力于打造以"鉴湖古韵、枕河村落、风情水街"等为特色的江南水乡古村落风貌,进一步改善了村庄形象、提升了村庄品质,使叶家堰这个因鉴湖而名、因鉴湖而美、因鉴湖而兴的村庄更具魅力,成功创建为"鉴湖渔歌带"上的 3A 级景区村。所以,我们可以看到生态文明建设可以打造宜居的环境,而且社会发展、经济发展应与环境保护并行。

曹娥江大闸工程是引水工程的优秀案例,闸前水质基本保持在Ⅲ类水以上,上游水质达到Ⅱ类水。大闸建成后,多年可增加可利用水量 6.9 亿立方米。通过闸上水库向两岸平原河网引水,增强了河网水的流动性,提升了绍兴平原的水质和水环境。曹娥江大闸工程生动地展示了生态为民的效果。

2. 总结全课,引发深思

教师:通过今天这节课,同学们掌握了水质检测和水质分析方法。同时,大家也对保护绿水青山的理念和意义有了更深刻的认知,希望大家可以用实际行动保护绿水青山。

今天的课程,就上到这里了。同学们,再见!

三、案例分析

绍兴因水而生,依水而兴,由水而秀,借水而名。绍兴按照"引排顺畅、水清岸绿、水人相宜、水城相融"的目标,通过打造河湖水系四大格局,来形成江南特有的水乡景观。生态文明建设对于绍兴显得尤为重要,需做好水源保护和污废水处理。在乡村振兴战略和"绿水青山就是金山银山"理念的引领下,绍兴的农村废水都经过排水管网统一收集、处理,"五水共治"和工业区"污水零直排区"建设也取得了显著的成效。早在大禹治水时期,大禹便提出了"水在疏而不在堵",从而有了排水的概念。同时公而忘私、民族至上、民为邦本、科学创新的大禹治水精神历久弥新。大禹精神有助于更好地理解和实施绍兴市"五水共治"行动。

"市政给排水工程"是工程造价专业大三年级学生的专业课,教学内容包括给排水管网设计、施工、运行和维护等。立足绍兴,将课程思政与当地特色结合,加强学生的认同感。绍兴水系发达,浙东运河、鉴湖、大禹陵等充满越地特色。"五水共治"、污水零直排区建设、智慧水务等为绿水青山提供了保障,亚运场馆供水技术创新、GIS 系统应用展现了数字浙江的变革与创新,形成"诗画绍兴""文化绍兴""数字绍兴"等富有绍兴风采的课程。

本案例为第1章绪论中"水源及引水工程"教学内容的课程思政设计。本微课案例,围绕"保护珍贵水源,守护绿水青山"这一主题,在水质检测、水质标准查阅等专业能力培养的过程中,以绍兴水源为载体,通过寻觅、探究、实践的教学环节,形成对"绿水青山就是金山银山"理念知、践、悟、得的育人效果,环环相扣,鼓励学生用实际行动保护绿水青山。以实地参观、任务驱动、讨论思辨、案例分析和项目实践等教学方式,通过切实感受、提高能力、培养信念、根植理念、以行见悟等育人路径,将课程思政巧妙融入教学环节,如盐入水。

本案例的思政点具体落实在以下三个环节中。

首先,组织学生参观越地水源,并将拍摄的照片上传平台。通过实地走访,让学生亲身感受到绍兴水源之清澈;风景之秀丽,增强对绿水青山的感知。

其次,通过对鉴湖水质检测,培养学生守护绿水青山的专业能力。对照水质标准,分析鉴湖水水质,从专业的角度明确鉴湖水之清。引导学生思考,水质清澈的原因是"绿水青山就是金山银山"理念引领和"五水共治"和工业区"污水零直排区"建设实施,培养学生用实际行动守护绿水青山的信念。

以叶家堰通过河道治理,后又结合文旅融合,由一个帮扶村发展为3A级景区村为例,让学生认识生态宜居和生态富民之优势。曹娥江大闸工程是引水工程的优秀案例,大闸建成后,多年可增加可利用水量6.9亿立方米,增强了河网水的流动性提升了绍兴平原的水质,根植生态为民的理念。

最后,学生参与教师负责的浙江省访问工程师项目"多场景下涂装废水中污染物去除及沉淀物形成仿真技术",深入企业,用实际行动践行生态文明建设。

根据上述环节的设计以及实施,笔者以为,本案例在"保护珍贵水源,守护绿水青山"这一核心主题下,达成了培养学生水质检测和水质分析的教学目标,同时也通过越地水源这一载体,增强学生对绿水青山的切实感受,根植守护绿水青山的信念,培养守护绿水青山的能力和参与守护绿水青山的实践。思政育人与知识教学同向同行,润物无声。

(供稿:付海娟　浙江工业职业技术学院)

案例六　认知营养成分　树立文化自信

一、教学设计

"课程思政"微课设计书

课程名称	高中化学
微课所在章节名称	人教版《化学》选择性必修 3 第三章第二节醇（知识拓展）
授课对象	高中二年级

教学设计	
切入课程思政的课程知识点	1.根据高一所学的氨基酸、维生素等物质的性质及人体中各种微量元素的功效,引导学生在理解论证黄酒功效时,提供相应的理论依据。 2.结合乙醇在人体转化的流程图,让学生思考黄酒的功效很多,是不是喝得越多越好? 利用已有的化学知识进行说理论证。
思政教育的课程目标	1.了解家乡的特产,增进家乡情怀; 2.了解黄酒的营养成分,增强文化自信; 3.从化学角度理解认知黄酒的功效,进一步理解黄酒中的文化,并能运用自身的化学知识理解论证一些观点的合理性,提升学生的自我价值感。
知识点与思政教育结合的教学设计	1.展示黄酒的主要成分,预测黄酒的功效 引导学生回顾醇、酸、氨基酸、蛋白质等性质,大胆猜测黄酒的功效,并查阅资料整理出黄酒的功效。学生从中感受古人的智慧及家乡鉴湖水的独特。 2.结合已学的化学知识,论证黄酒的功效 以小组为单位,交流讨论黄酒各种功效的理论依据,结合视频资料介绍的黄酒中各物质对应的功效,组内总结汇报,组间补充汇总。在此过程中让学生感受文化自信的魅力。 3.多角度认知黄酒的功能,做到科学合理食用 根据高一所学乙醇转化为乙醛再转化为乙酸的过程,先想一想黄酒中的乙醇带给人体的影响有哪些? 是不是黄酒喝得越多越好? 乙醇对人体有哪些利弊之处? 小组交流讨论并汇报。结合老师展示的乙醇在人体的转化流程,感知过犹不及的古人智慧。 4.从色香味角度介绍黄酒工艺的差异和发展,体现精益求精、追求卓越的工匠精神。

二、微课实录

教师：中国黄酒作为"世界三大古酒"之一，具有悠久的历史及文化底蕴，是中华民族五千年的智慧结晶。多年来，黄酒以其风味独特、营养丰富等特点，备受国内外消费者青睐。研究发现，黄酒具有抗氧化、抗衰老、降血压、降胆固醇、代谢和免疫调节、改善记忆等多种功效，是最具潜力和开发利用价值的天然抗氧化剂之一。是什么让黄酒具有以上功效？

教师展示黄酒（图1）。介绍黄酒的成分：水、乙醇、糖、有机酸、蛋白质、氨基酸、多酚类化合物、微量的维生素（如 A、B、C、E）、矿物质（如钙、镁、铁、硒、锌）等。

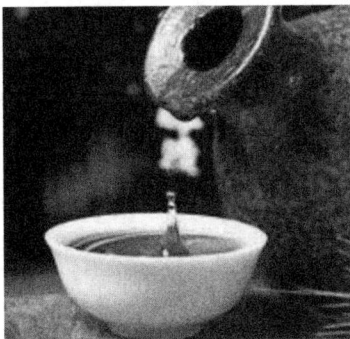

图 1　展示黄酒

教师：请同学们根据已有的化学知识和常识，找一找黄酒功效的相应依据。

学生以小组为单位交流讨论。

教师展示资料卡：酚的性质、美拉德反应、类黑精是美拉德反应后期形成的一类棕褐色的、结构复杂的大分子化合物。

学生按小组汇报并组间补充，得到表1。

表 1　黄酒的功效及相应的理论依据

功效	依据
美容抗衰老	还原性物质，如葡萄糖、酚类物质、维生素
增强免疫力	多种营养物质，锌（Zn）能增强食欲，铁补血，硒排毒抗癌，多种人体必需的氨基酸
预防心血管疾病	多酚、类黑精等活性成分，能清除自由基
驱寒活血	气味苦、甘、辛，可活血祛寒、通经活络，加快血液循环，促进新陈代谢

教师：喝黄酒的好处很多，是不是喝得越多越好？

学生进行小组讨论。

教师展示黄酒中的乙醇进入人体后的转化流程，如图2所示。

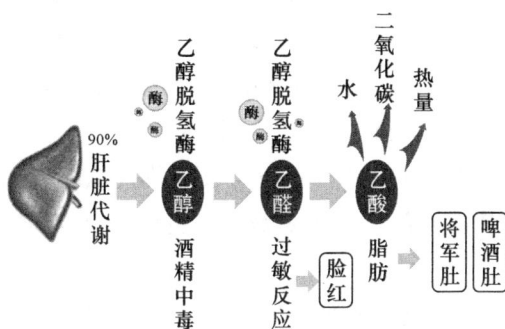

图2 乙醇进入人体后的转化流程

教师由图2得出简化的物质转化关系：

黄酒 (CH_3CH_2OH) $\longrightarrow$ CH_3CHO $\longrightarrow$ CH_3COOH $\longrightarrow$ CO_2+H_2O

教师：在以上物质转化关系的同时伴随着能量变化，最终释放能量供人体活动。

教师：不同工艺的黄酒成分略有差异，请观看一段视频，从色香味角度了解黄酒的工艺。

老师总结介绍：黄酒中的甜味主要有三类，分别为：未完全发酵的残留糖和糊精，残留糖中 $50\%\sim60\%$ 是葡萄糖，还有麦芽糖和低聚糖；发酵过程中，水解脂肪产生的甘油，一定程度上增加黄酒甜度；丙氨酸、甘氨酸、组氨酸等甜味氨基酸的存在也增加了黄酒的甜度，这是由于黄酒的酿造过程涉及蛋白质分解生成氨基酸。以上三类甜味物质共同构成了黄酒自然协调的甜味，并随陈化时间延长而增加。

适量酸味可有效提高黄酒的醇厚感，物质基础主要是乳酸和琥珀酸。不可否认的是，焦谷氨酸、酒石酸、柠檬酸等酸类成分的存在增加了黄酒醇厚绵和之感。这些酸味物质，究其来源，主要在发酵过程中产生，也有小部分来自原料、酒曲及水。

部分氨基酸、多肽及含氮碱，均呈鲜味，这些即为黄酒鲜味物质。微量苦味可有效提高刚劲爽口的口感，但苦味过重则影响黄酒的协调。黄酒的苦味物质主要源于发酵过程中产生的某些苦味氨基酸、肽、酪酸、5-甲硫基腺苷和胺类等成分。

适量涩味可增加黄酒浓厚甘洌的口感,同时增加黄酒的厚重感,但过量则会破坏黄酒整体的口感。黄酒的涩味物质主要是乳酸、某些氨基酸及部分类似单宁的多酚成分。通过陈酿,这些成分呈减少趋势。

适度辣味可使黄酒口感更加醇和绵柔,过量则会令口感变得刺激,也伤害人体的脾胃系统,影响身体健康。酒精是黄酒辣味的形成因素之一,而高级醇及乙醛也会增加此味道。黄酒经加热杀菌及长期贮存,通过挥发部分酒精或使酒精与水分子缔合,降低黄酒中酒精含量,从而降低黄酒的辛辣刺激感。

人们经过不断的实践并改进,优化黄酒的品质,从色香味全面提升黄酒的品质,不断追求卓越。

三、案例分析

为深入贯彻落实习近平总书记关于思政课建设的重要论述,党中央始终坚持把学校思政课建设放在教育工作的重要位置,党对思政课建设的领导全面加强,各级各类学校社会主义办学方向也更加鲜明,教师时刻关注学科教学上的思政融入。

化学学科的教学目标是提高学生的学科核心素养,落实以德树人,树立学生的科学精神,培养学生的综合素质。高一学生已经学习了醇、醛、酸、蛋白质和氨基酸等核心知识,掌握了各物质的主要性质,知道各物质对人体的影响。本课利用本地特产黄酒拓展课本相关知识,加深学生认识课程的广度、深度和温度,增加课程的创新性、知识性和文明性,同时增强学生对家乡文化的自豪感。

作为世界三大古酒之一,黄酒丰富的营养价值不言而喻,值得关注的还有其抗衰老、抗动脉粥样硬化、增强机体免疫力等多种功效。当今,单纯凭借古书药典的记载来宣传黄酒的保健养生价值和开拓黄酒市场是远远不够的,须以黄酒的物质基础为出发点,结合功效特性,从科学的角度验证黄酒资源养生保健价值,彰显文化的魅力和家乡特产的独特价值。

本课围绕黄酒拓展课内学习内容,以黄酒中的物质的性质分析黄酒各种功效的本质原因,体现懂科学的自信。根据已学知识进行小组讨论交流,培养学生合作互学的精神。通过了解家乡特产的生产工艺和发展过程,让学生感受家乡人民的勤劳和智慧及追求卓越的精神,在增强文化自信的基础上更加感叹精益求精的工匠精神。

高中的实验条件有限,如果能利用元素测量仪测定黄酒中的微量元素,补充黄酒中还原性物质含量的测定,就能让学生在实践中真实感受黄酒中的营养物质,真正做到在实践中学,用学中实践。

学科教学中融入思政需要在平时的教学中不断地实践和改进,需要教师研究学科的课程标准和学科要求,从中挖掘蕴含的自豪感、使命感、责任感、爱国精神、奋斗精神、开拓创新精神、大国工匠精神等思政元素,在教学中自然而然、潜移默化地渗透这些育人元素,让学生有代入感,发挥精神层面的感染力,需要经过长时间的实践实现思政元素的学科教学全章节的覆盖,践行社会主义核心价值观。

（供稿：吴汝华　绍兴阳明中学）

案例七　鉴水酒香探场馆　"非遗"技艺传匠心

一、教学设计

"课程思政"微课设计书

课程名称	初中综合实践
微课所在章节名称	八年级上第二单元研学博物馆(成果展示课)
授课对象	八年级学生

教学设计

切入课程思政的课程知识点	1.了解黄酒博物馆馆藏资源集中展示的地方,是了解黄酒文化的地方。 2.考察黄酒博物馆的黄酒酿造工艺,访谈黄酒酿造传承人,感悟传承的精神和文化积淀,感受劳动之美。 3.小小解说员介绍黄酒文化,实践体验制作甜酒酿的工艺流程,传播黄酒酿造技艺。
思政教育的课程目标	1.通过博物馆研学,探究黄酒酿造工艺,厚植爱国主义情怀,培养学生的文化自信。 2.通过体验黄酒的酿制过程和访谈,感悟匠人匠心精神,体悟劳动的价值。 3.遵守场馆礼仪,经历主动获取知识,分析并解决问题的过程,提升文化感知、审美品位,增强民族自豪感和文化自信,增进社会责任感。
知识点与思政教育结合的教学设计	1.博物馆研学调查问卷,了解黄酒酿造工艺传统文化。 通过黄酒博物馆考察的目的和黄酒酿造工艺的文化传播等问卷调查,统计分析,了解学生对于黄酒酿造工艺的理解。从调查问卷中可以看出学生很乐意进一步传承和宣传绍兴的黄酒酿造工艺。 2.博物馆考察酿造工艺,体悟匠人的精湛技艺和科学精神。 学生设计博物馆考察任务单开展博物馆考察,结合文献查阅、采访、观察、体验等多种方式了解了"一粒米变成一滴酒"要经历"222道工序,100天左右的酿造"。在博物馆参观体验过程中领略古今匠人们的精湛技艺和他们对黄酒文化的执着追求。他们精益求精、心无旁骛,为世人呈现了丰富的黄酒文化和醇厚的酒香。 3.体验甜酒酿酿造工艺,体验知行合一的传统文化魅力。 学校里开展了甜酒酿酿造工艺项目体验活动,通过亲身尝试体验,学生对黄酒文化有了更加真实和深刻的理解。是劳动的汗水,让学生体会到劳动的光荣与美好,更加坚定了知行合一,传承和发扬黄酒文化的决心。

二、微课实录

1. 实录片段一

教师： 同学们，天下黄酒看绍兴，湖塘是鉴水的源头。博物馆是沟通文化的桥梁，绍兴黄酒家喻户晓。你们每个小组都已经带着课题开展了博物馆研学。请黄酒文化调查组来汇报你们考察的成果。

学生1： 我们组分工合作。我来汇报我校学生对会稽山博物馆开展黄酒博物馆调查问卷的情况，部分调查结果请看PPT。

问题一： 你参观黄酒博物馆的主要目的是什么？

从此问题可以发现，学生对博物馆考察充满兴趣，目的明确。以"传承传统文化"和"锻炼实践能力"为目的的学生占大部分，说明学生有保护和传承家乡传统文化的责任感和使命感。

问题二： 你认为黄酒博物馆展示黄酒酿造工艺，哪些方面还有改进的空间？

从此问题可以发现，针对黄酒博物馆黄酒酿造工艺方面，大部分学生认为展示方式的多样性最有待改进，其次可以改进互动体验的提升和展示内容的增加。

问题三： 你认为黄酒博物馆在传播黄酒酿造工艺方面做得如何？

从此问题可以发现，学生对于黄酒博物馆传播黄酒酿造工艺的做法表示认可，大部分学生认为做得非常出色和较好，同时也有少部分学生认为黄酒博物馆传播黄酒酿造工艺的方面还可以改进。

通过调查问卷的数据统计和分析，我们知道学生普遍认为黄酒文化是中国的优秀传统文化，博物馆考察是了解黄酒文化的一种直接、全面的方式。学生对于黄酒博物馆传播黄酒酿造工艺的做法表示认可，但也存在一些可以改进的空间。学生很乐意进一步传承和宣传绍兴的黄酒酿造工艺。

2. 实录片段二

教师： 走进博物馆，探秘一滴水到一滴酒的蜕变过程。请黄酒酿造工艺组汇报你们实地考察的成果。

学生： 我们组的任务是黄酒博物馆黄酒酿造工艺探秘。带着考察任务单，我们直奔集中展示黄酒酿造工艺的展厅。我们用放大镜、测量工具等直接或间接考察酿造技艺以及酿造工具。

探究黄酒酿造的原料,记录考察任务单如下。

考察任务单

序号	原料	问题	任务
1	酒药	一颗颗酒药是怎么做出来的?酒药在酿酒中起的作用是什么?	1.记录制作酒药的原料,制作过程 2.观察记录酒药的作用
2	糯米	酿酒可以用粳米、籼米代替糯米吗?怎样种出来的糯米是最适合酿酒的?	1.访谈博物馆馆长,记录信息 2.记录种植糯米的过程
3	麦曲	麦曲是怎么做的?	1.观察记录麦曲的制作过程
4	鉴湖水	为什么一般的河水酿造不出高品质的黄酒?	1.画图记录鉴湖的地质结构 2.了解并记录鉴湖水中的微生物

通过考察,我们知道了黄酒酿造的原材料有酒药、糯米、麦曲、鉴湖水,工人酿酒要去鉴湖中央挑选最清澈的水,为酿造黄酒所用,鉴湖水也被称为"酒之血"。为什么一般的河水酿造不出高品质的黄酒,这主要取决于鉴湖地下的地质结构,鉴湖水中含有特殊的菌类,能使黄酒更好的发酵。

我们小组也在实地考察过程中记录了黄酒酿造工艺的关键步骤。

黄酒酿造工艺的关键步骤

工序	工艺名称	工具名称	观察记录
1	制酒药	大竹编	记录制酒药的原料,记录制作过程
2	落缸	七石缸、草缸盖、草衣	将鉴湖水、麦曲、酒母和冷却后的米饭放入七石缸内,进行前发酵
3	开耙	耙	落缸后10小时左右进行开耙
4	压榨	木制压榨机	用于酒、糟的分离
5	煎酒杀菌	锡盘肠、大灶	杀灭酒液中的微生物及破坏残余的酶,并使蛋白质受热凝固析出
6	装酒	荷叶、双盏、箬壳	将煎酒后的酒装入刷白后的酒坛内,用荷叶、透明防湿纸、箬壳、仿单、双盏封口

黄酒酿造工艺的关键步骤——制酒药、落缸、开耙、压榨、煎酒杀菌等,都蕴含了科学知识,我们不禁竖起大拇指为古人的智慧点赞。馆藏酒库中,藏品数量很多。看到黄酒生产的年份,我们不禁异口同声地感叹:"这酒的年纪比我爷爷还大。"黄酒的醇香已溢满了馆藏酒库的空气,对于黄酒的文化我们竟如痴如醉。

访谈黄酒博物馆馆长，我们进一步提出一个个疑问：为什么在发酵时要盖上稻草编制的盖子呢？为什么要在糯米饭的中间挖一个圆洞？发酵的时间是不是越长越好呢？……通过访谈，我们更理解了酿制黄酒的工艺。

3. 实录片段三

教师：为了进一步动手实践，体验酿造工艺，酿造实践组开展了校园实践，我们请他们来汇报。

学生：我们从博物馆探究了原料和酿造工艺流程，在老师的指导下开展实践。

教师：通过这次会稽山黄酒博物馆考察，你们有哪些深刻的体会？

学生 1：会稽山黄酒博物馆的建筑风格古朴典雅，融合了传统的绍兴建筑元素，让人一眼就能感受到浓厚的历史底蕴。探究黄酒如何酿造时，我们提出一个个问题，黄酒传承人给我们一一讲解。我们发现，原来在从一滴水到一滴酒的过程中，蕴藏着这么多秘密。总之，会稽山黄酒博物馆是一处展示黄酒历史、文化和酿造工艺的宝地。在这里，我们可以深入了解黄酒的过去和现在，感受黄酒的魅力，体会中华民族优秀的传统文化。

学生 2：在这神秘的展馆中，最吸引我的是这里的"微观"传统黄酒酿酒的世界，小小的方寸之地，展示了江南的风土人情，黄酒的详细制作过程、原料选用、工艺技术等。我们用放大镜观察博物馆浓缩的风俗，拇指大小的人物神情栩栩如生，仿佛身临在这小人国里，深刻领略到了黄酒匠人的匠心精神。

学生 3：理论和实践的结合，让我们深刻理解了知行合一。虽然一开始因为消毒不严格而导致做米酒失败，后来我们又重新进行了操作。古人酿造黄酒的工艺真是不简单。

三、案例分析

根据小、初、高学生的发展水平，在"鉴水文化"的引领下，构建以学生核心素养发展为主线，以目标、主题、效果为导向，以点带面，纵向贯通、横向整合、循序渐进、螺旋上升，深入推进课程思政的一体化建设。小学以参观鉴湖酒坊为例，体验酒文化；初中以黄酒博物馆研学开展黄酒酿造工艺流程探秘；高中则以培养黄酒相关人才为目标开展课题研究。

本案例是一堂厚植学生家乡情怀的课堂。本节课设计中，在课程思政和综合实践教育理念下，我采用教育行动研究法，以"鉴水文化"为引领，显性的学科目标与隐性的思政目标融合，以"鉴水酒香"为主题一体化设计和实施，培养学生的社会责任感、文化自信、创新精神、家国情怀。

学生在课题实施过程中体会简单到复杂的认识客观的规律，不断深入探索家乡酒文化，具有使命担当、科学精神，形成文化认同。

本案例思政点具体落实在以下三个环节中。

首先，通过黄酒博物馆考察的目的和黄酒酿造工艺的文化传播等问卷调查，统计分析，了解学生对于黄酒酿造工艺的理解。从调查问卷中可以看出学生很乐意进一步传承和宣传绍兴的黄酒酿造工艺。

其次，考察黄酒博物馆的黄酒酿造工艺，访谈黄酒酿造传承人，结合文献查阅、采访、观察、体验等多种方式了解了"一粒米变成一滴酒"要经历"222道工序，100天左右的酿造"，感悟传承的精神和文化积淀。从学生角度出发充分挖掘馆藏资源与特色，进一步宣传优秀传统文化，弘扬民族精神。访谈黄酒酿造传承人，体悟手工黄酒传承人的精益求精、心无旁骛的匠人品质。

最后，学生在学校里实践体验制作甜酒酿的工艺流程，小小解说员介绍黄酒文化，学生对黄酒文化有了更加真实和深刻的理解。是劳动的汗水，让学生体会到劳动的光荣与美好。学生在提出问题、解决问题中学会知识的迁移和应用，更加坚定了知行合一、传承和发扬黄酒文化的决心。

总之，通过黄酒博物馆研学，我们围绕课程思政元素，比如敬业精神、文化自信、科学精神等，把思政目标与学科目标结合，特别要挖掘隐性的思政目标，以地方资源为载体，采用综合实践多种活动方式，最终达成育人的目标。

（供稿：金利萍　柯桥区湖塘中学）

案例八 制作数字名片 播下美好种子

一、教学设计

"课程思政"微课设计书

课程名称	小学信息科技
微课所在章节名称	浙教版三年级下册《在线学习小能手》(制作数字名片)
授课对象	小学三年级学生
教学设计	
切入课程思政的课程知识点	1.讲述绍兴黄酒的悠久历史、丰富的人文内涵以及黄酒小镇的特色。 2.通过网络搜索绍兴黄酒的历史故事和传说。
思政教育的课程目标	1.弘扬传统文化,增强文化自信; 2.培养家乡情怀,激发学生对家乡的热爱。
知识点与思政教育结合的教学设计	1.收集整理绍兴黄酒文化的资料 用多媒体形式介绍绍兴黄酒文化,讲述绍兴黄酒的悠久历史、丰富的人文内涵以及黄酒小镇的特色,让学生们能够感受到传统文化的深厚底蕴,在视觉、听觉上获得全方位的感知。通过网络搜索绍兴黄酒的历史故事和传说,激发学生对黄酒文化的兴趣。 2.制作数字名片 通过制作数字名片的活动,学生不仅能够提升信息处理能力,还能在设计中发挥创意,将传统文化元素融入现代科技作品中,实现文化传承与创新的有机结合。 3.展示数字名片 展示评价作品时,突出黄酒文化在家乡文化中的重要地位和价值,注重学生对黄酒文化和家乡情怀的表达,这种综合评价方式有助于培养学生的综合素养和人文精神。

二、微课实录

教师(开场):"同学们,大家好！今天,我们将一起探索如何结合信息科技来弘扬我们的家乡文化——绍兴黄酒文化。让我们一起通过制作数字名片,来传递这份独特的文化魅力。"

1.绍兴黄酒文化的介绍

教师:首先,让我们一起来了解一下绍兴黄酒。绍兴黄酒,有着数千年的历史,它不仅仅是一种酒,更是一种文化的传承。它承载了绍兴深厚的人文内涵和独特的酿造技艺。大家知道吗?绍兴还有一个黄酒小镇,那里是绍兴黄酒文化的聚集地。

教师展示绍兴黄酒的历史图片、酿造过程和黄酒小镇风光。

教师:同学们,看到这些,你们是不是对绍兴黄酒文化有了更深的了解和感受呢?传统文化是我们的根,我们应该珍惜并传承它。

2.数字名片制作

教师:了解了这么多关于绍兴黄酒的知识,我们接下来要做的就是将这些文化元素融入我们的数字名片中。你可以选择使用 WPS、PPT 或者 H5 等软件来制作,从而为绍兴黄酒文化做宣传,弘扬我们家乡的黄酒文化。

教师以 WPS 软件为例,展示一个简单的数字名片模板,并指导学生如何添加文字、图片和排版。

教师:在制作过程中,大家可以思考如何将绍兴黄酒的文化元素,如酿造过程、历史传说等,巧妙地融入你的名片中。这既是一次信息处理能力的锻炼,也是一次对传统文化的深入探索。

(学生开始制作,老师巡回指导)

绍兴黄酒数字名片1

绍兴黄酒数字名片 2

3.数字名片作品展示与评价

教师: 现在,我们请几位同学来展示他们的作品,并分享创作心得。

学生逐一展示作品,分享创作过程和思考。学生不仅介绍名片的整体设计和创意来源,还详细阐述了如何将绍兴黄酒的文化元素巧妙地融入名片中。他们的作品各具特色,有的突出了绍兴黄酒的历史底蕴,有的展现了酿造技艺的精湛之处,还有的体现了黄酒小镇的独特风情。

教师: 从这些作品中,我看到了大家对家乡文化的热爱和创造力。你们不仅学会了如何制作数字名片,更重要的是,你们用自己的方式表达了对传统文化的尊重和传承。这种情怀是非常宝贵的。

教师: 通过今天的课程,我们不仅学会了如何制作数字名片,还深深感受到了家乡文化的魅力。希望大家能够继续保持这份热爱,将传统文化发扬光大。

三、案例分析

在小学信息课程中,制作数字名片是一个富有实践性和创造性的教学内容。本节课巧妙地以"绍兴黄酒文化"为主题,将思政教育内容自然地融入信息课程中,这一做法颇具新意且意义深远。

本节课的特色主要体现在以下几个方面:一是选题新颖且富有教育意义;二是教学环节设计紧凑且富有层次;三是成功地将思政教育与信息科技教育相结合。这些特色与创新使得本节课成了一堂生动、有趣且富有教育意义的课程。

首先,选择"绍兴黄酒文化"作为课的主题,不仅合理而且富有教育意义。黄酒文化作为中国传统文化的重要组成部分,承载着丰富的历史底蕴和人文内涵。通过这一主题,学生能够更加直观地感受到传统文化的魅力,从而在心灵深处种下对传统文化的热爱之种子。

其次,本节课的教学环节设计紧凑且富有层次。从绍兴黄酒文化的介绍到数字名片的制作,再到作品的展示与评价,每一个环节都紧扣主题,层层递进。在介绍黄酒文化时,教师通过讲述黄酒的悠久历史、人文内涵以及黄酒小镇的特色,让学生在视觉和听觉上获得全方位的感知。这种全方位、多角度的呈现方式,有助于加深学生对黄酒文化的理解和认同。

在制作数字名片环节,教师鼓励学生深入挖掘绍兴黄酒的文化内涵,并将这些元素融入名片设计。这种做法不仅锻炼了学生的信息处理能力,更重要的是,让他们在实践中亲身感受到了传统文化的魅力。通过亲手制作融入黄酒文化元素的数字名片,学生们对传统文化的认同感和自豪感得到了显著增强。

本节课还成功地将思政教育与信息科技教育相融合。在制作数字名片的过程中,教师引导学生思考黄酒文化在家乡文化中的重要地位和价值,从而培养他们的家乡情怀。这种教学方式不仅让学生掌握了信息技能,还让他们在潜移默化中接受了思政教育,实现了知识与情感的双重提升。

然而,任何教学都有其改进的空间。例如,教师可以考虑在课程中引入更多的互动环节,如小组讨论、角色扮演等,以进一步激发学生的学习兴趣和参与度。同时,教师也可以鼓励学生在课后继续探索和研究黄酒文化,将学习延伸到课堂之外。

综上所述,本节课通过以"绍兴黄酒文化"为主题制作数字名片的教学活动,成功地将思政教育融入信息科技课中。这种教学方式不仅让学生感受到了传统文化的魅力和家乡的美好,还在他们心中播下了爱家乡、爱传统文化的美好种子。这无疑是一次富有成效的教学尝试,值得我们进一步探索和实践。

（供稿：陈建华 越城区东浦街道中心小学）

"黄酒里的思政味"大中小学课程思政一体化说课视频

主题二
科创里的"绍兴味"

案例一

深入落实人才强国战略　担负培育时代青年使命

一、案例背景

在百年奋斗历程中,我们党始终重视培养人才、团结人才、引领人才、成就人才,团结和支持各方面人才为党和人民事业建功立业。习近平总书记在党的二十大报告中指出:"教育、科技、人才是全面建设社会主义现代化国家的基础性、战略性支撑。必须深入实施科教兴国战略、人才强国战略、创新驱动战略。我们要坚持教育优先发展、科技自立自强、人才引领驱动,加快建设教育强国、科技强国、人才强国,坚持为党育人、为国育才,全面提高人才自主培养质量,着力造就拔尖创新人才,聚天下英才而用之。"[①]高校要坚持社会主义办学方向,落实立德树人根本任务,努力培养集聚更多优秀人才,为服务国家战略做贡献,为服务地方高质量发展增动能。这是党结合时代发展主题、总结历史经验、分析国内外形势作出的重大战略抉择,凸显了教育、科技、人才在实现中华民族伟大复兴进程中的战略地位,是我国前进道路上的必然选择,也是全面建设社会主义现代化国家的内在要求。同时,

---

① 习近平. 高举中国特色社会主义伟大旗帜 为全面建设社会主义现代化国家而团结奋斗:在中国共产党第二十次全国代表大会上的报告[M]. 北京:人民出版社,2022.

也为深入实施科教兴国战略、人才强国战略、创新驱动发展战略进一步指明了方向、提供了根本遵循。

本案例以问题为主线，围绕如何准确把握教育、科技、人才在全面建设社会主义现代化国家进程中的基础性、战略性支撑作用，新时代高校如何担负起落实人才强国战略、全面提高人才自主培养质量的使命，大学生如何不负韶华、奋力成为新时代好青年这三个问题展开。旨在引导在校大学生担负起落实人才强国的时代使命，培养科学精神、创新能力和批判性思维，努力提升学习力、思想力、行动力，练就过硬本领，以创新创造贡献国家。

二、案例目标

（1）激发大学生的学习主动性、积极性、创造性和好奇心，准确把握科教兴国、人才强国对全面建设社会主义现代化国家的基础性、战略性支撑作用。

（2）了解党的二十大提出的科教兴国、人才强国战略的时代背景和科学内涵，坚持创新发展，构建高水平人才培养体系，培养创新型、复合型、应用型人才。

（3）培养大学生立足于当代中国正在经历的社会变革和创新实践，发现新问题，提出新观点，敢于奋斗，在实学实干中锤炼知识本领，增强做新时代好青年的责任感、使命感。

三、案例设计

1. 创设生活化情景式的课堂场景
着眼于新时代大学生网络化、信息化的时代生活现状，精心选取大学生高度关注的典型案例，带领大学生融入日常化、生活化的场景中，增强课堂内容的真实性、可感性，提升大学生课堂学习、讨论的参与度。

2. 构建逐步深入式的问题引导方式
结合案例的真实性、鲜活性特点，在课堂教学过程和教学环节设计中，力图创设一整套问题链，各个问题之间环环相扣、逐步深入，通过问题设计激发大学生勤于思考、善于思考、独立思考的兴趣和能力，有助于增强大学生对人才强国战略的深入理解，努力成为新时代好青年。

3. 采用开放性的探究式教学方式
思想政治教育绝不仅仅是让学生记住书本上的知识点，而是要内化于心、外施于行,引导在校大学生立足于当代中国正在经历的社会变革和创新实践,全面发展、科学成才,努力成长为堪当民族复兴重任的时代新人。通过开放性的探究式教学方式,使学校小课堂与社会大课堂结合起来,培养学生自主探究的能力,启迪学生思维,做到知行合一、以知促行、以行求知。

四、案例过程

1. 如何准确把握教育、科技、人才在全面建设社会主义现代化国家进程中的基础性、战略性支撑作用?

教师:党的二十大报告提出"教育是国之大计、党之大计"[①],首次将教育、科技、人才作为一个整体进行论述,强调"教育、科技、人才是全面建设社会主义现代化国家的基础性、战略性支撑"。这充分体现了我们党对教育、科技、人才的高度重视,深刻揭示了建设教育强国、科技强国、人才强国的内在联系。[②] 我想请问同学们,为什么说教育是国之大计、党之大计?

学生 1:因为教育可以决定一个民族和国家的未来,同时也是民族和社会进步的基石。

学生 2:我国是人口大国,只有把教育搞上去,才能化人口大国为人才强国,化人口压力为人才优势,才能增强我国的综合国力。

学生 3:教育兴则国兴,教育强则国强,而建设教育强国,基点在于教育。

教师:同学们回答得很好,能够抓住教育与国家之间的紧密联系。下面请同学们阅读下面几位马克思主义者关于科学技术的经典论断,思考应该如何坚持创新在我国现代化建设全局中的核心地位?

学生 1:科学技术是第一生产力,科技兴则民族兴,科技强则国家强。

学生 2:创新是一个民族进步的灵魂,当前,在激烈的国际竞争中,唯创新者进,唯创新者强,惟创新者胜,科技创新已经越来越成为当今社会生产力发展的重要基础和标志。

学生 3:全面建设社会主义现代化国家,离不开科技创新的强大支撑。

教师:我们已经分析完了教育与科技的基础性、战略性支撑作用。历史

---

① 习近平.高举中国特色社会主义伟大旗帜 为全面建设社会主义现代化国家而团结奋斗:在中国共产党第二十次全国代表大会上的报告[M].北京:人民出版社,2022.

② 鲍文涵.教育是国之大计、党之大计(思想纵横)[N].人民日报,2023-04-07(9).

和实践充分表明,谁拥有一流的创新人才,谁就拥有了科技创新的优势和主导权。硬实力、软实力,归根到底要靠人才实力。习近平总书记指出:"人才是实现民族振兴、赢得国际竞争主动的战略资源。"①

接下来,请大家观看视频《芯片断供倒逼科技攻坚 华为手机国产化不断突破》,请大家边看视频边思考,怎样理解"人才是第一资源"?

学生1:因为国家发展靠人才,民族振兴靠人才。

学生2:人才是衡量一个国家综合国力的重要指标,也是创新的根基,创新驱动实质上是人才驱动。

学生3:人才在全面建设社会主义现代化国家过程中起着决定性作用,事关中国式现代化建设的动力源泉和长远潜力。

教师小结:如何准确把握教育、科技、人才在全面建设社会主义现代化国家进程中的基础性、战略性支撑作用。我们可以从三个方面来看。

(1)教育是立国之本、强国之基。当今世界,各国之间激烈的经济竞争与科技竞争,归根到底是教育和人才的竞争。只有把教育搞上去,才能化人口大国为人才强国,化人口压力为人才优势,才能从根本上提高中华民族的整体素质,增强我国的综合国力,才能在激烈的国际竞争中取得战略主动地位。教育兴则国兴,教育强则国强。

(2)科技是国家强盛之基,创新是民族进步之魂。科技创新已经越来越成为当今社会生产力发展的重要基础和标志,是经济发展中最重要的驱动力。我们必须健全新型举国体制,强化国家战略科技力量,形成具有全球竞争力的开放创新生态。全面建设社会主义现代化国家,离不开科技创新的强大支撑,必须加快实施创新驱动发展战略,大力提升自主创新能力,把创新主动权、发展主动权牢牢掌握在自己手中。

(3)德才兼备的高素质人才,是国家和民族长远发展大计。我国要成为全球科技创新高地和新兴产业重要策源地,关键靠人才。谁拥有一流的创新人才,谁就拥有了科技创新的优势和主导权。必须以识才的慧眼、爱才的诚意、用才的胆识、容才的雅量、聚才的良方,把优秀人才集聚到党和人民的伟大奋斗中来,才能为实现中华民族伟大复兴提供坚强人才保证和智力支持。

---

① 本报评论员.国家发展靠人才 民族振兴靠人才[N].光明日报,2021-09-29(1).

2.新时代高校如何担负起落实人才强国战略、全面提高人才自主培养质量的使命？

教师：国务院印发的《统筹推进世界一流大学和一流学科建设总体方案》指出，引导和支持具备一定实力的高水平大学和高水平学科瞄准世界一流，汇聚优质资源，培养一流人才，产出一流成果，加快走向世界一流。因此，对于中国一流大学而言，就是要充分发挥自身的师资优势、学科优势、平台优势，努力培养出一流人才，特别是一流的创新型人才。培养一批具有交叉思维、复合能力的创新型人才，事关我国现代化建设高质量发展，事关我国高水平科技自立自强的实现，事关国家创新发展战略。

接下来请大家看一则视频，关于"高校如何培育服务国家战略需求创新人才?"我们听听专家是怎样说的。好的，视频观看结束，我想请问同学们，你认为在新时代高校怎样做才能提高人才自主培养质量？

学生1：做好人才工作必须坚持正确政治方向，鼓励当代大学生深怀爱国之心、砥砺报国之志，主动担负起时代赋予的使命责任。

学生2：国无德不兴，人无德不立。育人的根本在于立德。落实立德树人根本任务，是我国高等教育事业不断取得新发展的关键所在，也是实现高质量发展、建设教育强国的必然要求。

学生3：要把培育国家人才的重心放在我国的青年学生上，给予当代大学生更多的信任、更好的帮助、更有力的支持，支持他们挑大梁、当主角。

学生4：要促进学生德智体美劳全面发展，培养学生的爱国情怀、社会责任感、创新精神、实践能力。

教师小结：新时代高校如何担负起落实人才强国战略、全面提高人才自主培养质量的使命，要把握以下几点：

一是坚持人才培养的正确方向。培养什么人、怎样培养人、为谁培养人是教育的根本问题。坚持为党育人、为国育才，培养一代又一代拥护中国共产党和社会主义制度、立志为中国特色社会主义奋斗终身的有用人才。

二是要全面落实立德树人根本任务。理直气壮讲好"思政课"、用好"大思政课"，聚焦文化认同、赓续红色血脉，教育引导学生树立共产主义远大理想和中国特色社会主义共同理想，坚定"四个自信"，热爱和拥护中国共产党，立志听党话、跟党走。

三是要扎根中国大地办教育。着眼于中国式现代化全局，探索构建中国式人才培养模式，努力铸就一支心怀"国之大者"的高端人才队伍，努力培养造就更多大师、战略科学家、一流科技领军人才和创新团队、青年科技人才、卓越工程师、大国工匠、高技能人才。

四是要坚持培养堪当民族复兴大任的时代新人。教育引导广大学生与祖国同心同向、与时代同频共振,立志做有理想、敢担当、能吃苦、肯奋斗的新时代好青年。

3. 大学生如何不负韶华、奋力成为新时代好青年?

教师:在庆祝中国共产党成立 100 周年大会上,习近平总书记发表重要讲话,充分肯定了一代代中国青年在中国共产党百年奋斗征程中发挥的重要作用,并殷切寄语新时代的中国青年,"要以实现中华民族伟大复兴为己任,增强做中国人的志气、骨气、底气,不负时代,不负韶华,不负党和人民的殷切期望"。[①]

下面,我们一起观看视频《做新时代好青年》,希望大家在观看视频的同时结合自身实际思考,谈谈作为新时代大学生,应该通过哪些方式使自己成为新时代的好青年?

学生 1:要坚定理想信念,矢志爱党爱国爱民,以实现中华民族伟大复兴为己任,勇立时代潮头,争做时代先锋,与新时代同向同行、共同前进,勇做走在时代前面的奋进者、开拓者、奉献者。

学生 2:要培育高尚品德,明大德、守公德、严私德,不图安逸、不怕困难、不惧失败,与党和人民同呼吸、共命运,勇当党和人民利益的捍卫者。

学生 3:要在实学实干中锤炼知识本领,练就过硬本领,树立梦想从学习开始、事业靠本领成就的观念。

学生 4:要勇于创新创造,不断提高自己的素质和能力,脚踏实地、埋头苦干,以创新创造贡献国家。

教师小结:大学生如何不负韶华、奋力成为新时代好青年。结合习近平总书记对青年一代的殷切期望可以分为以下六点:

一是要坚定理想信念。树立共产主义远大理想和中国特色社会主义思想,立志肩负起实现中华民族伟大复兴的历史重任。

二是要厚植爱国情怀。坚定爱党爱国爱社会主义,增强家国情怀和中华民族认同感,立志听党话、跟党走,扎根人民、奉献国家。

---

① 习近平:在庆祝中国共产党成立 100 周年大会上的讲话[EB/OL]. http://www.qstheory.cn/dukan/qs/2021-07/15/c_1127656422.htm.

三是要加强品德修养。努力践行社会主义核心价值观,踏踏实实修好品德,成为有大爱大德大情怀的人。

四是要坚持求知明理。当代中国青年生逢其时,要珍惜学习时光,求真学问,练真本领,求真理、悟道理、明事理,努力成为有用之才,更好为国争光、为民造福。

五是要做到知行合一。学到的东西不能停留在书本上,不能只装在脑袋里,而应该落实到行动上,做到知行合一、以知促行、以行求知。

六是要具有奋斗精神。既怀抱梦想又脚踏实地,既敢想敢为又善作善成,既敢于担当又勇于奋斗,既刚健有为又自强不息。

五、案例分析

1. 以时事教育案例提高学生的理论素养

本案例在选取时注重将思政教学和时事政治更好结合在一起,以增强思政课的时效性、针对性和系统性,通过让学生了解党和国家重大方针政策、最新国内外形势、重点热点新闻等,提高科学思辨能力。在具体教学的过程中,从思政课的要求出发,通过鲜活具体的时政新闻案例导入,锻炼学生分析问题、解决问题的能力,同时鼓励学生勤于观察、善于思考,密切联系日常生活实际,运用所学知识对课堂呈现的案例进行客观、理性、科学的分析,通过课外讨论、课堂互动等形式,提高学生的认知能力、思辨能力和理论素养。

2. 以探究式教学引导学生积极参与课堂互动

本案例在教学组织和教学环节设计中,以问题为线索展开,启发学生独立思考、积极探索,在不断地思考、释疑、反思的过程中逐步培养当代大学生的科学精神、创新能力和批判性思维,进而帮助学生准确把握科教兴国、人才强国对全面建设社会主义现代化国家的基础性、战略性支撑作用,理解新时代高校担负起落实人才强国战略、全面提高人才自主培养质量的使命,懂得大学生不负韶华、奋斗成为新时代好青年的重要性和必要性,引导在校大学生立足于当代中国正在经历的社会变革和创新实践,全面发展、科学成才,努力成长为堪当民族复兴重任的新时代好青年。

3. 结合新时代大学生学习特点进行课堂教学设计

本案例在教学设计过程中,充分考虑到新时代大学生课堂学习特点,即大学生往往以某堂课、某门课的学习是否与我相关、对我是否有用作为是否认真听某堂课、认真学某门课的一个考量。因此，本课主要以三个问题为主线，导入环节以二十大报告相关内容为切入点，引导学生关注我们党的路线、方针、政策，思考、讨论新时代高校全面提高人才自主培养质量的方式方法，同时结合学生的生活学习实际，将学生带入案例讨论的场景，凝聚学生的注意力，提高课堂教学效果，增强做新时代好青年的责任感、使命感。

六、案例反思

本案例的教学设计仍然存在较大的改善空间，教学设计可以更加多样性，师生互动可以更具有效性，教学过程可以更具情境性，具体而言，可以在以下方面进一步完善：

1. 教学设计可以更加多样性

在课堂教学过程中，可以适当增加学生分小组讨论与小组之间的辩论环节，通过对案例中更多细致、深入的问题等展开讨论，使学生在讨论中分析问题、寻找答案。

2. 师生互动可以更具有效性

在具体教学过程中，教师可以设置一系列高质量的问题，发动学生利用手机、iPad 或电脑等工具，自行搜集相关资料思考交流，同时将自己的答案和见解上传至讨论空间中，让每一个学生更加有效地参与到课堂教学中来。同时师生互动不应仅局限于课堂内部，还可以延伸到课外活动和社交互动中。

（供稿：李文　绍兴文理学院）

"深入落实人才强国战略　担负培育时代青年使命"微课视频

案例二　以新发展理念推动经济高质量发展

一、案例背景

1. 教学缘起

党的二十大报告指出："中国式现代化的本质要求是：坚持中国共产党领导，坚持中国特色社会主义，实现高质量发展，发展全过程人民民主，丰富人民精神世界，实现全体人民共同富裕，促进人与自然和谐共生，推动构建人类命运共同体，创造人类文明新形态。"①实现经济高质量发展是着眼于实现"两个一百年"奋斗目标、顺应中国特色社会主义进入新时代的新要求作出的重大决策部署，因此对于本课的学习至关重要。

本课的内容是《习近平新时代中国特色社会主义思想学生读本》（高中版）第五讲的第一课。教材第五讲包括"以新发展理念推动经济高质量发展""发展社会主义民主政治""铸就中华文化新辉煌""以保障和改善民生为重点，加强社会建设""促进人与自然和谐共生"共五课的内容，系统讲述了经济、政治、文化、社会、生态五位一体建设。本课作为第五讲的开篇，从经济层面阐述了新发展理念要义、实现我国经济高质量发展、建设现代化经济体系、构建新发展格局等内容。经济发展是推动社会进步、人民幸福的重要力量，因此本课起着重要的承上启下作用。

2. 学情分析

本课的授课对象是高一年级学生，学生在初中"道德与法治"课程的学习中已经对经济高质量发展的背景及内容有所了解，这一课的知识对高一学生来说不算太陌生，但距离学生的生活实际比较遥远。且初中阶段的学习多数停留在理论知识的识记层面，学生在理解上存在一定的难度。同时，高一学生的生活经历和认识水平有限，对我国的经济发展问题可能存在理解不全面、不深刻的现象。在教学中可以从学生的生活实际出发，强调学生的主体地位，增强学生在学习过程中的代入感及认同感，鼓励学生观察、分

---

① 习近平.高举中国特色社会主义伟大旗帜 为全面建设社会主义现代化国家而团结奋斗：在中国共产党第二十次全国代表大会上的报告[M].北京：人民出版社，2022.

析身边的经济现象,积极践行、贯彻新发展理念。

二、案例目标

1. 政治认同

深刻领会新发展理念是新时代我国经济发展的指挥棒,增强学生对习近平新时代中国特色社会主义经济思想的认同,从而进一步认同现行经济发展政策。

2. 科学精神

通过引导学生分析经济社会信息,培养运用科学观点正确认识、看待和分析经济问题的能力,进一步培养科学精神。

3. 公共参与

自觉践行以人民为中心的发展思想,贯彻新发展理念,有序参与社会主义市场经济建设,针对当前经济社会发展存在的问题提出意见建议,增强社会参与。

三、案例设计

本课的设计贯彻新课程理念,打造议题式教学模式,在议题设置中积极创设生活化情境,以绍兴地铁这一让绍兴人倍感新奇的交通方式为主情境,从地铁沿线各站黄酒小镇—轻纺城—姑娘桥的发展变化中体悟我国经济的高质量发展。本课将围绕"如何推动经济高质量发展?"这一个总议题,沿着"启新程—开新局—谱新篇"的逻辑脉络来认识新理念、新体系、新格局,开启全面建设社会主义现代化国家的新征程。教学过程中通过运用情境教学法、合作探究法、任务驱动法来引导学生主动学习,让学生在观察经济现象、体验矛盾冲突、合作探究解决、启发正确观念中提升学科核心素养。

四、案例过程

总议题 如何推动经济高质量发展

【导入新课】(图片素材:2014年和2024年两幅绍兴轨道交通线路图)

十年之间,绍兴不断扩大交通圈,融杭连甬接沪,构建更为便捷、经济、绿色的现代综合交通体系。如今绍兴的交通版块上,出现了一样让绍兴人倍感新奇的交通方式——绍兴地铁。今天,就让我们坐上绍兴地铁1号线,一起来学习"以新发展理念推动经济高质量发展",从绍兴的变化中体悟我国经济的高质量发展。

【设计意图】通过两幅图片的对比,引出绍兴经济高质量发展这一话题,同时创设生活化情境,激发学生的学习兴趣。

【讲授新课】

议题一　启新程——贯彻新理念、建设新体系

【议学情境一】第一站:黄酒小镇

(1)视频资料:《黄酒小镇》。

(2)文字资料:自 2020 年 4 月 17 日,绍兴市越城区政府与融创中国控股有限公司签约共建黄酒小镇以来,黄酒小镇以改革创新促经典复兴,迎来了前所未有的新面貌。产业是黄酒小镇立足之本,守正创新是黄酒小镇一直在做的文章。

【议学任务】假如你是黄酒小镇的项目负责人,请你来为黄酒小镇的高质量发展设计品牌符号并进行展示推广。要求:

(1)以四人一小组为单位合作设计,并派代表进行展示;

(2)设计要凸显品牌符号的经济价值,可通过文字加以辅助说明;

(3)展示可从"指导理念、基本元素、体系蓝图"等方面加以说明;

(4)评价组记录要点并评价总结。

学生活动:学生自主设计,展示设计作品并分享设计思路和理念。

教师活动:拍摄学生作品,投放至大屏幕,引导学生展示分享,归纳知识点。

师生总结:发展理念是发展行动的先导。要坚定不移贯彻创新、协调、绿色、开放、共享的新发展理念,以发展理念转变引领发展方式转变,进而推动我国实现经济高质量发展。推动经济高质量发展,必须建设现代化经济体系。大力发展实体经济,加快实施创新驱动发展战略,积极推动城乡区域协调发展,着力发展开放型经济,深化经济体制改革。

议题二　开新局——构建新格局

【议学情境二】第二站:中国轻纺城

新冠疫情之后的中国轻纺城,面临着种种问题和困境:

(1)全球经济受损,国际市场不景气;

(2)国内市场扎堆,比较优势不明显;

(3)生产流通脱节,信息传递不及时。

【议学任务】结合所学知识，请你为破解轻纺城发展难题提供可行方案。

学生活动：学生分组讨论，并派代表展示商议后提出的可行的解决方案。

教师活动：引导学生展示分享，将学生讲解的要点列在副板书上，总结知识点。

文字资料：面对挑战，中国轻纺城危中寻机、逆势布局，积极立足内循环、促进双循环，持续发挥"产业＋市场"的独特优势，在高质量发展道路上阔步前行。

1. 立足内循环，抢占"智"高点

注重国内市场，满足国内需求。迎合大健康趋势，开发黑科技面料；通过时尚展会转型升级，探寻创新协同；打造智慧市场，集成纺织数据。

2. 促进双循环，打造新高地

联通内外循环，深化对外联系。立足互联网先行，线上线下双促进；聚焦产业集群，培育跨境电商；举办纺织盛会，做强会展经济。

3. 服务大提升，擦亮金名片

以"最多跑一次"优化市场工作为重点，由管理向服务转型；作为国家外贸转型升级专业型示范基地，继续将政府"有形之手"和市场"无形之手"形成合力，更高层次谋划产业转型发展。

师生总结：面向未来，我们要坚持扩大内需这个战略基点，畅通国内大循环。同时，也要联通国内国际双循环，逐步形成以国内大循环为主体、国内国际双循环相互促进的新发展格局。

议题三 谱新篇——推动经济高质量发展

【议学情境】第三站：姑娘桥

很快，我们的旅程就要来到最后一站，融杭换乘的关键站点——姑娘桥。在长三角一体化和杭绍甬同城化发展的今天，地铁通勤让绍兴和杭州联系更加紧密，使杭州人吃过午饭到鲁迅故居游览，绍兴人吃过晚饭到西湖散步成为现实。

【议学任务】请你在姑娘桥站为绍兴写一条宣传标语，描绘绍兴经济发展新面貌。

学生活动：学生在导学案空白处写下标语，进行展示。

教师活动：鼓励学生主动展示和分享，总结知识点。

师生总结:姑娘桥站既是绍兴地铁线的终点站,也是融杭换乘的起点站,这也寓意着绍兴经济发展腾飞的脚步不会终结,必将锚定高质量发展首要任务,向优向好,稳健前行。

【结束新课】

站在新时代,我国要从进入新发展阶段大局出发,落实新发展理念,紧扣推动高质量发展、构建新发展格局,充分发挥国内超大规模市场优势,通过繁荣国内经济、畅通国内大循环为我国经济发展增添动力,带动世界经济复苏。

五、案例分析

根据新课程标准相关要求,本课采用议题式教学,展开活动型学科课程的教学探索。通过三个层层递进的环节,达成学生政治认同、科学精神和公共参与的培育。

1. 立足本土,聚焦当地

围绕学生耳熟能详的黄酒小镇、轻纺城、姑娘桥等地方,从绍兴本地经济发展存在的问题入手,探讨当地古镇和特色企业如何贯彻创新、协调、绿色、开放、共享的新发展理念。以小见大,由地方发展体现国家战略。

2. 构思新颖,设计巧妙

通过绍兴刚开通不久的地铁一号线,串联起线路上的几个站点,从每个站点存在的发展难题入手,加入丰富新鲜的素材,启发学生思考讨论解决方案。沿着"启新程—开新局—谱新篇"的逻辑脉络,引导学生贯彻新发展理念,推动经济高质量发展。

3. 紧贴时政,突出主题

结合党的二十大精神"以中国式现代化全面推进中华民族伟大复兴"和"新时代我国经济发展的基本特征",把新发展理念的最新提法和要求融入课堂。明确实现经济高质量发展是着眼于实现"两个一百年"奋斗目标、顺应中国特色社会主义进入新时代的新要求作出的重大决策部署,时政气息浓厚,主题鲜明突出。

4. 学生为主,活动为路

本课设置了三个议学活动,为黄酒小镇经济高质量发展设计展示推广的品牌符号、为轻纺城疫情下的发展难题提供可行方案、为姑娘桥站撰写展现绍兴经济发展新面貌的宣传标语。这些活动围绕一个总议题和三个分议题，进一步考验学生的自主学习意识和团队合作能力。

5. 纵横立体,思政一体

从横向看,本课融合了地理地图、历史文化、美术绘画等学科内容;从纵向看,课堂衔接了初中思想政治教育的内容和要求,并向大学思想政治教育的培养方向延伸。由初中阶段的"是什么"过渡到高中阶段的"为什么",并为大学阶段的"怎么做"奠定基础,实现从感性认识到理性认识的螺旋上升。

六、案例反思

1. 对教学方法的反思

由于教学经验不足,对课堂掌握能力还不够。比如在议学情境的引导和探究活动的开展过程中,需要注意过渡语的使用,进一步提高总结提炼的能力,从而更好地实现课堂生成,达到核心素养培育的目标。

2. 对教学评价的反思

在实际教学中,我们所追求的效果,往往是知识目标的达成,至于核心素养目标,还需进一步注意和加强。另外,针对学生上课回答问题的效果,也应该及时给予恰当的学习评价,肯定学生认识、分析问题的能力,进一步提升学生的核心素养,实现全方面发展。

（供稿：茹奕蓓 绍兴市第一中学）

"以新发展理念推动经济高质量发展"微课视频

案例三　绍"芯"荣光

一、案例背景

习近平总书记在党的二十大报告中强调："必须坚持科技是第一生产力、人才是第一资源、创新是第一动力,深入实施科教兴国战略、人才强国战略、创新驱动发展战略,开辟发展新领域新赛道,不断塑造发展新动能新优势。"[①]

中国式现代化的本质要求是实现高质量发展。要紧紧牵住核心技术自主创新这个"牛鼻子",抓紧突破网络发展的前沿技术和具有国际竞争力的关键核心技术,加快推进国产自主可控替代计划,构建安全可控的信息技术体系。可以说,绍兴在芯片领域的主动作为,迈出了中国式现代化责无旁贷的一步。这是一个非常棒的素材。

恰逢学校安排了一场带着学生去绍兴集成电路小镇的研学活动,这是一次难得的走出校园"围墙"的机会,学生们感受着绍兴芯片产业发展的脉搏,受益匪浅。因此,以芯片产业发展为线索脉络,我们设计了本节课。

二、案例目标

对标"道德与法治"课程标准,基于"科教兴国助力中国式现代化"的主题可以与如下核心素养进行结合。

(一)政治认同:家国情怀

对家庭有深厚的情感,热爱家乡,热爱伟大祖国,热爱中华民族,自觉铸牢中华民族共同体意识,有以实现中华民族伟大复兴为己任的使命感。

(二)责任意识

1. 主人翁意识

对自己负责,关心集体,关心社会,关心国家,维护祖国统一和国家安

---

① 习近平. 高举中国特色社会主义伟大旗帜 为全面建设社会主义现代化国家而团结奋斗:在中国共产党第二十次全国代表大会上的报告[M]. 北京:人民出版社,2022.

全,具备国家利益高于一切的观念。

2.担当精神

具有为人民服务的奉献精神,积极参与志愿者活动、社区服务活动,热爱自然,践行绿色生活方式。

这些素养无法在一个片段,一节课,一个章节中迅速让学生达成,但通过我们的分析落实,它们可以潜移默化地渗透进学生们的内在。

三、案例设计

本节课通过"绍'芯'荣光"这一主题,将芯片产业发展与"道德与法治"课程标准中的核心素养相结合,实现了知识传授与价值引领的双重目标。通过情境导入、深入探究、拓展延伸等教学环节的设计,不仅让学生了解了绍兴芯片产业的发展历程和现状,更激发了他们对科技创新的兴趣和热情,培养了他们的政治认同、责任意识等核心素养。同时,也为学生们提供了一次走出校园、接触社会、了解家乡发展的宝贵机会,促进了他们的全面发展。

四、案例过程

1."一块芯"

同学们,大家知道这些家用电器是怎么运作起来的吗,背后的奥秘,就藏在我们今天要探索的"芯"世界里。想象一下,从智能手机轻轻一点即通的便捷,到超级计算机每秒亿万次的运算速度,再到无人驾驶汽车精准无误的导航,这一切的幕后英雄,就是那颗看不见的'芯片'。

在绍兴集成电路小镇,我们将亲眼见证这些奇迹的诞生。首先,让我们通过一段视频,穿越时空,走进芯片制造的微观世界。视频里,高精尖的设备在无尘车间内有序运转,从设计、制造到封装测试,每一道工序都凝聚着科技人员的智慧与汗水。这不仅是一场技术的盛宴,更是人类智慧与创新精神的璀璨展现。

让我们以绍兴集成电路小镇为起点,共同开启一场探索"芯"世界的奇妙旅程,见证并参与中国芯片产业的辉煌未来!

2.一业"新"

同学们,刚才的"一块芯",让大家深刻感受到集成电路的创新改变着我们的生活和生产。如今,在绍兴这座拥有厚重历史积淀的城市中,芯片产业正在大时代的舞台上,解码着这座城市的未来精神。

说起绍兴芯片,我们不得不提到871厂,年轻的同学们可能没有听说过,但的的确确,这个工厂承载着一段辉煌的历史。接下去,请同学们根据绍兴871厂发展的年代尺,了解近40年来绍兴芯片产业的发展历程。

【资料】

1984年,原国家集成电路五大骨干之一的871厂落户绍兴,绍兴开始了一段与集成电路的不解之缘。

1988年,871厂绍兴分厂改制为"华越微电子"成为长三角地区仅次于无锡华晶的芯片企业。

871厂成为20世纪90年代的绍兴招牌支柱产业集散地,更是记录新中国科技诞生、崛起的集成电路行业人才库,被誉为绍兴本土芯片行业的"黄埔军校"。

如今,历近40年,绍"芯"人勇于挑战,勇于担当时代责任,开辟半导体制造的先河,时至今日,仍然为我国半导体研究培养着先行者。

教师:从以上材料中,大家能够提炼出哪些有效信息?

学生1:绍兴芯片产业的发展,是伴随着改革开放的浪潮开始的。

学生2:绍兴芯片产业曾有过辉煌的过去,20世纪八九十年代走在了中国产业链的前沿。

学生3:发展芯片这类高新尖端产业需要不断地培养人才,为产业升级提供智力支持。

学生4:绍"芯"人身上展现出来的创新精神为绍兴芯片产业的发展提供了强大的精神动力。

教师:大家说得都非常棒。的确,伴随着新一轮科技革命和产业革命日新月异,集成电路产业是整个信息产业的"魂",是国家综合国力和工业体系竞争力的"温度计"。那么绍兴的芯片产业发展至今,还有潜力吗?让我们用数据说话。

【资料】

一城"兴"

2018年3月1日,中芯国际集成电路项目签约落户。此后,标志性头部企业的引进签约,开启了越城区集成电路产业蓬勃发展的大幕。

越城区集成电路产业链规上企业从零发展至98家,年产值从几乎可以忽略不计发展到 400 亿元,并不断朝着"万亩千亿"的目标前进。

党的二十大报告提出,未来五年是全面建设社会主义现代化国家开局起步的关键时期,主要目标任务是:经济高质量发展取得新突破,科技自立自强能力显著提升,构建新发展格局和建设现代化经济体系取得重大进展。

教师:根据材料中的数据,请大家谈谈你对"中国式现代化"目标任务的理解。

学生 1:绍兴的芯片产业是一个代表,数据中我们能看到绍兴正在努力提高科技创新能力,推动产业升级。

学生 2:我理解为这就是高质量发展。

学生 3:中国式发展的重点在中国式,这个是结合国情的发展,绍兴也应该结合我们自身的情况,进行创新发展。

教师:同学们,中国式现代化是党领导的社会主义现代化,而实现高水平科技自立自强,进入创新型国家前列,是实现中国式现代化的重要路径和目标。我们坚信,绍"芯"速度一直在刷新,"绍芯荣光"也在逐渐明亮。

在了解了绍兴芯片产业的辉煌历程与蓬勃现状后,我们不禁要深入思考:是什么力量推动着这一行业不断前行? 是技术的革新,还是人才的汇聚? 抑或是政策的扶持与市场的需求?

学生 1:技术革新。我认为,技术是推动芯片产业发展的核心动力。从最初的简单集成到现在的超大规模集成,每一次技术的飞跃都带来了生产力的巨大提升。

教师:是的,我们要认识到,只有不断创新,才能在激烈的国际竞争中立于不败之地。因此,我们要鼓励和支持科技人员勇于探索,敢于突破,为芯片产业注入源源不断的活力。

学生 2:人才汇聚。人才是芯片产业发展的第一资源。绍兴芯片产业的辉煌成就,离不开一代又一代科技工作者的辛勤付出和无私奉献。

教师:确实,所以我们要继续加大人才培养和引进力度,为芯片产业提供坚实的人才支撑。同时,我们也要注重培养学生的创新意识和实践能力,让他们在未来的科技领域中发挥更大的作用。

学生 3:政策扶持。我认为政府的政策扶持对于芯片产业的发展至关重要。近年来,国家出台了一系列支持集成电路产业发展的政策措施,为产业发展提供了有力保障。绍兴作为集成电路产业的重要基地,也要积极争取国家和省里的政策支持,为产业发展创造更加有利的条件。

展望未来,绍兴芯片产业将迎来更加广阔的发展前景。我们要以党的二十大精神为指引,坚持创新驱动发展战略,加快构建以企业为主体、市场为导向、产学研深度融合的技术创新体系。同时,我们还要加强国际合作与交流,积极融入全球产业链和价值链,提升绍兴芯片产业的国际竞争力。

同学们,让我们携手并进,共同为绍兴芯片产业的繁荣发展贡献自己的力量。相信在不久的将来,"绍芯荣光"将照亮世界的每一个角落!

五、案例分析

本课程设计了"一块芯""一业新""一城兴"三个环节。

1. 情境创设的真实性与情感共鸣

通过智能家居的引入,让学生亲身体验到科技产品对日常生活的改变,这种真实的情境设置迅速拉近了学生与高科技产业的距离,激发了他们的好奇心和探索欲,感受芯片对现代生活产生的深远影响,以芯片为代表的科技创新改变了人们的生活。同时,将个人体验扩展到国家经济生产领域,引导学生从宏观角度审视科技创新的力量,增强了他们的国家认同感和民族自豪感。这种情感共鸣为后续的深入学习奠定了坚实的基础。

2. 历史脉络的梳理与价值观塑造

家乡的素材往往都是最鲜活的。通过了解绍兴 871 厂近 40 年的发展历史,感悟改革开放带来的巨大机遇,认识到高新尖端产业需要不断地培养人才,为产业升级提供智力支持。了解了本土芯片产业的兴起与变迁,在这一过程中,学生们看到了以绍兴芯片产业为代表的中国改革开放带来的巨大机遇和挑战。特别是通过讨论绍兴芯片产业在改革开放中的崛起和创新发展,学生们深刻体会到了科技创新对于产业升级和国家发展的重要性。绍"芯"人的创新精神成了激励学生追求科学梦想、勇于探索未知的强大动力,有助于塑造学生正确的价值观和人生观。

3. 数据驱动的理性分析与现实关联

在整个案例教学过程中,教师始终以学生为中心,通过提问、讨论、总结等方式引导学生积极参与课堂活动。学生们在教师的引导下,不仅掌握了相关知识,还学会了如何运用所学知识分析实际问题。在"一城兴"环节,通过展示绍兴芯片产业发展的具体数据,让学生直观感受到科技创新带来的经济效益和社会进步,进而引发他们对"中国式现代化"目标任务的深入思考。这种基于数据的理性分析,既增强了说服力,又促使学生们将个人发展与国家命运紧密相连,培养了他们的责任感和使命感。

4. 教育理念的升华与素养的培育

本节课案例的拓展延伸部分不仅限于对绍兴芯片产业的讨论,还引导学生将所学知识应用到更广阔的社会领域中去。通过讨论科技自立自强、高质量发展等话题,学生们更加清晰地认识到了科技创新对于国家未来发展的重要性。同时,教师还鼓励学生关注家乡发展、积极参与社会实践活动,为家乡和国家的繁荣富强贡献自己的力量。这种拓展延伸不仅加深了学生对课堂内容的理解,还激发了他们的社会责任感和使命感。

"绍芯荣光",不仅是对我们地方科技创新成果的赞誉,更是对我们全体人民共同奋斗精神的颂扬。让我们携手并进,在党的坚强领导下,以更加昂扬的斗志、更加饱满的热情、更加务实的作风,为实现高水平科技自立自强、进入创新型国家前列的宏伟目标而不懈努力。相信在不久的将来,我们定能见证"绍芯"之光照亮世界,让中华民族以更加自信的姿态屹立于世界民族之林。

六、案例反思

博尔诺夫的教育人类学认为,"遭遇"在教育中有着独特的内涵。本质上来说,教育就是一种相遇。与学生相遇,与文本相遇,与一种知识、一种经验相遇,与一种思想、一种心境相遇。反思这节以"绍芯荣光"为主题的教学设计,我深刻体会到"遭遇"理念的重要性及其在教学实践中的深远影响。

虽然本案例在教学设计上取得了一定的成效,但仍存在一些需要改进的地方。例如,在引导学生讨论和分享时,可以更加关注学生的不同的声音和观点,鼓励更多的学生参与到课堂互动中来。此外,还可以进一步拓展教学资源,引入更多前沿科技信息和国际视野,让学生更加全面地了解全球科技发展趋势和我国科技创新的成就与挑战。

总之,本案例以"绍芯荣光"为主题,通过创设真实情境、梳理历史脉络、展示数据成果等方式,成功地将科技创新与教育教学相融合,激发了学生的学习兴趣和爱国情怀,为培养具有创新精神和实践能力的新时代人才做出了积极贡献。同时,也为今后的教学实践提供了有益的借鉴和启示。

教学是一个长期的动态过程,在打破"围墙"后,我们的作用就在于,开发更多有趣的课堂,期待着与同学们的相遇,并携手开始一段新的旅程。在这段旅程中,他们探寻各处风景,或慢慢走一路欣赏,或调整思路重新出发,他们将生命体验融入其中,并书写出不同的乐章,拥抱更广阔的世界。那么就让我们努力带着学生走出"围墙",让他们能与素养直接面对面。

(供稿:徐晟　绍兴市袍江中学)

"绍'芯'荣光"微课视频

案例四 从中国制造到中国创造

一、案例背景

我国目前是工业大国,但还不是工业强国,只有坚持走自主创新之路,才能真正从"中国制造"转为"中国创造"。基于这样的时代背景,我以《道德与法治》四年级下册第三单元"美好生活哪里来"第2课第三课时"从'中国制造'到'中国创造'"为例,引导学生认识和了解工业的重要作用和对现代生活的重要意义,帮助学生初步认识工业制造的过程与环节,了解我国工业发展的进程和对世界的贡献,增强学生的民族自豪感和自信心;明确中国制造和中国创造的区别,鼓励学生树立创新意识并勇于实践自己的创造性想法。

四年级的孩子对生活的认识和感知能力已有了很大提高,有了较丰富的生活经验积累,对于新闻、时事也有了一定程度的关注。但是对于四年级学生的认知和接受能力来说,工业生产与小学生日常生活有一定的距离。"中国制造"和"中国创造"的概念是非常专业性的,学生对这一方面的知识储备有限。本课以社会实践活动"走进嵊州工业园区"为切入点,从身边的工业说起。通过具体实例,如中国高铁、神舟十三号飞船等,让学生知道我国正处于从"中国制造"向"中国创造"的转型阶段,并取得了一定成绩。通过引导学生说一说"中国创造"背后的故事,重点挖掘中国人民为实现"中国创造"付出的努力,贡献的智慧以及体现的创新、探索精神等。

二、案例目标

1. 政治认同

正确认识"中国制造"的另一面,感受从"中国制造"向"中国创造"的转变意义,激发学生的民族自豪感和自信心。

2. 责任意识

知道"中国制造"遍布全球,感受"中国制造"的特点以及在世界上的成就。初步树立创新意识,主动产生融入"中国创造"的积极意愿。

三、案例设计

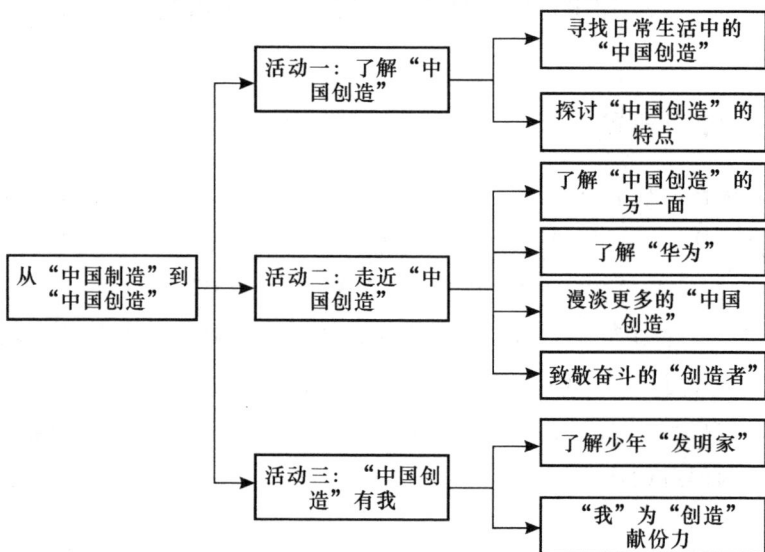

四、案例过程

(一)谈话导入

1. 重温实践活动,谈感受

通过谈话,回顾社会实践活动"走进嵊州工业园区",全班交流,在这次活动中看到了什么,听到了什么,想到了什么。(课件出示:"走进嵊州工业园"照片)

2. 看世界地图,引出"中国制造"

(1)交流:这么多的工业产品,最终去了哪儿了呢?(课件出示:世界地图上插满小国旗)

(2)小结:中国制造的工业产品就像一只只美丽的蝴蝶,飞向了全球,影响了世界。这就是了不起的——中国制造

(二)了解"中国制造"

1. 寻找日常生活中的"中国制造"

小组交流生活中的"中国制造",通过记录表物品的展示,感受"中国制造"无处不在,衣食住行用都离不开它。

2.探讨"中国制造"的特点

(1)看视频,感受"没有中国制造的一天"。

看视频,引发学生思考:中国人的生活离不开"中国制造",外国人又是怎么看"中国制造"的呢?(课件播放视频《没有"中国制造"的一天》)

(2)分析"中国制造"受欢迎的原因。

讨论交流:为什么人们这么喜欢"made in China"(中国制造)的商品呢?

(3)感受"数量大"。

学生猜测:2020年,我国口罩出口量是多少?

学生通过数据解读,感受"中国制造"产量大。

(课件出示:新闻和相关数据——2020年,我国向世界各地出口的口罩总量高达2242亿只,相当于为全球每人提供了近40只口罩……)

(4)小结:因为"中国制造"的这些优势,让中国成为"世界第一制造业大国"。

(三)走近"中国创造"

1.了解"中国制造"的另一面

(1)了解"苹果手机"与"中国制造"的关系:(出示一台苹果手机)从苹果手机背面的信息,解读"苹果手机"与"中国制造"的关系,原来我们花大价钱买到的苹果手机也是"中国制造"的。

(出示数据:2019年底的权威数据显示,全世界的苹果手机和相关产品80%以上都是在中国制造或组装出来的。)

(2)猜一猜:中国制造商的利润?让学生猜一猜,中国制造商造一台苹果手机,能从中获得多少利润呢?2.3%,184元。

(3)分析利润低的原因:(课件出示:利润饼状图)引发学生思考,为什么中国获利只有184元,美国利润最多?

(4)小结:"中国创造"很重要。

通过利润饼状图的分析,了解我们国家缺乏自主研发的核心技术,我们急需转型。

2.了解"华为"

(1)过渡:通过"苹果手机",引出"华为手机"。

(2)现场调查"华为"占比:现场提问有多少同学家长是华为手机的用户?请学生谈谈对华为的了解。

（3）看视频，聚焦数据：（课件播放视频：《厉害了华为》）引发学生思考，随后进行交流。

（4）小结：华为手机正是由"中国制造"向"中国创造"转型的代表之一。只有通过"中国创造"，企业才能生存，才能更好地发展。

3. 漫谈更多的"中国创造"

（1）合作探究："中国创造"知多少？

小组探究：中国已经有哪些具有影响力的"中国创造"？

（2）小组汇报，并贴上各小组写的词卡。

小组1：中国自主设计建造的航空母舰"辽宁舰"2017年4月26日正式下水。

小组2：中国高铁。一些国家还与中国签订了引进高铁技术的协议。

小组3：2021年10月16日，神舟十三号载人飞船发射成功。183天的太空之旅，神舟十三号航天员乘组顺利完成全部既定任务，创造了多项"首次"，每一个"首次"都标注着中国航天的新高度。

（3）补充更多的代表性"中国创造"。

教师补充更多的代表性"中国创造"（课件出示：中国创造的一组图片），比如"神威太湖之光"超级计算机、量子技术、中国"天眼"、5G技术、中国电商、神舟载人飞船、北斗全球定位系统等，中国人正在用自己的智慧，打造出一张张闪亮的"中国名片"。

（4）聚焦"北斗定位系统"，感受中国创造的伟大。

（课件出示："北斗定位系统"视频）中国创造了自己的北斗定位系统，成为世界导航强国。

（5）小结：只有通过中国创造，国家才能强大，安全才能得到保障。看到一个又一个"中国创造"的闪亮登场，我们不由得为我们的祖国骄傲，为创造背后的人感到骄傲！

4. 致敬奋斗的"创造者"

（1）观看"南仁东的故事"（课件播放：南仁东的故事）。

（2）小结：每一项伟大的中国创造背后都凝聚了无数中华儿女的心血和智慧。他们有的隐姓埋名30年，有的背井离乡，甚至有的为此付出了宝贵的生命。他们有一个共同的目的，那就是为民族的复兴、祖国的富强、人民的幸福生活而奋斗。他们是真正的共和国的脊梁，都是我们学习和追寻的

榜样。(课件出示:科学家、创造者动态图)

(四)"中国创造"有我

1.了解少年"发明家"

(课件出示:小学生发明创造图)向学生介绍潘方舟同学的事例,他设计的"矫姿防近多功能智能课桌",在国际发明展中获得金奖。通过了解潘方舟同学的事例,发现原来"创造"就在我们身边,我们少年儿童也可以是"创造者"。

2."我"为"创造"献份力

学生思考:我们能为"中国创造"做些什么?

3.总结

少年强则科技强,科技强则中国强。

五、案例分析

1.立足核心强观念

新课标中,政治认同排在五大核心素养的首位,说明这是首要且基本的学科核心素养。小学第二学段,关于政治认同的表述中明确指出:要让学生初步感知基本国情,为自己是中国人感到自豪。根据本课时的内容特点,应该引导学生感受身边的变化,了解家乡的工业发展,对祖国未来的科技进步充满信心,并初步树立为祖国发展而努力学习的责任意识。对于小学生而言,这就是一种政治认同。

比如:课前,带领学生参观家乡嵊州的集成灶企业,亲眼所见,亲身体验,会更有感触,从而真正激发为家乡快速发展而自豪的情感。再如:以同龄人的小发明小创造获得国际奖为例,把中国工业的发展与青少年的科学素养、创新意识有机结合,更有利于激发学生的融入感和使命感。

2.基于学情定目标

这一课时是关于科技创新主题的,这个主题在五六年级还会出现。《道德与法治》教材中,很多教育主题会在不同学段反复呈现、螺旋上升,所以,我们必须根据四年级学生的具体学情和本课时的教材内容,来找准教学定位和落脚点。

本课时的教材内容,力图让学生能够客观看待"中国制造",认识到我国需要从"中国制造"转变为"中国创造",就必须提高创新能力、提升科技含量。针对教材内容重新进行了逻辑梳理,发现教材呈现了两条教学线:一条"明线",也就是中国工业的发展线。另一条"暗线",就是学生的情感发展线。我们可以抓住这两条线展开教学。

通过课前调查,发现四年级学生对"制造"和"创造"的区别不太清楚,制造的核心是加工,创造的核心则是自主设计与创新;第二,对于中国制造业存在的不足,认识也不多。第三,学生对"中国创造"有"认同感",但缺少"融入感"。基于以上对教材和学情的分析,我确定了本课时的教学目标是:了解中国工业必须从"制造"向"创造"转变的重要意义。这也是本课时的教学重难点。

六、案例反思

课堂欠缺一些思辨能力的培养。学生在课堂中有很多真实的思维碰撞,但更多的是在老师的引导下发现问题,缺少一些自主发现问题和解决问题的活动创设。今后,可以立足于问题导向,引导学生自主探究,发现问题,从身边的事件联系自身进行思考。

(供稿:李晓红　嵊州市莲塘小学)

"从中国制造到中国创造"微课视频

案例五 想搞好芯片电路 先学好"电源篇"

一、教学设计

"课程思政"微课设计书

课程名称	电路原理
微课所在章节名称	独立电源与受控源
授课对象	自动化 231 班和 232 班

教学设计

切入课程思政的课程知识点	"电路原理"课程围绕"激励下电路响应分析"这一主轴,按照对"直流电路＋交流电路"进行时域分析和"频率响应＋电路复频域"进行频率分析的两域,融合"理论分析计算＋PSpice 软件仿真＋迪芝伦 AD2 口袋实验室"的"三融"教学方式,重构"基于知识架构＋核心知识＋团队项目＋前沿技术＋思政案例"的教学内容,形成"教学内容＋实践应用＋课程思政"的课程内容体系,将"芯片想搞好电路先学牢"等二十余个思政案例隐性融入课程教学。
思政教育的课程目标	提出"五感八维诚信"隐性式思政育人成果,注重对学生"期侍感、紧迫感、危机感、获得感和成就感"的五感培养,达到"工匠精神、科学严谨、探究精神、精益求精、追求卓越、团队协作、勇于担当和踏实苦干"的八维育人目标。 基于大数据采集与分析对学生开展诚信教育,树立"诚信做人、诚信做事、诚信科研"是为人为学的信念。
知识点与思政教育结合的教学设计	1.课程思政育人元素 知识模块　知识点　　　　具体案例　　　　　　思政元素 直流电路：叠加定理 — 某桥式电路中含多个独立电源 → 齐心协力,集体力量 　　　戴维宁定理 — 计算某电路负载的最大功率 → 另辟蹊径,追求极致 　　　等效变换 — Y形/△形联结电路等效变换 → 殊途同归,化繁为简 暂态电路：暂态过程 — 汽轮发电机励磁回路断路分析 → 量变质变,因势利导 　　　三要素法 — 分析霓虹灯RC电路工作原理 → 寻找规律,科学态度 交流电路：相量法 — 无功补偿提高传输电网质量 → 科学是生产力,探究精神 　　　谐振电路 — 电动汽车的无线充电技术 → 技术领先,工匠精神 三相电路：对称电路 — 电网的稳定性处于全球领先 → 大国崛起,大国担当 　　　功率计算 — 三峡电站的装机量/发电量 → 制度自信,文化自信 根据"电路原理"课程特点,挖掘出"追求极致、工匠精神、制度自信、技术领先、齐心协力,集体力量、文化自信"等 18 个思政育人元素。

续表

知识点与思政教育结合的教学设计	2.知识点与思政元素融入 基于 BOPPPS 模型,采用"导、讲、探、评、练、做"线上线下混合式的六步教学法。以"独立电源和受控源"知识点为例。 (1)导入所学知识:介绍访学期间遇到用电问题,引出知识点。 (2)展示教学道具:展示适配器、插座等教学道具引入电压源。 (3)讲解独立电源:介绍独立电压源和电流源概念与分类应用。 (4)分析受控电源:介绍受控电源四种类型与具体的应用领域。 (5)家用电器用电:讨论美国电费收费标准与电器的用电情况。 (6)寻找用电案例:寻找生活中与电有关的案例体现制度自信。 (7)探究典型习题:讨论含独立电源与受控源电路的计算方法。 (8)安排在线测试:登录省平台3分钟完成6道题并个别讲解。 (9)院士名人名言:介绍清华大学章明涛院士为人与为学观点。 (10)布置课后任务:布置2道考研挑战题并发课后纸质作业2。 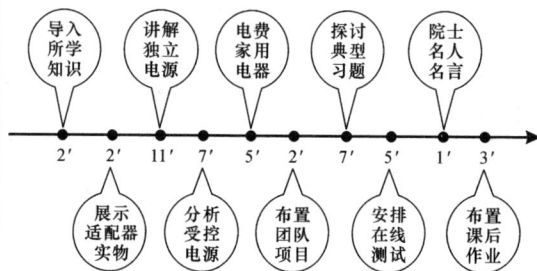 3.教学设计中思政案例 (1)设置设问环节与实物演示,实现知识自然导入。介绍国外留学期间遇到的用电问题引发学生共鸣,通过中美电费的收取标准的比较,引出"制度优越"的思政元素。 (2)开展团队学习与团队研究,隐性引入课程案例。举例说明中美用电方面差异,布置寻找用电生活案例和技术领先的领域,彰显"制度与文化自信"。

二、微课实录

"电源篇"教学过程包括名人名言、知识点导入、在线测试、易错分析、基于手机充电器引入所学内容、讲解独立电源和受控源、分析电源实际应用、举例说明我国在电力方面取得的巨大成就从而验证制度自信和文化自信,安排快测试检查,知识总结拓展。借鉴 BOPPPS 模式的基础上,本实录采用"导、讲、探、评、练、做"六步教学法,包括知识导入→实物展示→探究原因→重点难点→案例分析→团队任务→点评总结→在线测试→院士名言→课后任务。

1.思政融入方式

(1)结合章节内容,讲好中国故事。随着中国电力系统的腾飞,中国的装机量和发电量世界第一，中国的电压稳定控制器进入美国 PJM 电网，电网稳定性世界领先。宣传制度自信。

（2）介绍前沿知识，中国处于领跑。介绍当前与该领域相关的前沿知识，比如无线电能传输、汽车充电电池等，中国在大部分领域处于领跑位置。宣传文化自信。

（3）讲解科技案例，科学曲折前进。介绍国内外与该知识点相关科技案例，比如 20 世纪初电网的直流交流之争，爱迪生的误判。可安排探究式的团队项目。

2. 教学特色亮点

（1）设置设问环节与实物演示，实现自然知识导入。介绍国外留学期间遇到的用电问题引发学生共鸣，引出电压源的学习兴趣。

（2）设计线上线下的教学环节，激发学生学习兴趣。依据教育心理学的学习规律来设计教学活动，安排实物演示、国外生活经历交流、设问提问、团队参与、课堂扫描、线上测试等多种教学方式和手段，吸引学生注意，提高教学效果。

（3）开展团队学习与团队研究，隐性引入课程思政。举例说明中美用电方面的差异，布置团队任务寻找用电的生活案例、我国在电力方面取得的巨大成就从而验证制度自信和文化自信，并引入院士名人名言。

三、案例分析

1. 理论依据

贯彻"以学生为中心"教学理念，实现从以"教师"为中心的灌输式课堂，向以"学生"为中心的探究式、项目式、合作式等的转变，并以隐性方式将课程思政元素融入课程教学。基于"课程形成性评价＋学习轨迹记录＋基于大数据的采集与分析"，预判学生的学习状况，提供及时学习帮扶，达到"精准教、全面评、主动管"的目标，真正实现以学生为中心的理念落地。在实施课程思政过程中，要注重：

（1）大思政的格局与视野。课程思政是所有大学课程的全覆盖，每门课程都要实施，涵盖校园文化育人、管理育人、服务育人等；

（2）采取育人细无声的隐性教育。采取学生乐于接受的细无声育人方式，避免机械教条讲大话，以小见大，有力有据，结合课程知识点。以叠加

定理为例,提炼出:齐心协力、集体力量等思政元素;

(3)不忘初心牢记育人使命。热爱学生、热爱教学,提高学术能力,实现知识传授、能力培养与价值塑造的三位一体。

2. 特色创新

以本节"电源篇"的独立电源和受控源教学内容为例,实施课程思政中的特色与创新如下:

(1)寻找中国技术领先的案例,宣传制度自信文化自信。通过中国装机容量全球第一、无线充电技术世界领先等案例,突出电力工业在改革开放以来取得巨大成绩,展现社会主义体制的优越性。

(2)结合章节内容讲好中国故事,树立学好专业的信念。芯片产业是突破卡脖子工程的关键领域,"电路原理"课程是微电子等相关专业的核心课程,电源则是所有产业的发展的基础。引导学生学好电路原理课程,树立较为牢固的投身专业信念与理想。

(3)显性院士名言与隐性教育,培养严谨态度、工匠精神。引用清华大学电机工程创始人章名涛教授名言:"既要学会怎样为学,更要学会怎样为人。青年人首先要学为人,然后才是学为学,为人不好,为学再好,也可能成为害群之马",从而突出开展课程思政的必要性。

3. 反思与建议

(1)思政案例引用的简单化、碎片化,缺少系统设计与规划,以及如何实现节节课有思政案例;

(2)实施课程思政后对学生学习效果与教学质量的影响,缺少有效的检验手段和量化分析办法。

(供稿:赵伟强　绍兴文理学院)

"芯片想搞好　电路先学好之'电源篇'"微课视频

案例六　测量微视角看科技大崛起

一、教学设计

"课程思政"微课设计书

课程名称	建筑工程测量
微课所在章节名称	全站仪测设已知水平角(实训)
授课对象	中职测量专业二年级学生

教学设计	
切入课程思政的课程知识点	1.巩固全站仪操作流程； 2.能够使用测回法观测水平角； 3.能够利用数学相关知识点学会测回法测水平角数据计算； 4.能够对计算结果进行成果检核。
思政教育的课程目标	1.利用全站仪使用测回法观测水平角,培养学生组织协调和团队协作的能力； 2.利用数学相关知识点学会测回法测水平角数据计算,培养学生求真务实、严谨细致的工匠精神； 3.对计算结果进行成果检核,培养学生树立严谨认真的职业意识,培养吃苦耐劳,精益求精的工匠精神； 4.意识到个人发展与国家发展不可分割,内化个人命运与国家命运紧密相连,具体化政治认同和家国情怀。
知识点与思政教育结合的教学设计	1.过渡环节:猜猜我是谁？ 测量水平角的角度和眼睛的简笔画很像,自然地从测量专业的学习过渡到思政内容的学习。 2.测量小游戏:找碴测量员。 测量追求精准度,通过找碴小游戏让学生认识到具备敏锐的视角很重要。 3.体验科技大崛起的时代。 用敏锐的视角看国内科技成就,培养学生的爱国热情和拥护党领导的政治认同。同时,认识到成就取得背后的共同原因是新质生产力发挥了重要作用。 4.学习新质生产力。 通过生动讲授,明确本节课思政部分的重要内容。教师讲授新质生产力的来历、内涵、特点、关键和本质。重点讲授内涵。 5.如何提高测量新质生产力。 合作探究:我为提高测量新质生产力画蓝图。

续表

学科名称	建筑工程测量
知识点与思政教育结合的教学设计	结合测量专业,从劳动者、劳动资料、劳动对象及其优化组合的跃升角度请学生分组探究如何提升测量新质生产力。学生结合自身从四个角度分析,不但抓住了事关学生自身利益的关键,提升学生参与感与责任感,而且在新质生产力内涵的指导下,分角度细致探究能引领学生专业成长,更是学生对自己专业现状的审视和对未来的职业规划,一举多得。 6.布置课后作业。 要求学生对目前招聘公司对测量员的招聘要求做一份求职调研,了解市场的要求。找一找自身与要求之间的差距,利用课堂蓝图撰写一份具体的学期学习规划。这样做能让学生立足当下找差距;利用课堂探究的提高测量新质生产力蓝图,引导学生对自己的测量职业发展有明确的规划。

二、微课实录(部分)

教师:同学们大家好。我看了刚才大家的测量过程,发现每个人都很认真,给你们点赞哈。刚才大家测的是不是一个角,我把它简单地画成这样一个图形,大家觉得它像什么? 如果猜不到的话,我再加几笔。对了像人的眼睛。

再问大家一个问题,测量工作从技术角度看追求的是什么? 是的,是高精度。

测量工作追求高精度,精度越高,说明测量技能越高,工作质量越高。这就要求我们练就一双火眼金睛,能用敏锐的目光来胜任高要求的测量工作。比如我国高速铁路建设走在世界前列,其中工程测量技术发挥了关键作用。绍兴地铁建设也一样,从线路勘察、设计、施工到运营,工程测量技术确保了建设的高精度和高质量。接下来让我们一起参加一个测量小游戏,游戏的名字叫"找碴测量员"。请大家观察一组图,找出这组图左右两幅画的不同点,一共有四组,看看同学们的目光是否敏锐,限时一分钟。我们先看第一组图,有五处不同点,找到的小组可以举手回答。我们看看哪些小组目光最敏锐。

……(学生找碴)

同学们的眼睛都很尖,都能找出我精心设计的不同点。接下去让我们看看下面的新闻,看看你的视角是否也敏锐。请各组看下面的四组新闻,思考我最后提出的问题。每个新闻都有一个小喇叭,大家可以选择点击它听新闻。我们给每组 6 分钟时间准备。

……（学生自学并思考）

好，时间到！ 请同学们回答以下两个问题：

（1）你看到这些新闻后，有什么感受？ 可以从整体上表达，也可以选择其中的例子阐述。

哇，没想到同学们的感受如此深刻，非常有见解。 但是老师还想补充一点，大家是否发现，这些科技成就都是国内的成就，你还有什么感受？（为祖国感到自豪）这些成就的取得是在谁的领导下取得的？（学生答：中国共产党！）所以你拥护不拥护中国共产党？（学生答：拥护！）

（2）这些成就的取得都有一个共同的原因，你认为是什么？

同学们回答得很好！ 的确，创新是一个非常重要的共同原因，这里我们换一种与时俱进的表述，"这些成就的取得都是靠新质生产力发挥了重要的作用"。 那么什么是新质生产力呢？ 先让我们看看它的来历。

习近平总书记 2023 年 9 月在黑龙江考察调研期间，首次提到"新质生产力"，指出"整合科技创新资源，引领发展战略性新兴产业和未来产业，加快形成新质生产力"。[①]

2024 年 1 月 31 日，习近平总书记在中共中央政治局第十 次集体学习时又强调发展新质生产力是推动高质量发展的内在要求和重要着力点，必须继续做好创新这篇大文章，推动新质生产力加快发展。

接下去，在学习这个重要的概念之前，先让我们看看生产力的迭代史，对生产力有一个比较明确的概念。 在生产力 1.0 时代，生产力的大小就是由生产力要素简单叠加而成的。 我们可以看到生产力＝劳动者＋劳动资料＋劳动对象。 在生产力 2.0 时代，生产力在科学技术的加持下成指数增长。而在生产力 3.0 时代，即新质生产力时代，我们可以直观地感受到新质生产力的力量强大、内涵丰富。 接下去让我们通过一个视频来了解它。

（学生观看视频）

这个视频阐述了新质生产力的概念。 让我们一起学习与新质生产力有关的重点内容。 新质生产力是创新起主导作用，摆脱传统经济增长方式、生产力发展路径，具有高科技、高效能、高质量特征，符合新发展理念的先进生产力质态。 它由技术革命性突破、生产要素创新性配置、产业深度转型升级

---

① 加快形成新质生产力［N］．人民日报，2023-11-24（09）．

而催生。它以劳动者、劳动资料、劳动对象及其优化组合的跃升为基本内涵，以全要素生产率大幅提升为核心标志。其特点是创新，关键在质优，本质是先进生产力。

这张新质生产力逻辑关系图详尽地描述了与新质生产力有关的方方面面，在大家的学案上都有。其中新质生产力的发展要求生产力三要素实现跃升。在前面的学习中我们学习了新质生产力的基本内涵是以劳动者、劳动资料、劳动对象及其优化组合的跃升。那么作为新时代的测量人，我们该如何提高测量方面的新质生产力呢？接下来，让我们一起想办法，为提高测量新质生产力画蓝图。请同学们以小组为单位，合作探究"我为提高测量新质生产力画蓝图"，并把探究的结果写在学案上。

（学生探究）

好，现在请各小组分享探究结果。

（学生分享）

同学们讲得都很好！我深深感受到了你们在测量领域的主人翁意识。大家在劳动者、劳动资料、劳动对象及优化组合各方面的阐述都能紧贴自身和测量领域思考，建议中肯、接地气。我为你们关心自己更关心我国测量事业的责任心点赞。

好，以上就是我们要学习的主要内容，让我们做个小结。我们学习了新质生产力的内涵、特点、关键和本质，重点学习了内涵，并结合测量专业为提升测量新质生产力出谋划策。

为了让我们绘制的提升测量新质生产力的蓝图早日实现，就先让我们着眼当下，完成老师布置的课后作业。

（1）请你对目前招聘公司对测量员的招聘要求做一份求职调研，了解市场对我们的要求。

（2）找一找自身与要求之间的差距，利用课堂蓝图撰写一份具体的学期学习规划。

好，今天的课就上到这里，同学们下课！

三、案例分析

将工程测量学科中测量已知水平角的教学内容与思政课程中新质生产力部分进行跨界融合教学，是一种富有创新性的教学方法。以下是从理论依据、特色创新、反思与建议三个方面进行的教学体会分析。

1. 理论依据

(1)学科交叉融合的趋势：随着我国社会经济的快速发展，对复合型、创新型人才的需求越来越迫切，随之带动的是教育改革的深入，学科交叉融合已成为教学创新的重要方向。工程测量学科与思政课程的结合，不仅有助于拓宽学生的知识面，还能促进学生对技术与社会、个人与国家关系的深入思考。

(2)思政教育的实践性：思政教育不应仅停留在理论层面，而应与实际生活和工作紧密结合。通过工程测量实践，学生可以在实践中体会新质生产力的发展，理解科技进步对社会生产力的推动作用。

(3)培养全面发展的人才：这种融合教学有助于培养具有创新精神和实践能力的高素质人才，符合新时代对人才培养的要求。在本案例中，工程测量学是工程技术的基础，测量已知水平角是其重要内容，而新质生产力是社会主义现代化建设的推动力量。两者看似没有直接关联，但实际上都体现了科学技术推动社会进步的本质。将两者有机融合，既可加深学生对测量知识的理解，也有助于促进学生树立正确的世界观和价值观。这种跨学科融合有助于增强学生的专业素养和社会责任感。

2. 特色创新

(1)教学内容丰富。通过专业课和思政课的跨界融合，使学生能够在学习工程测量知识的同时，了解新质生产力的发展状况和重要性，特别是学习了新质生产力的基本内涵、特点、关键和本质，拓宽知识视野。专业课和思政课内容通过课堂小游戏环节开始融合，轻松自然，寓教于乐，吸引学生的上课注意力，提高学习效率。

(2)教学方法创新。采用案例分析、小组探究等教学方法，激发学生的学习兴趣和参与度，培养学生的创新意识和团队协作能力。其中国内众多科技成就取得的原因分析环节，促使学生认识国家发展的伟大成就，激发学生的爱国热情，同时，引导学生拥护党的领导，认同思政学习对专业学习的指导作用。"我为提高测量新质生产力画蓝图"合作探究环节激发学生测量领域的主人翁意识，关心自己专业成长和祖国测量事业的发展。

(3)实践性与理论性相结合。通过将专业教学融入课程思政教学，将工程测量学科的实践性与思政课程的理论性相结合，学生可以在探究实践中感受到知识的实用性，从而更加积极地投入学习中去。特别是在"我为提高测量新质生产力画蓝图"合作探究环节,学生围绕从劳动者、劳动对象及其优化组合的跃升为基本内涵来为提升测量新质生产力出谋划策,使学生能够回答原本看起来比较抽象的问题,体会到学习思政知识可以赋予自身分析专业问题的能力,使学生在实践中感受到思政学习对专业学习的积极指导作用,激发了学习成就感,提升了学习兴趣。

3. 反思与建议

在融合课程思政教学过程中,可能会存在教师对非本专业教学内容的理解偏差导致融合程度不够、教学资源不足等问题。此外,如何确保学生在实践中真正领会思政内涵,也是一大挑战。

总之,将工程测量学科与思政课程进行跨界融合教学是一种富有创新性的教学方法。通过对本案例从理论依据、特色创新和反思与建议三个方面的分析,我们可以看到这种教学方法的优势和潜力。在未来的教学中,我们应该继续探索和实践这种教学方法,为培养更多高素质人才做出贡献。

(供稿:王磊、应吉炜　绍兴市中等专业学校)

案例七 概念进阶 务实求真

一、教学设计

"课程思政"设计书

学科名称	初中科学
课程所在章节 名称	浙教版《科学》七上第四章第4节"物质的比热"
授课对象	七年级学生

教学设计

切入课程思政 的课程知识点	溯源"比热容"概念,理解概念的要素、示例、内涵和外延。体会概念的进阶发展和务实求真。切入课程思政的知识点如下: 1.了解物体吸收或放出热量的多少除了跟物体的质量、温度有关以外,还跟物质有关。 2初步了解质量相同的不同物质,升高或降低相同温度时吸收或放出的热量不同,知道物质的这种性质用比热表示。 3.知道水的比热较大,了解水的这一性质在生活和生产中的应用。
思政教育的课 程目标	1.了解物体吸收或放出热量的多少还与物质有关,适时融入科学史料,体验曲折过程,培养求真的科学精神。 2.在逐步实验探索和思维建模"比热"这个概念过程中,实事求是地获真知,善于合作与分享。 3.知道水的比热大的特性及应用,对与科学技术相关的社会热点问题,能基于证据和逻辑来判断价值和用途,体现科学本质。
知识点与思政 教育结合的教 学设计	1.科学史料:求真文化的交融 本节是一节典型的概念进阶学习的教学课,在之前温度计的原理和测量方法的基础上,侧重对"比热"这个概念的定性探究,在探究中适时引入科学史料,充分感受到前人的智慧能力、思维轨迹、认识路线、科学方法以及科学探索的艰辛,从而体会人文精神和科学精神。 2.科学实验:求真体悟的践行 通过实验探究的过程,使学生体会到探索自然奥秘、开展技术创新的乐趣与艰辛,激发他们对科学的兴趣,引导他们正确看待学习过程中的困难,增强信心和勇气,培育为获得真知锲而不舍、百折不挠的探索精神。 3.科学态度:求真理念的形成 本节教学设计采用"探究＋科学史"的教学策略,以探究为主线,科学史为辅线。知道水的比热较大的特性,能辩证认识比热容大小的物质,利用性质来判断用途,并预测解释生活和生产中的真实情景问题。形成科学观念,并在平时践行科学。

二、微课实录

本课实录主要展示的是"科学史＋科学探究"的主要环节(见图1)。

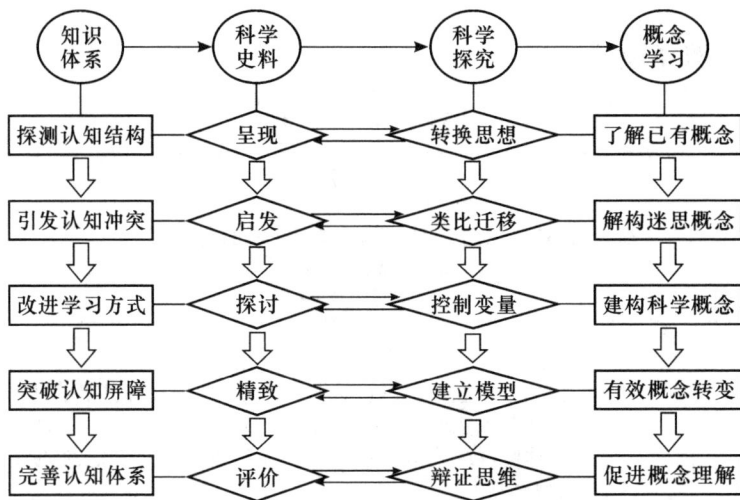

图1　教学设计理念与流程

进阶1:引入概念,辨析"热"这个概念。

教师:同学们,这些天气温下降,早上大家觉得冷吧?当你在室外做完值日回到教室,手还是冷的,你有什么办法较快地让手热起来?

学生:方法1,手搓动一下,来摩擦生热;方法2,开空调,吹出热风来;方法3,用热水袋。

教师:手冷、热风和热水袋中的冷热表示温度的高低,而摩擦生热的"热"的概念将在九年级学习,俗称为"热能"。那么通过热水袋为什么能让我们的手变热?首先我们来感受一下。

请同学们拿着热水袋,将热水袋与手相比较,哪个物体温度较高?我们把热水袋称为高温物体,那么手就可称为低温物体。当这两物体接触在一起时,热就从高温物体传递到低温物体,最终手和热水袋的温度趋于相同。

进阶2:概念比较,定义"热量"概念。

教师:我们给物体吸收或放出热的多少下个定义。大家可以回想"质量"这个定义,物体含有物质的多少定义为质量。

学生:物体吸收或放出热的多少称为热量。

【科学史 1】18 世纪中叶,英国科学家约瑟夫·布莱克从蒸馏酒厂的蒸馏过程中得到启发。他观察到在蒸馏的过程中,虽然不断地对液体加热,但液体中的温度计所指示的标度却始终不变。他把 32 ℉(即 0℃)的一块冰和 172 ℉(即 77.8℃)的同重量的水混合起来,按照里赫曼公式计算出应该是 102 ℉。但布莱克实验的结果,测得的温度计的标度仍然为 32 ℉。

所有这些问题和现象终于使他悟出一个道理:热量和温度是两回事;温度计所指示的是温度(他最初称之为"热的强度"),而不是热量。从而也就改变了人们以往的"量热术"的观念。

进阶 3:实验比较。

教师:除了我们平常使用的热水袋之外,网络上也出现了一种取暖的热沙袋。到底哪个效果好? 我们就将热沙袋与热水袋比较一下。

问题 1:热沙袋与热水袋哪个取暖效果好?

问题 2:热沙袋与热水袋谁放出热量多?

问题 3:沙子与水哪个能吸收的热量多?

目标明确了。既然要比,就要确保公平。我们一起来制定规则,大家觉得袋中的沙子和水要符合什么条件?

学生:沙子和水的质量要相同,升高相同的温度。

教师:判断吸收的热量多少看什么?(提示:烧半壶水我们需 10 分钟,那么一壶水就要大约 20 分钟。水吸收的热量多少看什么?)

学生:通过加热时间来比较吸热的多少。

教师:问题 4:相同质量的沙子和水,升高相同的温度,谁的加热时间长?

教师:下面我们来比较沙子和水的吸热本领。我们用两套实验装置分别给沙子和水加热,大家评价一下哪套比较好。

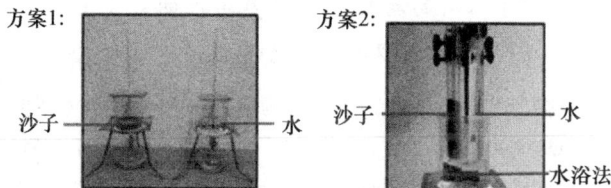

两种加热方式的比较

学生：方案 2 的装置好，相同的酒精灯难免火焰不同。

教师：如何来评判结果？这里有两个变量。第一个变量是用加热时间长短表示吸收热量的多少；第二个变量是温度升高的度数。

学生：方案一：沙子和水升高相同的温度（都升高 10 ℃），比较加热的时间；方案二：加热相同的时间比较沙子和水温度的升高。

教师：这边的两组同学采用方案一的比较方法，那边的两组同学采用方案二的比较方法，开始实验。

（同屏呈现实验结果，第 1 和第 2 组：升高相同的温度，水需要加热的时间多，吸热多。第 3 和第 4 组：加热相同的时间，水升温低。）

教师：大家得出的结论是那种物质效果好？

（学生有的说沙子效果好，有的说水的效果好。）

进阶 4：类比迁移，"吸热时间长短"的概念。

教师：有一点是可以肯定的，大家认为沙子和水的吸热和放热本领是不一样的。我们用一个类比实验来演示，看完之后大家是否会有所启发。

水就像热量，高度相当于温度变化，A 物体的水容量大。倒入 100 mL 水，A 物体表现出液面上升小，也体现出它水容量大。

大家做的两个方案的实验的结果是统一的，即水的吸热本领更好。我们知道容器具有水容量，那么沙子和水的吸热性质我们可以命名为什么？

学生：热容量，两种实验方案都体现出水的热容量大。

进阶 5：消除"热量"的迷思概念。

教师：乙杯中的水含有的热量较多。这句话对吗？

学生：热量是相对于热传递的过程而言的，没有热传递的发生，就无所谓热量。热量是个过程量。

【科学史 2】布莱克通过实验发现物质放出和吸收的热量与质量和温度变化有关。根据关系列出等式：$Q = c \cdot m \cdot (t_{末} - t_{初})$，其中 c 是一个比例系数，对于不同的物质它的值是不同的。布莱克把这个比例系数叫作比热。之后人们对这个比例系数赋予了新的含义。

布莱克还引进"卡路里"（规定：使重量为 1 g 的水从 14.5 ℃ 升高到 15.5 ℃ 吸收的"热的量"为 1 卡路里，计作 15 ℃ 卡，后来写成"卡"）。用这一术语来描述他所说的"热的量"（即"热量"）的单位。

相同质量的不同物质，升高（或降低）相同的温度，需要吸收（或放出）的热量并不相同的。这个性质称为比热容量，在初中课本里称为比热容，简称比热。所以"比热"这个概念描述的是物体容纳热量能力的科学量。

三、案例分析

概念是人脑在感觉、知觉和表象的基础上，对感性材料进行去粗取精、去伪存真、由此及彼、由表及里的思维加工，是反映事物本质属性的思维产物。概念教学是学生构建知识体系的实施路径，是培养学生科学素养的重要途径之一。在常态的初中科学课堂教学中较注重掌握知识，而忽视理解意义和学会迁移，所以抽象概念的学习较多停留在浅层认知，无法深入分析和应用来进行概念转变，更无法达到概念理解的维度。

本课例为浙教版《科学》七上第四章第 4 节"物质的比热"课程内容，是典型的概念课。科学概念是组成科学知识的基本元素，它的内涵和外延包含了客观事物的共同属性或本质特征。在教学设计中能注重概念发展能级的评估和跃迁，在核心概念驱动的过程中体悟跨学科概念，有利于概念体系之间建立关联，并有效迁移到真实的新情境中，在概念进阶探究的过程中，体现求真务实的科学态度、本案例的创新点体现在以下三个方面。

1. 质疑求真精神现本质

在科学教育领域，概念理解有整体性、层次性和精细化三个特征。本节教学设计在区分"冷热""生热""吸热"中热的多种含义，明确对比热容的"热"的分层辨析，关注学生原来的迷思概念。Ausubel 的有意义学习理论认为，"要使学生达到有意义地学习，必须先由学生所知教起"。以整合转换、控制变量、类比、辩证的科学思想，逐渐建构和剖析概念，促进理解的概念教学。在探究过程中引导学生不但要认识自然、学习科学，还能欣赏自然、科学的奇妙与优美，并从中得到陶冶。在尊重事实和注重证据的基础上，能表达和发展自己的见解。在与同伴交流、分享与协作的过程中，培养相互协作的精神。

2. 进阶探究践行提素养

从探究"影响物体吸热本领大小的因素"着手，使学生在探究过程中逐步建构概念。在对概念进行要素解析的同时，启发学生的思维，加深学生对科学过程、方法、概念、原理的理解，帮助他们实现科学知识的建构。在形成正确的科学观点的同时，让学生感受到科学是一个开放的系统，不但在广度和深度上不断发展,而且已有的结论也可能被修正,科学是一个不断探究的发展过程,使学生了解到在科学探索的过程中,前人如何处理竞争、利益与合作之间的复杂关系,如何处理道德与伦理规范、价值因素、社会责任、继承与发扬、成果共享和荣誉分配等现实问题,树立正确的人生观与行为准则,提高学生的综合素质。

3. 科学史料融入促升华

科学史料融入是指选择与教学相关的科学史内容,将科学的运作方式传递给学生,即将知识产生的真实背景和历史经过,或者将科学思维和科学方法的发展过程,根据学生当前的认知水平有选择地呈现在学生面前,让学生充分感受前人的智慧能力、思维轨迹、认识路线、科学思想以及科学探索的艰辛。通过科学家获得成功与遭遇挫折和失败的案例,使学生体会到探索自然奥秘、开展技术创新的乐趣与艰辛,引导正确看待学习过程中的困难,增强信心和勇气,培育为获得真知锲而不舍、百折不挠的探索精神,形成正确的价值观和科学态度。

本节课所选用的思政材料与初中科学教学目标无缝衔接,体现了课程思政的教育性特点,实现了"初中科学"与"思政"的有机结合,培育了学生的求实证求真知的科学精神,使科学的核心素养真正落地!

（供稿:沈强　绍兴市锡麟中学）

案例八　解码人物思维　探索生命意义

一、教学设计

"课程思政"设计书

课程名称	小学语文
微课所在章节名称	《语文》五年级下第六单元17课"跳水"
授课对象	小学五年级学生
教学设计	
切入课程思政的课程知识点	围绕"船长行为大揭秘"项目,关注文中船长的临危反应,理解船长的思维过程。 学生能将逻辑清晰、科学解决问题的理性思维内化为精神追求,外化为自觉行动,并对情绪管理、生命意义展开思考。
思政教育的课程目标	1.通过阅读课文,了解船长的思维过程,体会他机智果断的人物品质; 2.通过小组讨论,明白船长用枪逼迫孩子跳水的办法好在哪儿,从船长"沉着果敢""考虑全面"等个性品质中进一步感悟他的理性思维; 3.借助想象进行对话设计,对情绪管理、生命意义等人格发展元素展开思考。
知识点与思政教育结合的教学设计	(一)创设情境:船长行为大揭秘 孩子得救了,他疑惑地问爸爸为什么要用枪逼自己跳水,船长该怎么回答? 孩子又会对他的爸爸说些什么呢? (二)支架引入——逐一分析救援方法,体会人物品质 1.自由读文,思考:在那个危急关头,船长是怎么想的? 2.小组讨论:你认为船长用枪逼迫孩子跳水的办法好在哪儿? 你还有其他的办法吗? 逐条分析,确定最优办法。 3.汇报展示,小结人物品质。 (三)对话设计——聚焦船长的临危反应,展开阐述 1.根据小组讨论的结果,结合想象,设计孩子与船长间的对话。 2.展示评价。 (四)总结提升,价值引领。

二、课堂实录(部分)

(一)创设情境:船长行为大揭秘

教师:同学们,我们通过"危机事件大回放""事故责任大讨论",了解了整个故事脉络,并对危机的发生作了归因。接下来,进入"船长行为大揭秘",请看具体情境——

(出示课件:孩子得救了,他疑惑地问爸爸为什么要用枪逼自己跳水,船长该怎么回答? 孩子又会对他的爸爸说些什么呢?)

(二)支架引入——逐一分析救援方法,体会人物品质

1. 自由读文,思考船长的临危反应

教师:请你快速默读课文,思考,在那个危急关头,船长是怎么想的?

学生1:船长会想,不好! 我得赶紧想办法救我的孩子!

教师:船长想了什么法子呢?

学生2:他直接拿枪逼孩子跳到了海里。

教师:这个办法好不好? (学生反应不一,有些说好,有些小声讨论,应该有不同的意见)

2. 小组讨论,明确船长办法之优

教师:当然非常好,因为最后是成功的,对不对? 那我们思考一下,这个方法好在哪里? 请以4人一个小组为单位,去课文中找一找,他用枪逼迫孩子跳水的办法好在哪儿? 当然你也可以提出另外的可行方法。

(学生合作交流后,进行汇报。)

学生:我从第4段中知道,孩子摔到甲板上就会没命,而跳水至少还有生存的希望,所以船长的办法很好。

教师:你只是判断了结局,就是跳到甲板上没命,跳水会有命,但是你没有分析为什么跳到甲板上没命,而跳到水里面却可以保命呢? 谁能补充?

学生:因为水有浮力。

教师:这位同学讲到了一个非常关键的点,所以你看,相比起来,哪个的危险性更大一些呢? (学生回答:甲板。)所以当然应该选择跳水了。

教师:刚才这位同学在分析的时候还讲到一个原因,他说跳到水里面去的时候,会有谁注意?

学生:水手。最后一段告诉我们20来个勇敢的水手已经跳进大海,就

说明他们的施救人员是非常充足的。

教师：对，水手会去救他。这个船长知不知道？肯定知道，所以这也是我们认为跳水是绝佳选择的原因，对不对？还有没有其他原因？

学生：课文第一自然段写了"这一天风平浪静"，这告诉我们那一天水面环境还可以，相对适合跳水。

教师：你找到了一个非常好的原因，用词还很严谨。试想一下，如果那一天是另外一种情况，狂风大作，巨浪翻滚，船长还敢让他去跳吗？

学生：不敢，肯定会被浪卷走。

教师：所以这也是一个很重要的原因。还有没有？

学生：我们关注到第4自然段的几处细节。一个细节是孩子在那个桅杆上难转身，第二个细节是他已经在桅杆上发抖了，所以说他不能够自己爬下来。

教师：是的，除了不能够爬下来，还不能够用什么方法来解决他的这个危险？

学生1：还不能直接跳下来，本来如果他能往回爬一段路，底下的人还能准备充气垫，让他跳下来，这样也能脱险。

学生2：我不同意。因为拉一个气垫过来需要时间，充气也需要时间，而这个孩子随时都会掉下来。

教师：对，所以跳水这个方法是用时最短的。

3. 小结提升，明晰人物品质

教师：非常好，通过找课文中的一些关键句，我们可以明确跳水这个方法非常好，好在——甲板太硬，而水有浮力，那么跳水就会更安全；有20名水手，施救人员人手充足；那一天是风平浪静的，且跳水这个方法是用时最短的……这么多的原因，船长是在出舱的一瞬间就全部都考虑到了，厉不厉害？你能不能用上一些词语夸夸他？

（根据学生发言相继概括板书：反应迅速；沉着果敢、经验丰富；考虑全面。）

教师：是的，像船长这样逻辑清晰、理性面对困境、果断采取有效策略的解决问题的思维，值得我们每一个人学习。

（三）对话设计——聚焦船长的临危反应，展开阐述

1. 对话设计

教师：好，接下来，请你根据刚才讨论的结果，结合自己的想象，设计孩子与船长间的对话。

（学生动笔撰写父子对话。）

2. 展示评价

（1）展示 2 个学生设计的对话。

（2）同伴借助量表（见表 1），进行评价

表 1　父子对话评价表

评价项目		评价标准 （达到一条得☆）	最终等级
内容 （是否包含）	天气		
	环境		
	时间		
	人力		
	……		
语气 （是否体现）	孩子（不解、不满……）		
	父亲 （有条理、耐心、语重心长……）		

（3）教师小结，引导拓展

教师：两个同学都能从天气、环境、时间，还有人力等方面，分析船长这样做的原因，同时也注意到了父子间对话的语气，非常棒！不过老师提个小小的建议，当孩子脱险后，作为父亲的船长是否会对孩子说些什么呢？大家需不需要对自己设计的对话再作些补充和修改？

（4）学生修改，展示升华

（展示 1 个学生补充设计的对话。）

(四)总结提升，价值引领

教师：同学们，"船长行为大揭秘"环节的对话设计，大家表达得有理有据、合情合理，最后，老师有一个问题留给大家思考——如果船长数完"三"后，孩子还是不敢跳水，你觉得船长会开枪吗？

（大部分学生回答"是"，极少数在犹豫观望）

教师：老师也觉得船长会开枪，因为在那个时刻那个场景之下，排在父子亲情前面的，恰恰就是孩子的——（生齐答：生命！）

三、案例分析

(一)理论依据

习近平总书记在全国高校思想政治工作会议上强调："提升思想政治教育亲和力和针对性,满足学生成长发展需求和期待,其他各门课都要守好一段渠、种好责任田,使各类课程与思想政治理论课同向同行,形成协同效应。"①

小学语文课程内容本身蕴含着丰富的思政教育因素,语文学科教学亦是开展思政教育的重要途径。"跳水"一文中蕴含理性思维、批判质疑、健全人格、珍爱生命等多个思政元素,适合在教学中融入思政教育,以培养学生的健全人格和科学精神。

(二)特色创新

本案例的特色创新之处主要有以下三个方面。

1.聚焦项目任务,多层次挖掘思维深度

语文课堂须充满思维张力,培养学生的思辨性阅读能力、理性思维能力与理性精神。教学中,笔者将语文要素转化为具体任务,聚焦任务,依托课文语境,对接教学问题,进行通盘设计。在"船长行为大揭秘"情景任务的创设中,设计"在那个危急关头,船长是怎么想的?""船长想了什么法子? 这个办法好不好? 好在哪里?""你还有其他的办法吗? 如果用这些办法,可能会遇到什么问题?"……通过环环相扣的问题,引导学生由浅入深探究文中作为爸爸的船长,为救儿子打破思维定式而表现出来的沉着果敢、智慧勇气,无形中渗透了对学生科学理性思维的培养。

2.立足儿童本位,多角度融入思政元素

"跳水"一文具有极强的思辨意味,教学中需要引导学生领略思维张力,启发辩证思维,通过多角度分析问题来培养他们的多元思维。在达成"讲述思维故事、说说人物思维过程"的目标训练上具有难度。笔者立足儿童立场,通过"船长行为大揭秘"这一项目驱动任务,引导孩子入情入境,借助文本,勾连生活经验,进而达成思维训练目标。"孩子得救了,他疑惑地问爸

---

① 习近平在全国高校思想政治工作会议上强调 把思想政治工作贯穿教育教学全过程 开创我国高等教育事业发展新局面[N].人民日报,2016-12-09:1.

爸为什么要用枪逼自己跳水,船长该怎么回答?孩子又会对他的爸爸说些什么呢?"这一问题的创设,本身就是依托交互情境,借孩子的视角展开对话,复盘船长的思维过程,以引导体会船长沉着果敢、智慧勇敢的人物品质。

通过情景学习,学生较易理解到船长的理性思维等思政元素,在此基础上,笔者在"对话设计"中增加"当孩子脱险后,作为父亲的船长是否会对孩子说些什么呢?"这一问题,并引导学生通过小组讨论、个体思考、修改完善等形式补全对话,在总结环节中增加"如果船长数完'三'后,孩子还是不敢跳水,你觉得船长会开枪吗?"这一开放式问题,意在丰富教学内容,拓宽学生的知识视野,将生命教育等思政元素以学生喜闻乐见的形式融入。

3.制订评价标准,多维度落实学习评价

2022年版课标倡导评价的过程性与整体性,要求教师根据学习目标,选择合适的评价方式,并注重评价主体的多元和互动,以及多种评价方式的整合应用。教学中,笔者将评价单列,并重视评价在整个活动过程中起到的承上启下的作用,即上接目标,使评价与目标任务匹配,下联学习过程,将评价嵌入教学过程,按学、教、评统一的思路设计展开。例如,在"船长行为大揭秘"任务中,笔者设计了包含多要素、多角度的评价量表,让学生开展自我评价、同伴评价、小组评价等多种形式,体现了评价整合任务情境,评价融入活动过程的操作要义。

(三)反思

1.跨学科整合可作进一步尝试

本案例中,学生思考孩子跳水后可借助浮力提高生存概率,即是对科学学科的融合。那么在"对话设计"这一环节中,学生设计完对话后,融入表演环节,进行父子对话,或能进一步增强学生的情感体验。因此,通过跨学科融合的课程思政教育,唤醒学生的意志,引发学生的情感共鸣,是笔者下一步思考探究的方向。

2.学生的情感体验应作进一步关注

在教学环节推进过程中,笔者关注到学生基本能全员参与办法的讨论与对话的设计,但是在遇到意见分歧之处时,极少有学生愿意坚持自己的独特意见,进行据理力争。如面对"船长的办法好不好?""如果船长数完'三'后,孩子还是不敢跳水,你觉得船长会开枪吗?"问题时,笔者关注到有个别学生其实是有不同意见的,但由于追求教学环节的流畅度,并未在第一时间给予反馈。这提醒我们教育者在教学中应更尊重学生的独特见解和情感体验。

(供稿:杨蕾 越城区东浦街道中心小学)

CHAPTER 4

| 第四篇 |

"越思政·越有研"：一体化理论探索

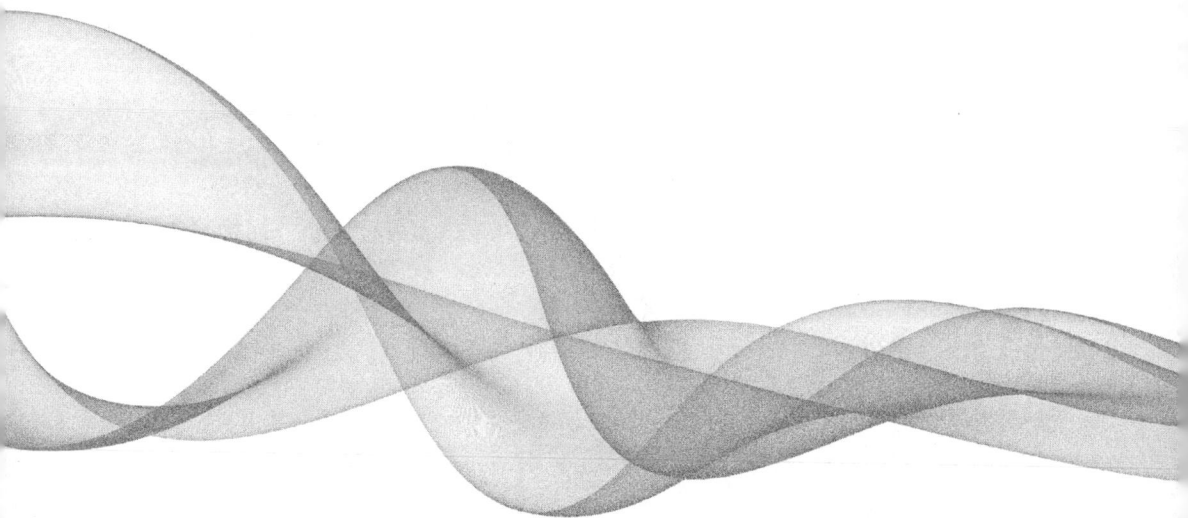

自习近平总书记在学校思想政治理论课教师座谈会上发表重要讲话以来，绍兴市大中小学思政课教师认真学习领会，积极贯彻落实，创新开展思政课一体化建设以及思想政治教育一体化实践，取得了卓有成效的探索成果。

绍兴市以"协同"为保障机制，以一体化、系统化的思维推进课程建设、课堂提升、教师发展，在全力打造越思政"金课"的基础上，通过开展一体化协同科研系列活动，提升绍兴市中小学教科研的质量。一是开展思政课一体化专项论文征集，把一线教师对思政课一体化的实践转化为经验总结，高校专家对其中的优秀成果开展面对面的交流、指导，帮助老师进一步修改、提炼和完善，力图把总结提升到理论的思考；二是助力中小学思政教师申报课题，通过高校思政课教师结对一批中小学思政课教师申报市级以上课题，为绍兴市中小学教师开展思政教育一体化研究把脉问诊，指明方向，实现大中小学思政课教师协同科研，促进科研资源、成果、方法和空间的开放共享。近三年来，每年都有近 80 余项相关课题获得市、省级的立项，一批大中小学思想政治教育一体化教科研成果正在形成中。

本次编录的大中小学思想政治教育一体化教科研成果，既有广大大中小学思政课教师的实践总结，又有其他学科教师的热情参与；既有一线教师的大胆实践成果，又有教研部门和高校思政理论专家的深度思考。这是绍兴市大中小学思政教育广泛而有益的探索和提炼。绍兴市的协同科研已产生较大的反响，为区域性协同教研、协同教学等提供了借鉴路径及方法。

本次编录选择了还未公开发表的几篇论文，按主题的方式进行大致分类，以点带面，分为"思政课一体化"和"思政教育一体化"，体现了一体化建设向纵深推进，但两者间并没有绝对的界线。这些研究以"大思政"与课程思政的视域，紧密结合学校特色和地域资源，从学科实践和思政育人进行一体化建设的有益实践，实现全员、全科、全过程的三全育人提供了新的视角。

主题一
思政课一体化

大中小学思政课一体化教研的实践与思考
——以"枫桥经验"为例

育人之本,在于立德铸魂。思政课是落实立德树人根本任务的关键课程,其作用不可替代。习近平总书记在学校思想政治理论课教师座谈会上发表重要讲话,为大中小学思政课一体化建设鸣响发令枪,并亲自关心,细致擘画了新时代大中小学思政课一体化建设的全新蓝图。从当前大中小学思政课一体化推进工作来看,要将课程建设有效转化为育人实效,需要加强大中小学一体化的协同教研,搭建循序渐进、螺旋上升的发展平台,帮助学生确立正确的政治方向,提升思想政治学科核心素养,同时提升思政课教师一体化教学的意识和能力。

一、大中小学思政课一体化教研的目标

(一)开展大中小学思政课一体化教研活动的背景

1.善用"大课堂"推进思政课一体化教研的必要性

培养什么样的人、如何培养人以及为谁培养人,一直是党和国家非常关注的问题。党的十八大以来,习近平总书记对办好思政课作出了一系列重要指示批示。在学校思想政治理论课教师座谈会上他强调指出:"在大中小学循序渐进、螺旋上升地开设思想政治理论课非常必要,是培养一代又一代

社会主义建设者和接班人的重要保障。""要把统筹推进大中小学思政课一体化建设作为一项重要工程,推动思政课建设内涵式发展。"①习近平总书记在党的二十大报告中进一步指出:"用社会主义核心价值观铸魂育人,完善思想政治工作体系,推进大中小学思想政治教育一体化建设。"他特别强调:"'大思政课'我们要善用之,一定要跟现实结合起来。"②2022年8月,教育部等十部门印发了《全面推进"大思政课"建设的工作方案》,强调要充分调动全社会力量和资源,推动思政小课堂与社会大课堂相结合。2022年11月,教育部印发《关于进一步加强新时代中小学思政课建设的意见》,强调要"注重学段衔接,完善大中小学思想政治教育体系;注重相互配合,充分发挥思政课和各类课程的育人功能;注重内外协调,推进学校'小课堂'、社会'大课堂'和网络'云课堂'协同育人"。党的二十届三中全会进一步强调"完善立德树人机制,推进大中小学思政课一体化改革创新"③。

推进大中小学思想政治一体化建设是一个系统工程,需要围绕立德树人的根本目标创新课程体系、育人路径、教学资源等。做好这个系统工程,其中一个有效抓手就是扎实开展教研一体化。在大中小学根据横向贯通、纵向衔接的原则,遵循不同学生的身心成长规律与接受机理,在思政教育教学方面探索一体化架构,以期形成思政课教学循序渐进、螺旋上升的教学序列。如何立足、用好"大课堂",实现第一课堂、第二课堂与社会大课堂之间的有效衔接和协同发力,是一体化教研的重要课题。提升善用"大课堂"的能力,构建全方位、全过程、全链条的系统工程,全过程链接"生师家校社"、全局性优化"人财物时空",把课内与课外、校内与校外、线上与线下、理论与实践、历史与现实等有效融合起来,推动形成"大思政课"全员全过程全方位育人格局,不断提升思政课教学的成效,为党育人、为国育才。

2. 聚焦"枫桥经验"开展思政课一体化教研的可能性

立足社会大课堂、充分利用乡土资源是进行大中小学思政课一体化建设的题中之义。要推动校内外协调、注重资源整合、加强协同育人、增强教育实效已成共识,进一步拓宽思想政治理论课教学渠道,提高思想政治理论

---

① 习近平.思政课是落实立德树人根本任务的关键课程[M].北京:人民出版社,2020.

② 习近平.高举中国特色社会主义伟大旗帜 为全面建设社会主义现代化国家而团结奋斗:在中国共产党第二十次全国代表大会上的报告[M]北京:人民出版社,2022.

③ 落实立德树人根本任务 努力办好人民满意的教育[EB/OL]. http://www.moe.gov.cn/jyb_xwfb/s5148/202408/t20240819_1146169.html.

课教学的实效性和说服力,扩大思政课教师和学生的视野。因此,将中华优秀传统文化、革命文化、社会主义先进文化融入思想政治课教学,积极引导学生增强爱国主义、厚植家国情怀,提升政治认同与"四个自信",真正善用社会大课堂,讲好"大思政课",争做"大先生",有必要,更有可能。

绍兴有丰富的历史文化、名人资源和红色资源,其中"枫桥经验"更是不可忽略的思政教学资源。"枫桥经验"诞生于浙江省诸暨市枫桥镇,2023年是毛泽东批示"枫桥经验"60周年和习近平总书记提出"坚持和发展枫桥经验"[①]20周年,成为基层社会治理的一面旗帜。党的二十大报告指出"在社会基层坚持和发展新时代'枫桥经验'""及时把矛盾纠纷化解在基层、化解在萌芽状态"。"枫桥经验"陈列馆、发源地(枫源村),是全国各地前往学习、考察的热土,"枫桥经验"陈列馆、发源地更是中小学爱国主义教育和游学基地。所以,围绕"枫桥经验"开展大中小学思政课一体化教学、教研具有得天独厚的优势和感受。

3. 强化市域实践深化思政课一体化教研的可行性

自党和国家提出大中小学思政课一体化建设以来,绍兴市积极响应并扎实推进大中小学思政课一体化建设实践,取得了积极成效,为深化一体化教研奠定了基础。到目前为止,绍兴市在市域范围开展了以下活动。

一是成立大中小学协同推进思想政治理论课一体化建设学校联盟。自2020年初开展试点并公布实施方案,目前已由4所试点单位发展到全市域近30所学校参加,并向结对帮扶学校、中小学思政课一体化研学基地所在乡村学校、名师工作室联盟成员所在学校拓展,辐射扩展到省内外。

二是开展大中小学协同教学实践。每学期至少确定一个主题,开展一次协同教学和协同教研活动,内容包括一体化说课、案例开发、红色基地研学、大手拉小手党团队活动等,在此基础上形成一批优秀教学课例。其中,以学习宣传贯彻党的二十大精神为科学指引、以"习近平新时代中国特色社会主义思想"为理论承载的案例研究成果——《越思政大课堂——大中小学思政课一体化建设协同教学案例研究》于2023年8月由浙江大学出版社正式出版。

三是成立大中小学思政课一体化名师工作室联盟。首批工作室联盟由

① 习近平.高举中国特色社会主义伟大旗帜 为全面建设社会主义现代化国家而团结奋斗:在中国共产党第二十次全国代表大会上的报告[M].北京:人民出版社,2022.

在绍的国家级和省级 8 个大中小学的思政学科名师工作室加盟,出台了《绍兴市大中小学思想政治理论课名师工作室联盟章程》。以发挥名师的示范引领作用,协同开展教学、教研、科研、培训等多种形式活动,实现资源共享,培养高素质思政课教师队伍,提升思政课教学质量,推动绍兴市大中小学思政课一体化建设内涵式发展。

四是开展大中小学思政课一体化研究。2022 年,首批征文得到大中小学广大一线教师的热烈响应,征文数量突破 400 篇,目前已完成初评工作,40 篇优秀征文进入辅导期,择机正式出版。"思政课一体化建设"市级教育教学研究专题立项工作已经开始,"思政课一体化专项课题"每年不少于 30 项。

总之,通过大中小学教师集体备课、专题研讨、观摩交流、经验分享、教材研读、案例撰写、课题立项等形式,促进大中小学思政课教师的相互了解、相互学习、相互借鉴、相互合作、共同发展,深化绍兴市思政课一体化建设的有序推进,也为一体化教研的开展夯实了基础。

(二)大中小学思政课一体化教研的活动目标

1. 逐步形成大中小学思政课一体化教研的氛围和行动

受学段"各管一段"的影响,各学段间的思政教师共同"教"与"研"的氛围不浓厚,故要加强纵向衔接,共同培育"教"与"研"的意识,形成以教促研、以研带教的良好生态。

2. 探索大中小学思政课一体化教研的常态化实施路径,形成绍兴范式

通过构建"大学—中学—小学"纵向贯通的教研机制,探索协同育人场域机制,推动思政课教师"职前—职后"教育衔接,着力打造具有绍兴特色的"双贯通、五协同、六提升"大中小学思政课一体化建设的"市域模式"。

3. 培育一批大中小学思政课一体化骨干教师队伍和孵化示范学校

目前已有试点单位和学校老师直接参加,也有大中小学思政课一体化名师工作室联盟成员加盟,更有绍兴市小学、初中"道德与法治"课程和高中思政课的研学共同体成员全面参与,涉及学校超 150 余所,教师超千人的规模,初具影响力与辐射力。

二、大中小学思政课一体化教研的实施

(一)内容与形式

1. 确定一体化教研的主题内容

结合"枫桥经验"这一主题,明确将基层治理作为一体化教学与教研的内容载体。基层治理在各个学段都有涉及,如小学《道德与法治》五年级上第二单元"我们是班级的主人"中关于"班级事务的协商";初中《道德与法治》八年级下册第三单元"基层群众自治制度",九年级上册第二单元"参与民主生活";高中必修三《政治与法治》第六课"基层群众自治制度";大学《习近平新时代中国特色社会主义思想概论》第八章第三节"健全人民当家作主的制度体系"中有关"积极发展基层民主的内容"。

2. 以多种活动开展一体化教研

首先,结合主题与教学内容分学段开展教学设计,之后所有学段集中说课,联合评课,专家评议之后集中修改教学设计。其次,开展走读式的一体化教学。以"基层治理的典范——枫桥经验"为主题,小学、初中、高中、大学四个段在枫桥经验陈列馆和枫源村进行现场走读式教学,把课堂移到"枫桥经验"陈列馆、发源地(枫源村),四个微课随后在潮新闻进行集中展示和报道。最后,进行一体化教研的反思与交流。在一体化协同观摩课的基础上进一步开展案例撰写、案例分析和案例反思。

(二)过程与实践

1. 集体备课,确定教研主题

以试点学校为基础,开展集体备课活动,大中小学相关老师、专家在充分讨论的基础上,挑选出"中国梦""党的领导""人民中心""共同富裕""生态文明""依法治国""命运共同体""基层治理"等八个主题。最后,考虑到2023年是"枫桥经验"毛泽东主席批示60周年,最终决定开展"新时代'枫桥经验'与中国式现代化"的主题教研活动。

2. 同课异构,开展走读式教学展示

以"基层治理"为主题的教研活动则由课堂搬到了现场,进行现场的走读式教学。来自诸暨市西湖小学的杨旦霞老师以"有事好商量"为题,精心设计感知教育,从班级管理的片段教学入手,启蒙基层治理的基本理念;来自上虞春晖外国语学校的陈昊老师则与枫桥镇中学的学生一起探寻了"枫

桥经验"，在学生中播撒法治精神、公共参与素养、政治认同思想意识，为学生筑牢为人民服务的思想基础；诸暨市教师进修学校的楼雁老师则带领学勉中学的同学们，以"枫桥经验"的传承和发展为议题，从学理化角度深刻理解新时代"枫桥经验"的灵魂在于以人民为中心，理解其本质在于人民主体性；绍兴文理学院的大学生们则在裘斌教授的引荐下，一起聆听诸暨市枫桥镇"老杨调解中心"主任杨光照 38 年的警务工作心得和从事志愿调解服务所凝练成的"人民调解"七法与技巧，以点带面，发挥"田野思政"学以致用、铸魂育人的教学功能。

3. 协同教研沙龙，提升教研实效

教研沙龙是教研活动的必备环节，更是点睛之笔。教研沙龙活动，互相交流教研心得，既肯定成绩，也指出不足，更有专家现场把脉。本次"枫桥经验"主题教研活动在现场教学结束后，四位授课教师分别分享了本次教学感悟。小学的杨旦霞老师认为，以讲故事的方式启发孩子，孩子们会发现，班级里小干部的培养和同学间矛盾的友好协商，就是为了化解班级中的基层矛盾；老师与老师间的课务协调，就是为了解决学校的基层矛盾；家长与老师的沟通，就是为了化解家校基层矛盾……这就是"枫桥经验"给我们的学习和生活带来的幸福感和安全感。初中的陈老师认为，现场教学使用自主对话学习方式，打破了传统的独白式教学，这种教学思想也与"枫桥经验"不谋而合，旨在发挥学生（人民群众）的自主性和积极性，还学生（人民群众）的主体地位。高中的楼老师认为，现场教学中老师是设计者、陪伴者、研究者、启发者、管理者等，这对教师的素养提出了更高的要求。大学的裘老师认为，在教学实践中，我们发现不同年级的大学生对实际问题的思考深度是不一样的。对于大一学生，可以引导他们重点学习基层治理面临着哪些问题；对于大二、大三学生，可以启发他们重点思考基层治理为什么会有上述问题；对于大四学生，可以带领他们重点探究怎样解决上述问题。

4. 撰写教学案例，反思一体化教学的思路与路径

教学案例既是对教学过程的重现，更是对教学设计与实施的反思。在教研活动中重视教师对教学案例的撰写，有助于推进整个教研活动的开展。在本次一体化教学活动之后，让授课教师撰写教学案例，尤其是重点突出案例背景中的学情、案例目标、案例过程、案例分析等。四个学段的老师围绕共同的主题，开展教学案例的设计与撰写，让老师们更明白小学重在启蒙教

育、中学重在生活体验、高中强调素养培育、大学注重责任担当,只有各学段协同配合,才能实现螺旋式上升,实现素养培育。

三、大中小学思政课一体化教研的经验与反思

(一)实践经验

1. 紧扣鲜明的主题

大中小学思政课一体化教研要聚焦某一主题,围绕这一主题充分体现纵向衔接、横向贯通的一体化要义。教研要以教学活动的开展为前提,只有聚焦于某一主题,并围绕这一主题进行充分有效的研究活动,才能引领教学与研究的有效开展。推进大中小学思政课一体化教研更是要关注这一点。一体化教研不是什么都往里面装,更不是换个帽子。为此,大中小学思政课一体化教研活动应当在聚焦主题的基础上开展活动,不同学段的老师在同一主题下开展教学的设计、展示和交流。

2. 找准教研的方法

教研活动的开展要有载体与路径,推进大中小学思想政治教育一体化的教研活动尤其是如此。通过这个案例至少可以明确,推进一体化教研应明确考虑以下内容:一是演绎方式要准。如共同富裕的话题,与小朋友讲蛋糕做大好,不如让小朋友事先去做个小小调查,数数家里有几辆汽车、几个房间。又如:从课堂走向课外,如何教学?真正全新的挑战——没有 PPT,准备的内容派不上用场,学生需求不一;二是资源选择要明确。选材要典型又契合生活,如红色资源、国际大事、生活琐事等。

3. 提供螺旋上升的路径

提供一定的案例撰写格式,可以找到一条大中小学思政课一体化建设的螺旋上升的路径。

4. 运用融媒体技术

通过在"绍兴市大中小学思政课一体化建设"专题网站上上传教学设计和教学片段、在省级名师工作室开展网上教研直播、在浙江省官方网站"潮新闻"开辟的"田野思政"专栏上公开教学实录,让小学、初中、高中、大学的4 位教师在同一场域、面对各学段学生开展教研磨课,通过"云"传播实现共享、扩大影响。

(二)教研反思

1. 探索活动形式，加大现场教学力度

聚焦教学研究、教学方法创新，建设符合思政课特点的教改和研究体系，是实施一体化建设的重难点。这次以"枫桥经验"为主题的协同教研活动，由大中小学的4位老师同时进行现场走读式教学并开展实地探源。实践证明，现场说课和教研，突破时空的限制，无论对执教教师还是学生，都是全新的挑战。绍兴文理学院裴斌教授动情地说："参与本次大中小学一体化思政课现场教学探索和实践，我深切感受到不断深化的'学为中心'，是'田野思政'教学改革的方向。"

2. 拓展育人素材，活化当地乡土资源

绍兴具有丰富的乡土资源，如绍兴的红色资源丰厚，红色遗存丰富，红色旅游活力呈现。目前，绍兴有红色遗址180多处，其中已开发成红色旅游景区的有10处，爱国主义教育基地82处，市级以上文保单位46处，全国重点文保单位7处，党史教育基地30处。绍兴又是名士之乡，名人辈出，名流荟萃。从古代的治水英雄大禹、越王勾践、书圣王羲之、诗人陆游，到革命志士秋瑾、学界泰斗蔡元培、一代伟人周恩来、文化巨匠鲁迅，都是人们耳熟能详的名人，他们都来自绍兴。此外，新中国成立和改革开放以来形成的绍兴精神、"枫桥经验"等，无不彰显绍兴人民的智慧和力量，这些都是开展思政一体化教学和教研的有效载体，必须用好、用到位。"没有调查研究就没有发言权"，我们立足枫桥，现场调研，现场教学，提出问题，讨论问题……我们其实还可以加上一句"没有深入调研也没有发言权！"

3. 整合多方力量，着眼于常态化教研

大中小学思政课一体化建设是需要整合多方资源的系统性工程。思政课教师一体化理念的确立、自觉的贯彻、能力的提升更非一日之功。目前大中小学存在分头管理现象，如集体备课会、听评课制度等各学段均有各自的规范和要求，跨学段的可操作性制度仍需进一步探索和完善。需要健全一体化保障机制，建立一体化领导机构，提供一体化制度支持，推进大中小学一体化教学和教研等常态化实施。作为实践主体的高校、中学、小学，参与一体化建设的自觉性还需要提升。作为教学主体的教师，无论是主观上的一体化意识还是客观中的外在压力，思政课教师参与一体化建设的主动性还不够。因此，在一体化教师队伍打造、一体化交流合作平台搭建上需要进一步发力。

总之,推进教研一体化,提升教研的效率与实效,才能为一体化建设提供有效助力。市域范围的教研一体化的操作路径、实施方略经过提炼,可以为全域范围内的一体化提供有效借鉴,这也是市域范围开展教研活动的价值所在。

（供稿:陈红　绍兴文理学院　骆新华　绍兴市教育教学研究院）

大中小学思政课一体化视域下高中思想政治教学研究与思考

一、一体化视域下高中思政教学面临的挑战

(一)思政课教学内容整体性有待提升

不同学段思政课教材在贯穿社会主义核心价值观教育、中华优秀传统文化教育、革命传统教育、总体国家安全观教育等重大主题时存在着交叉部分,这种"必要重复"是不同学段思政课教材内容衔接的契合点,是非常有必要的。在高中思政课学习的时候,教材中不少内容在小学、初中已经做过铺垫,有些甚至在文字描述上都基本趋于一致。如国家机关的职权、我国的政治制度等。内容虽有重复,但是大中小学不同学段,学情不一样,学生的认知能力不一样,教学目标与教学深度也会不一样。高中思政课教师如果罔顾学生的基础与实际,只是一味对教材"照本宣科",就会构成"低效重复"。这种"低效重复"不仅不能让学生明白深层次的原理性问题,而且不符合学生认知发展规律,会造成学生死记硬背,导致背诵和运用本末倒置,需要思政课程教师遵循循序渐进、螺旋上升的策略,对教材进行有机整合。

随着新课改在全国的推广,"逻辑与思维"已经成为普通高中选择性必修模块,成为新高考思想政治中的重要组成部分,但是初中的思政教材对此尚未有过铺垫,此模块"横空出世",使得不少同学在学习形式逻辑内容时颇感吃力。目前中国开设逻辑学专业的高校也不多,主要集中在文科基础较好的几所"双一流"大学,并以研究生培养为主。现实教学中,逻辑学常从必修课"变"为选修课,甚至刻意压缩逻辑学的课时让位给一些"核心课程""专业课程",逻辑学在高等教育中面临着被"边缘化的境况",这些都会影响大中小学思政课程教学一体化进程。

(二)思政课教学目标精准性有待提高

教学目标是指教学活动实施的方向和预期达成的结果,是一切教学活动的出发点和最终归宿。党的二十大报告中指出:"教育是国之大计、党之大计。培养什么人、怎样培养人、为谁培养人是教育的根本问题。育人的根

本在于立德。全面贯彻党的教育方针,落实立德树人根本任务,培养德智体美劳全面发展的社会主义建设者和接班人。"①从目前的课标中可知,在小学阶段,思政课程的教学目标以德育启蒙、养成优良的行为方式为主;在初中学习过程中,学生要学习如何处理好个人、集体与国家的关系,主动参与社交活动;在高中教育中,主要是对学生进行专业素质教育;大学则是增强学生的责任担当意识,促进人的全面发展。每个阶段的思政课教学目标的侧重点都会有所不同,且呈上升趋势,层层推进,促进学生的发展。但是在实践中,不同学段、不同地区的复杂性给我们的教学带来了巨大的挑战。到了高中、大学,学生们来自不同地区、不同学校,每个人在之前学段的学识完成度都不一样,再加上非小班化的教学模式,很容易导致教学效果因人而异,这也限制了大中小学思政课程教学一体化建设的发展。

(三)思政课教学方式针对性有待加强

教学方式是教学过程中最重要的组成部分之一,教学方式的运用是否恰当是教师能力评价的指标之一,选择恰当的教学方式可以促进教学活动的开展。不同学段学生在接受知识的能力、理解能力、知识储备等方面存在着差异。小学阶段注重兴趣体验,中学阶段注重思维发展,大学阶段注重知识应用。这就需要教师在教学中结合各学段学生的特点和需求,进行有针对性的教学。但是目前不少教师还是以单纯的传统讲授式的教学为主,教学方式比较单一且针对性不强,这种"一刀切"的教学方法忽视了低段学生的认知规律和情感需求,抹杀了中高段学生的思维水平和应用能力。高中的教材虽立足于生活经验,但是却以丰富的抽象的学科知识为支撑,拓展性强,思维层次较深。在一体化视域下,如果忽视对活动型学科课程的使用,没有根据知识内容、教学对象和教学阶段来调整教学方法,没有机会走出课堂进行社会实践活动,会导致学生对思政课产生厌倦情绪,影响学生在教学中的主体地位和能动性的发挥,进而影响整个一体化的教学系统。

(四)思政课教学评价方式有待完善

教学评价是教育决策和管理活动中的一种信息处理活动,也是一种对教育决策和管理具有重要影响作用的行为活动。有效的教学评价对改进教

---

① 习近平.高举中国特色社会主义伟大旗帜 为全面建设社会主义现代化国家而团结奋斗:在中国共产党第二十次全国代表大会上的报告[M]北京:人民出版社,2022.

学方法、提高教学质量、促进学生成长有着不可忽视的作用。思想政治教育的主要目标是对学生进行价值塑造、观念引领和思想教育，帮助学生树立正确的世界观、人生观和价值观，培养学生的道德情操和法律意识。但现阶段，大多数学校仍旧是以"分数"为中心，简单地将知识性考核作为学生的学业评价标准，以偏概全地用"分数"测量学习成效。这种不管大中小学都一律以考试"分数"为主的评价方式，只注重结果，忽视学生综合素质发展的过程性评价，课堂上以常考点的知识作为重难点，让学生死记硬背，僵化教学，导致学生在学习中存在重结果轻过程、重记忆轻理解等问题，不利于学生思维的开阔性发展，偏离了思政课教学的价值初衷。另外，学段之间"各自为政""分段育人""分层评价"的现象普遍存在，影响大中小学思政课一体化建设的进程。

二、一体化视域下高中思想政治教学改进策略

(一)重视内容衔接，加强教学整体性

一体化视域下，高中思政课教师需要采用阶梯式层层递进的教学策略，对课堂教学内容进行相应的调整和侧重，合理利用"必要重复"，尽量避免"低效重复"，加强教学的整体性。下面以"国家机构"内容的学习为例。

教材\学段	重复出处	重复内容	教材深度
小学	六年级上册第五课	身边的国家机构、国家机关职权、人大代表的产生与职责，对行政权力监督、依法行政	从小学生的认知角度出发介绍了我国的国家机关，知道我国权力机关、行政机关、司法机关、监察机关
初中	八年级下册第六课	人大职权、行政机关职权、对行政权力监督	对这些国家机关的产生与职能作了具体的展开，对行政权力监督的途径作简单介绍
高中	必修 2 第三课、必修 3 第五、八、九课	政府职能(经济) 人大职权、人大代表、法治政府、严格执法	六个经济职能深度展开、人大职权、人大代表职权具体展开、对建设法治政府的内涵与措施、严格执法的意义与做法等内容有大篇幅、深层次的论述

在一体化视域下，高中思政课教师在教学过程中，需要对上述内容进行统筹安排，整体规划。人大的立法权、任免权、决定权、监督权这四个职权的

阐述,因八年级教材中已经全部学过,无需赘述,只需提点深化即可;政府的具体职能,则要结合必修 2"经济与社会"去融会贯通;"法治政府建设""严格执法"等这些小学初中尚未铺垫过的内容,则需要较多的课堂时间与精力,由浅入深、层层递进。这样,既能避免不同学段思政课堂教学内容之间的相互重复和脱节,又能实现各学段教学内容之间的深入连接。教师需要积极结合当前国家所进行的教学研究改革,通过构建大中小学思政课堂一体化的教学平台,通过集体备课、教学研讨等多种方式,实现思政课堂教学内容、教学资源的共享,并帮助不同学段的教师有效提高对教学侧重点的把握。另外要做好顶层设计,注重逻辑学课程与教材建设,在中小学教材特别是统编版教材中扩充逻辑知识,在高校增设逻辑学专业,壮大逻辑学专业人才和教师队伍,从而有效提高一体化建设的教学效果。

(二)精准教学目标,更新教学理念

教学目标作为课程内容的具体化,是教材编写、教学、评估和考试命题的依据,是教师实施教学的前提和基础。在一体化下视域下,无论是教学设计的诸环节,还是围绕核心问题设计的核心任务与子任务,抑或是教学单元设计中包含的多维度学习评价量规,都必须与学习目标保持一致。以"中国式现代化"的教学为例,不同学段有着循序渐进、螺旋上升的一体化教学目标设计。

目标 学段	学段进阶性教学目标
小学	通过参观科技馆,亲身体验智能化"黑科技",从而建立对"中国式现代化"的直观感受,培养爱国情操
中学	通过自主学习合作探究,理解"科技是第一生产力",实体经济是现代化经济体系的根基,明确制造业等实体经济对国家未来发展的重要性,感受中国特色社会主义在中国共产党的领导下正迈向更高层次的发展,树立正确的人生发展目标
大学	理解中国式现代化背后的价值旨归,分析中国式现代化面临的挑战和问题,进一步明晰自己在中国式现代化中的使命担当

从小学的"故事链"到中学的"逻辑链",再到大学的"问题链",这是一条完整且螺旋上升的链。在高中思政课堂中,通过本专题的学习,学生要能更加认同党和国家的方针政策,深化对习近平新时代中国特色社会主义思想的认识,围绕现代化建设措施,提出调研,撰写报告,培养科学精神,增强公共参与的意识。在一体化视域下,高中思政课教师要整体融合不同层级的

教学目标,深刻理解教材编写理念和课程标准要求,加强对学生政治认同、科学精神、法治意识和公共参与等核心素养的培养。

(三)重视学情调研,优化教学方法

不同学段学生在接受知识能力、理解能力、知识储备等方面存在着差异,教材在各个学段的呈现方式也不尽相同,这就要求教师在教学中要重视学情调研,充分了解各学段的学生在思政课程中的认知水平、思维水平、知识储备等。此外,教师在备课过程中还要把握好教材的编写逻辑、知识结构等方面的内在联系,做到心中有数、有的放矢,优化教学方法。

学段	学情调研	常用教学方法
小学	好奇心重,可塑性强,爱模仿,以形象思维为主,抽象思维逐渐发展	多媒体、手抄报、朗诵、歌舞、演讲等
中学	身心各方面发展日渐成熟,抽象思维、逻辑思维、言语理解、表达动手操作能力有较大发展	情境式、议题式、启发式、对话式、合作探究等
大学	自觉性、果断性、自制性、坚持性有更高的发展	案例教学、实践延伸、专题辩论等

各种教学方法不是孤立的,没有哪一种方法是某个学段专用的。一体化视域下的高中思政课堂需要理性选择,合理利用各种教学方法。目前高中思政课堂常用的议题式教学,其实也是一种上下衔接的综合的教学方法。以"中国梦"教学为例,可以设置一个以"中国航天"为素材的总议题——"中国航天为什么能",然后设置三个子议题:忆往昔——为何要实现航天梦、看今朝——如何实现航天梦、展未来——青年如何筑梦逐梦。这种议题式教学方法并不是孤立的,它离不开通俗易懂的情境,也需要后期的实践延伸。只有在一体化视域下开展议题式教学,学生才能化远为近,化大为小,化虚为实,通过探究、讨论、辨析,真正理解中国梦的内涵和实现路径,唤起爱国情,进而激发强国志、报国行,培养政治认同、公共参与等核心素养。正所谓教育有法,教无定法,贵在得法。只有充分了解学生的学情,根据高中阶段学生思维能力、认知能力以及学习方式等方面的变化来优化教学方法,才能达到一体化的教学目标要求。

(四)完善评价机制,提高教育质量

教育评价对于教学目标和教学行为起着风向标的引导作用。在一体化视域下,教学评价要打破功利性标准,立足"人"的发展,构建以促进学生发

展为目标的发展性评价指标,对学生学习过程和学习结果进行动态、实时的系统评估。在整个评价过程中,不仅要有"师评",也要有"生评",学生要以主体身份参与到课程评价中来,开展自我评价和同学互评。

以"积极参与政治生活"为例,该部分内容小学五年级教材已有铺垫,可以通过选举产生班委会,协商决定班级事务等活动,来评价学生的掌握程度。对于初中课堂教学来讲,则可以从是否真正学到了知识、是否积极参与了课堂讨论、是否培养了自己的思维能力等方面进行评价,而对于高中课堂教学来讲,我们可以围绕公民的权利义务,结合民主选举、民主决策、民主管理、民主监督等方面,从参与对象、主题选择、个人体验、学科素养、逻辑层次等多方面进行评价。

内容	荣誉级	合格级	待改进
参与对象	能够照顾到不同参与对象的知识储备和经验感受,关注参与效果,传播正能量	对参与对象有初步的分析与判断,能对活动内容进行基本的规划	单纯从知识出发,未考虑参加对象的知识储备和经验感受
主题选择	主题选择明确,能够给参与者带来新的知识与体验	主题基本方向正确,与"参与政治生活"相符	主题选择与"参与政治生活"无关联
个人体验	能够结合个人体验和理解来进行小组活动,内容通俗易懂,过程流畅	有适当的个人体验和理解,过程基本流畅	缺乏体验和理解,仅从知识角度出发,内容难以理解
学科素养	强烈的政治认同,激发公共参与的热情与信心,增强道路自信,制度自信	能够给人正能量,培养公共参与的热情与信心	单纯知识点讲解,无法给人激励和正能量的引导
逻辑层次	逻辑层次清晰易懂	有逻辑层次	缺乏逻辑层次

高中思政教学评价要坚持以生为本,克服孤立性、重复性、断档性。建立科学完善的评价机制,对于推进大中小学思政课一体化建设意义重大。

总之,大中小学思政课程一体化的构建与实施对高中思政课教师的能力提出了新的挑战。我们需要更为有力的保障机制,为思政课教师的成长提供交流平台,鼓励跨学科、跨年级展开学术对话,鼓励每一个教师不断创新教研方式,打通横向和纵向的学科教研等,为思政课程的内容研发提供教师支撑,进而提高思政课一体化构建与实施的质量。另外,一体化建设的主体不只是学校、教师和学生,还应该包括家庭、社会等,只有在家庭、社会和学校多主体参与下,不同的教育教学资源能够有效融通,才能促进不同主体之间沟通交流,引领学生学业、家庭观念和社会公德等共同发展,从而实现大中小思政课一体化建设下的高中思想政治学科教育改革目标。

（供稿:冯金兰 绍兴市越州中学）

螺旋上升式学习活动的设计与实践

——以七年级"让友谊之树常青"一课为例

推进大中小学思政教育一体化建设,课堂是主阵地,如何设计初中"道德与法治"课堂学习活动是大中小学思政教育一体化的重点之一。2022 年版《义务教育道德与法治课程标准》(以下简称《课程标准》)强调"以螺旋上升的方式组织和呈现教育主题,强调课程设计的整体性"①并在课程目标中将小学和初中打通设计,分为四个学段。因此,在小学的基础上、以螺旋上升的理念设计学习活动是初中"道德与法治"课程教学的内在要求。那么,如何在小学基础上设计螺旋上升的学习活动呢?试以《道德与法治》教材七年级上册"让友谊之树长青"为例略陈管见。

一、以螺旋上升的理念设置学习目标

学习活动设计的首要依据是学习目标。"让友谊之树常青"一课对应的课程目标包括"道德修养""健全人格""责任意识"等核心素养。以"道德修养"为例,在第一学段,其目标包括懂礼貌、讲诚信、守约定、不撒谎、与同伴友好相处;在第二学段,其目标包括掌握基本的交往礼仪、懂得个人成长离不开社会和他人的支持与帮助、诚实守信;在第三学段,其目标包括懂得自律、诚实守信、能够得体地与人交往、团结互助、能够平等友好地与他人相处、学会合作。在此基础上,第四学段的目标是:遵守基本的社交礼仪,理性维护社会公德;理解诚信是做人的基本要求,做到言行一致;团结同学,宽容友爱。重点是"能正确认识和处理自己与同学、朋友的关系"。根据课程标准规定的上述核心素养目标,人教版《道德与法治》统编教材围绕"友谊"这一主题设置了以下教学内容:一年级上册第一单元第 2 课"拉拉手,交朋友";一年级下册第四单元第 2 课"我想和你们一起玩";三年级下册第一单元"我和我的同伴"第 4 课"同学相伴";四年级下册第一单元"同伴与交往",包括"我们的好朋友""说话要算数""当冲突发生";六年级下册第一单元"完

---

① 中华人民共和国教育部. 义务教育道德与法治课程标准[M]. 北京:北京师范大学出版社,2022.

善自我 健康成长",包括"学会尊重""学会宽容""学会反思"。从以上课程设计和教材编写的情况看,小学阶段已经在"如何与人交往""建立良好的同伴关系""倾听他人,体会他人的心情"等方面有了初步发展,初中生要在此基础上实现螺旋上升和增量发展,在"宽容友爱""同伴关系""表达自己""倾听他人""自我改进"等方面得到进一步的成长。

根据《课程标准》引导和帮助学生学会"具有与同伴友好交往、合作的基本方法和技能"这一要求,结合课程内容中相应的学习指导是"健康、安全地生活"第11条"在学校里情绪安定,心情愉快"。而"愉快、积极地生活"首要的是"喜欢和同学、老师交往",故笔者设计"让友谊之树长青"一课的学习目标是:

> 能够尝试化解青春期烦恼,采取正确方法面对成长过程中的顺境和逆境,自我管理,具有亲社会行为,敬畏生命,热爱生活(培养道德修养、健全人格、责任意识等核心素养);能正确认识和处理自己与同学、朋友的关系,个人与集体的关系,在团队活动中增强合作精神。

这些目标能够体现在小学学习基础上的增量发展。课堂教学素材的选择和学习活动的设计是紧紧围绕这些目标来逐步推进的。

二、以螺旋上升的理念选择教学素材

围绕上述学习目标,要选择合适的素材来创设学习活动。在"道德与法治"课程的教学中,有三类素材普遍地被使用:一是适合教学内容的歌曲、故事等素材,这类素材可以是图片、视频,也可以是文字;二是适合教学内容的新闻事件、学生自己的经历;三是用于课堂活动、游戏的素材,例如用于游戏的纸飞机、开盲盒等。这三类素材在小学"道德与法治"课中,要注意简易性、直观性和趣味性的原则,到了初中,就应该在此基础上逐步增加复杂性、抽象性和思辨性。这就是教学素材选择中的螺旋上升。

(一)教学素材的选择要符合年龄特点

教学素材的选择首先要符合教学内容的要求,但仅此是不够的,还要符合学生的年龄特点。如果不注意这一点,学生就会感到"幼稚""无聊",从而影响学习状态和学习效果。例如,歌曲是"道德与法治"课中常用的教学素材,在小学"拉拉手,交朋友"一课的教学中,可以选用童谣《找朋友》。第一遍让孩子边唱边拍手,可以同桌一起互动;第二遍唱时可以变换在教室里找自己喜欢的同学互动，也可以找老师一起互动。而初中阶段，如果再用《找朋友》童谣，就不符合学生的年龄特征和认知需求了。笔者在七年级"让友谊之树常青"一课中，用《中学时代》(王晓玲词，戴于吾曲)这首轻快明朗的校园歌曲导入，让学生边听边留心有下划线的词语，听完了老师有问题问大家，答案就在这些词语中。

听完《中学时代》后老师问："像阳光把心灵照耀的是什么?"学生齐声回答"友谊"。对了，友谊很重要，友谊的阳光把心灵照耀，与我们中学生成长同行，今天我们学习第五课"交友的智慧"第一框"让友谊之树长青"。

可见，同样选歌曲，《找朋友》《友谊天长地久》和《中学时代》是相同主题下的纵向延展，如果说前两首歌是直指友谊这一主题，《中学时代》则是多元主题，要增加理解友谊和求知的辩证关系。小学重点阐述交友的重要性，初中要突出交友的智慧。

(二)教学素材的选择要关注思维提升

教学素材的选择还要考虑到小学生与初中生在知识基础、认知水平和思维方式方面的变化。笔者在"让友谊之树常青"一课中，选用了美国影片《奇迹男孩》的片段。该影片讲述一位天生面部缺陷的小男孩奥吉，从小由母亲在家里教导，五年级时才有机会进入普通学校学习，因为长相受到同学们的嘲笑和欺负而自我封闭，在父亲、母亲、姐姐、老师以及好友的帮助下，最终找到了自信，并用自己的行动改变了其他人的看法，积极面对生活的励志故事。

课堂上，让学生观看奥吉和莎莫建立友谊的小视频，要求学生边看边记录:建立友谊需要做什么? 交友的智慧有什么?《奇迹男孩》是中文字幕的英文电影，要求学生有一定的英语基础;同时，这一素材中主人公在克服交友障碍的过程中涉及了生理、心理等诸多因素，对小学生来说要求相对过高了。但对七年级学生来说，一方面七年级学生有了英语词汇的积累，英文对话的剧情已符合学生的认知水平，并能够引起学生的兴趣;另一方面，经过《道德与法治》七年级第一单元"认识自己"的学习，学生已经知道要"用多把尺子量自己"，知道了要从生理、心理、社会等方面认识自己，小男孩奥吉天生面部有生理缺陷，直接影响了与他人交往的心理。矛盾更复杂了，思维层次也提升了。

三、以螺旋上升的理念设计课堂活动

教学目标已经确定，教学素材也准备就绪，"道德与法治"课堂的推进还有赖于一系列学习活动的设计，例如听歌曲、看照片、写友情卡、朋友推介会、友谊树结友谊果等。以螺旋发展的理念设计课堂活动是初小思政课一体化的落脚点。

(一)故事和视频：从感受到分析

听故事、看视频是"道德和法治"课堂中比较常见的活动，都需要结合学习内容进行。在小学阶段，可能比较侧重于体验和感受；在初中阶段，则需要在体验、感受的基础上进行有一定深度的解读和分析。

例如，在引导学生观看电影《奇迹男孩》片段后，设计"找一找"的活动，要求学生边看边记录，建立友谊需要做什么？交友的智慧有什么？在此基础上系统地整理出面带微笑、记住对方的名字、真诚夸赞等建立友谊的六个方法。这一活动过程，不仅包含了对电影故事的解读和分析，还要总结出交友的方法。

在本课教学中，笔者还运用了"钥匙开锁"的故事。让学生"讲一讲"这则故事对你有什么启示。先请学生个别回答后，老师相应的板书加同学的笔记，用浸润式对话让学生解读、分析故事中蕴含的交友之道，最后结合教科书的内容，整理出呵护友谊的智慧和处理冲突的策略有保持冷静、坦诚交流、及时处理、勇担责任、换位思考等。

(二)游戏和活动：从参与到思辨

参与式的游戏或活动是"道德与法治"课堂经常采用的学习形式，这类学习形式的优点在于通过亲身参与，让学生体验相应的知识和道理。在小学阶段，这类活动也多侧重于体验和感受；到了初中阶段，这类学习活动要适当增加思辨的含量。

借用心理咨询技术的优点轰炸法①，也是非常好的课堂活动。笔者在"让友谊之树常青"一课的教学中也设计了这一活动，并提供了下图所示的活动卡。

---

① 布拉德利 T 埃尔福特(Bradley T. Erford). 心理咨询师必知的 40 项技术 [M]. 第 2 版. 北京：中国人民大学出版社，2020.

夸一夸:优点轰炸

性格	
爱好	
特长	
期望	

　　七年级第一学期,刚刚从小学进入初中,班级新编不久,学生很期待志同道合的同学一起学习、娱乐、生活。在课堂中能有机会向全班同学展示和表达自己的兴趣爱好、特长追求,是十分契合学生的交往需求的。所以在设计活动时,一方面轰炸自己的优点,让学生与自己对话,主动开放,让同学们了解自己,有利于找到志趣相投的朋友;另一方面轰炸同学的优点,当对方听到你这么多赞美的话,一下子好感自然来,有利于搭建起友谊的桥梁。通过自我评价和他人评价来梳理个体的优点,也有利于凝聚班集体的正能量和向心力,有利于班级成员对今后的初中生活、对集体发展和未来进步信心满满!在课堂中,同学们发言十分踊跃,教学效果非常好。

　　在本课教学中笔者还运用了组队辩论赛。理不辩不明,这也是"道德与法治"课堂的重要活动形式。它不仅可以提高学生的逻辑思维和语言表达能力,训练胆量,并提高人际交往和文字综合能力,也符合学生的自我表现心理。但辩论的综合素养要求比较高,小学阶段,由于认知水平的制约,课堂辩论不容易组织,到了初中阶段,类似课堂辩论一类的思辨性活动可以适当增加。

　　总之,要以大中小学思政教育一体化的思想为指导,将初中"道德与法治"的学习建立在小学学习的基础之上,应以螺旋上升的理念确定学习目标,追求学生的"增量发展";以螺旋上升的理念选择教学素材,追求备课的"量身定制";以螺旋上升的理念设计学习活动,实现学生的"共同成长"。只有这样,才能真正达成初中"道德与法治"课程的教学目标,促进学生的不断成长和进步,为高中和大学的学习奠定更好的基础。

（供稿:许彩仙　新昌县七星中学）

构建三个课堂:
思政课一体化建设断点问题解决策略

一种价值观要真正发挥作用,必须融入社会生活,让人们在实践中感知它、领悟它。思政教育必须扎根于学生生活的具体事实中,"遵循思想政治工作规律,遵循教书育人规律,遵循学生成长规律"①,不仅要在学生的学习生活中开展,更要在学生日常生活中渗透。

统筹推进大中小学思政课一体化建设的关键在课堂。当下思政课堂存在的断点问题主要表现为:一是思政课堂教学目标、教学内容和教学方法与学生的学习生活脱节;二是思政课堂的组织形式与学生的日常生活偏离;三是思政课堂的辐射方式与新媒体发展存在偏差。

针对上述断点问题,积极构建思政教育"三个课堂"——主课堂、大课堂、云课堂,以不断增强中小学生思政课教育的亲和力和吸引力,发挥思政教育服务并推动学生自由而全面发展的育人实效。

一、主课堂——思政教育与学生学习生活融合

目前,"道德与法治课"和《习近平新时代中国特色社会主义思想学生习读本》(以下简称《习读本》)专题课程是推动中小学思政课一体化建设的主课堂。积极探索与实践以下主课堂教学改进策略,可循序渐进地将思政教育融入学生的学习生活,发挥主课堂的价值观引领作用。

(一)深入调查,精准定位教学目标

目前中小学思政课程设计者因为缺乏对不同学段学生的学习基础、学习需求和生活实际以及思想现状的深入调查,无法准确掌握各个学段学生在理解观点、分析问题、规范行为等方面的疑难与困惑点,因此造成教学目标与学生学习生活的断点。

我们要从教育教学的起始阶段就树立起思政教育一体化目标制定与学

---

① 习近平:把思想政治工作贯穿教育教学全过程[EB/OL]. http://politics. people. com. cn/n1/2016/1208/c1024-28935841. html.

生不同的学习生活实际相融合的自觉性[①],深入调查学生生活实际,从而精准定位教学目标。

策略实例:"规则意识"教学目标制定

如开展小学"树立规则意识"思政课教育时,通过调查问卷,学生普遍对在食堂里吃饭时排队进入比一拥而上堵在门口更节约时间且不易造成安全事故和引起同学间的矛盾有共鸣,那么制定"道德与法治"小学二年级的"树立规则意识"这一课时的课程目标可以为:真心认同学校规则,提升规则意识,自觉遵守学校和班级规则。

到了中学"道德与法治"课程的"遵守社会规则"和"宪法是我国的基本法"相关主题内容学习时,通过走访了解,大家对社会热点问题如上下学途中遇到汽车插队现象等有深切感受,那么制定课时目标时就需要因势利导地从小学阶段的校园生活拓展到社会生活。

思政教育小学阶段重在启蒙道德情感,中学阶段重在打牢思想基础,相关主题课程目标制定时,首先要对学生当下学习生活进行"放大镜"式的调查、梳理,在分析、判断中寻找适合学生体会认真遵守规则作用的真实学习生活中的问题情境,以精准制定教育目标。

(二)广泛收集,优化梳理教学内容

教材从编写到实际使用,需要一段时间,但学生学习生活因地而异、瞬息万变,教材部分内容因地域、时间等原因脱离各地学生生活实际,造成教材内容与学生学习生活的断点。

我们可以选择和收集学生学习生活中的典型案例,选取他们在校学习时言行表现中存在的问题,将真实鲜活的生活资源纳入教学内容素材库优化处理和系统安排。

策略实例:"人类命运共同体"教学内容整合

《习读本》分别呈现的主题为"人类是休戚与共的命运共同体"(小学),"人类生活在同一个地球村"(初中),"携手构建人类命运共同体"(高中)。如此宏大的主题,组织教学时我们可以与学生的学习生活相结合,为不同学段的学生搭建学习支架。小学段可以让学生通过回忆

---

① 赵浚,白如.思政课一体化建设的现实困境与实践策略[J].思想政治课教学,2021(5):16-19.

学习生活因疫情受到的影响、回忆班级真实案例了解主题；初中段可以让学生通过研学旅行见闻分析感悟主题；高中段可以让学生收看新闻报道、座谈时事，领会主题。以这样丰富多彩的形式展现完真实鲜活的学生生活后，引导他们分析、阐释和拓展中，可以循序渐进地达到"生活化思政教育"的效果。

聚焦不同学段学生关注的思政教育热点，将教学内容与学习生活融合，以浸润式学习方式为主，让学生在思政教育的过程中有梯度地成长，正是使思政课螺旋上升地完成一体化建设的不二法宝。

(三)灌启结合,合理运用教学方法

目前中小学思政课的教学方法与学生的学习生活契合度低,过于重视讲道理,对如何启发学生主动学习的思考较少,造成教学方法与学生学习生活的断点。

"灌启结合"的课程教学方法[①]适用于各学段思政课,依据小学生思维活动规律由浅入深地讲明道理,将道理讲准确、讲透彻;选择贴近中学生学习生活、符合认识水平的事例,引导学生融入课堂情境中,对典型事例进行分析论理,自主领悟道理。

策略实例:"没有共产党就没有新中国"课堂教学片段

1.看视频

共产党的成立与1919年中国爆发的一次运动密不可分,是什么运动?

让我们带着问题,回到1919年的北京看一看。

2.找答案

看了视频,结合阅读角的历史背景,请学生以小组为单位,填写完成以下三道题。

A. 五四运动中,青年们提出的口号是什么?

让我们一起为中华民族的存亡喊响这句口号!

(选一组学生拉横幅,喊口号)

B.你认为导致五四运动的导火索是什么?

---

① 林恩·埃里克森,洛伊斯·兰宁. 以概念为本的课程与教学:培养核心素养的绝佳实践[M].上海:华东师范大学出版社,2018.

C.讨论:为什么中国在巴黎和会上遭到不平等的待遇?

3.聊人物

A.大家都关注到了视频最后一位人物喊出的口号。你认识这个人物吗?

B.请打开学习资料包,了解李大钊同志的人生经历。

C.讨论:李大钊为什么不惧死亡?

上述案例中"看视频"引导学生观看电视剧《觉醒年代》片段,从李大钊和陈独秀的对话中直观感受革命先驱的初心使命。"找答案"让学生融入情境中去感受、体验、思考。"聊人物"以微论坛的形式,引导学生对重点问题进行思考、探究。这些"灌启结合"的教学方法层层深入启发学生自主学习,最终使其真心认同和接受所讲的道理。

二、大课堂——思政教育向学生日常生活渗透

陶行知先生在《生活教育》一书中指出:除了学习生活,日常生活也是重要的教育途径,"思政课不仅应在课堂上讲,也应在社会生活中讲",不能脱离日常生活的现实存在,必须从学生现实出发,与时俱进地提升思政教育的亲和力,使其像空气一样无所不在,才能实现思政课无断点一体化建设。

(一)抓早抓小,常规教育润物无声

普遍意义的思政教育对小学低年级学生而言目标太大,导致低年级学生的思政教育与学生日常行为规范教育的断点。

其实我们可以结合学生日常行为规范管理,充分挖掘思政元素,把爱国情、强国志、报国行以润物无声的形式融入其中,抓早、抓小开展思政教育。

策略实例:晨间谈话 10 分钟

一年级学生参加第一次升国旗仪式前,可以采用"情境教学法",先以播放天安门广场上升国旗的视频导入,引出中国的国旗——五星红旗。了解国旗的颜色和图形寓意。然后引导学生根据生活经验,聊一聊在哪里看到过国旗?什么时候参加过升国旗仪式?简单讲述这面旗帜在各个重要时刻"徐徐升起"的背后,中国共产党是如何带领人民从站起来、富起来到强起来的。接着,出示实物国旗,明确升旗仪式要求,带领学生做到"肃立、敬礼"。最后学生参加现场升旗仪式,完成小学生涯第一次升旗仪式的沉浸式思政教育。

"勿以善小而不为"，将生活常理、生活伦理和生活哲理等思政元素融入学生日常生活的方方面面，通过环境观感，在一些常规教育中开展思政教育实践活动，就能起到润物无声的效果。

(二)小初衔接，主题活动学伴同心

许多学校轰轰烈烈地开展党、团、队主题教育，但不重视一体化规划与落实，导致思政教育各学段衔接融合断点。

我们要把红色传统、红色记忆、红色基因与"十个明确""十四个坚持""十三个方面成就"等内容有机结合在一起，以党的理论创新为指导推进理想信念、家国情怀教育等主题教育"大带小"一体化发展。

策略实例：联谊共建红色路

在"七一"建党节以革命纪念馆和当地陈列馆为主阵地，组织小初衔接联谊班级学生(小学六年级＋初中一年级)以中学生与小学生边走边讲思政故事、边学边看新时代建设成果等形式，创新开展"红领巾读党史——建党百年""唱支山歌给党听——走进新时代""童心向党故事会——新征程新成就""同心手绘新时代"等思政特色鲜明的教育活动，在党史、红歌、革命故事、家乡新貌的浸润中，感悟民族精神、爱国主义精神和传统文化精神，感知中国共产党百年奋斗的伟大成就。

依托当地思政教育阵地，将中小学生以联谊班级的组织形式紧密联系在一起，在红色教育道路上服务并推动学生从小到大的全面发展，可以实现真正意义上的中小学思政课一体化建设。

(三)全员参与，家校教育同频共振

当下不少人认为家庭教育十分重要，但对学生进行思政教育是学校的责任，家长可以置身事外，造成开展思政教育时学校行为与家庭行动的断点。

我们可以通过组织家庭思政研学行动，利用当地的红色资源、文化资源、科技资源和企事业单位资源，发挥社会中英雄模范人物、名师大家等的示范引领作用，推进思政课一体化建设。

策略实例：二孩家庭研学行

以二孩家庭(小学低段＋小学高段；小学高段＋初中；初中＋高中)为服务对象，通过阵地打造、活动串联等举措，开发思政教育有实效的

亲子思政研学课程。开展项目式、主题式、探究式的研学行动,促进学生、带动家庭成员良好品德形成和社会性发展,让每一个参与者在实践中认识国情、了解社会,在社会实践中开展全民思政教育。

思政课具有的实践性意蕴,要求我们秉持"开门讲思政"的理念,将思政课堂搬出校门,走向社会,走进家庭。结合当下社会的研学热点和越来越高的二孩家庭占比,把"学校、家庭、社会"三条纽带紧紧拴在一起,将中小学思政教育一体化渗透进千家万户的日常生活,可以实现思政课堂与社会课堂同频共振。

三、云课堂——思政教育与新媒体传播协调发展

现在的中小学生都是"数字原住民",因此思政教育场域不能只局限于线下。实施思政教育与新媒体传播融合发展的三项策略,构建日常化的思政云课堂,能让思政教育因贴近当下学生的喜好而使其认同和接受,提高思政教育一体化实效。

(一)时政微课,向上氛围合力营造

时事政治的学习是思政教育课程中不可缺少的部分,但目前大多数读、背为主的知识获取形式与新媒体传播方式存在断点。

我们可以通过校园电台、学校公众号等媒体,创设时事政治微课堂,用学生喜闻乐见的传播方式,营造积极向上的校园网络文化氛围。

策略实例:"浙里有我 同心共富"小学思政微课设计

首先引导学生收集新闻中跟脱贫攻坚有关的人物、故事、图片、成就;接着,把这些内容通过"数字成长袋",推送到学校公众号,在假期里融合思政教育综合实践学习要求,引导学生进行观看和学习,了解浙江在脱贫攻坚战中做出的巨大贡献;结合线下分享和讨论,将学生的学习心得、实践作业、感想行动等内容,制作成"微视频集锦",通过校园电视台每周一播栏目,面向学生进行动态反馈,辐射家长和社会,在全社会营造积极向上的网络文化氛围。

浙江是全国首个完成脱贫攻坚任务的省份,这是十分有说服力的思政教育资源。以此为主题的时政微课以学生亲历的身边事、身边人为素材,开展起来接地气、有底气,定能激发学生做美好未来的参与者、贡献者的驱

动力。

(二)朋辈融圈,良好舆论全域引领

因为网课的缘故,学生已熟练掌握钉钉、微信、QQ等平台的使用方法,但他们的话题方向与良好舆论存在断点。

我们可以了解和关注学生通过班级群、朋友圈、QQ空间等分享的生活状态和日常生活情境背后隐含的思想状况,创新开展思政教育。

策略实例:构建"小思"中学思政朋友圈

为了提高思政课堂的吸引力和实效性,根据"读图时代""热词时代"等网络阅读特点,首先打造虚拟网络思政IP"小思"。作为学生的"心"朋友,"小思"的人设阳光、温暖,三观正、实力强。接下来遵循"将大政策转换为小趣闻、大道理转化为小故事"的思政朋友圈发布原则,将网络热词融入思政教育,讲述学生身边的思政故事,传递学生听得进的思政声音。同时以平等互动的思维,由"小思"关注学生朋友圈中的思想动态、心理需求、日常生活,为学生进行答疑解难、正向引领,最终实现思政教育与学生日常生活的双向互融。

IP网络虚拟人物的构建,既可以把学生群体点滴的日常生活融入思政教育内容素材,也可以用他们喜闻乐见的形式及时介入话题讨论,引发情感共鸣,引领舆论走向。

(三)场域拓展,价值推广跨山越海

"百花齐放才是春",积极融入数字技术,时刻把握多场域,引领教师专业发展转型①,是解决当下德育师资向思政教育师资转变的关键措施,也是将思政教育价值扩大化的有效途径。

策略实例:"爱国心 山海情"思政教育山海协作

在与景宁畲族自治县结对学校建立"联帮带"山海协作思政共同体后,我们推进两地思政课教师线上"同备一堂课""同上一节课"活动。通过网络连线的方式,开设云端思政课"爱国心 山海情",让别开生面的思政课跨越山海在景宁和绍兴同步进行,让两地学生一同倾听思政好故事。两地的同学们课后还通过网络视频进行互动交流,互相激励

---

① 冯强.在学科教学转型中引领教师专业发展的校本实践[J].上海教育科研,2023(5):40-43.

彼此在学习中取得优异成绩。绍兴的同学热情发出访学邀请,诚邀景宁的同学走进美丽的绍兴校园,一起交流学习。相信一段结对情、两块智能屏,一堂思政课,定让山海情"云"相连。

在建党百年之际,增强思政教育的山海协作,实现"教育共富"将为这一新发展阶段的浙江高质量发展、竞争力提升和现代化先行注入强劲动力,发挥思政课一体化建设的最大效益。

(供稿:张春红　上虞区博文小学)

主题二
思政教育一体化

融入课程思政的职业生涯教育一体化实践
——以姚湄地区 K-12 联盟学校为例

"课程思政"这一理念旨在通过整合所有教育环节,确保所有课程与思政课程相互配合,共同推动全员、全程、全方位的育人目标,形成协同效应,处理好"全程贯穿"与"学段差异"的关系,把"立德树人"作为教育的根本任务的一种综合教育理念,着力克服大中小学教学脱节的现状。将"课程思政"的理念有机融入职业生涯教育的各个环节,促进知识教育和价值导向的有机结合,是实现立德树人根本任务的必然要求和应有之义。职业生涯教育内容涵盖了诸如职业价值观、职业道德和职业素养等旨在引导个人价值观和道德观的思政要素。因此,职业生涯教育在"三全育人"和"课程思政"上都有其天然的优势。

姚湄地区域内基础教育学校、学段序列完整。为了更好发挥区域内优质教育资源的示范引领力,在联动共享中生发、激发区域内生力,成立了姚湄地区 K-12 教研联盟,这为构建区域学校联动实践模式、推动职业生涯教育一体化建设、真正实现区域师生的专业发展和生命成长奠定了坚实的基础。自联盟成立以来,在立足学生生涯发展需求、尊重各所学校优势和差异的前提下,打破校际界限,组建区域生涯规划研习团队,围绕"立德树人"根本任务,引导联盟内学校挖掘思政元素,融入职业生涯教育中,探索"一体化研修、校本化推进"的中小学生涯教育联盟学校建设模式,形成职业生涯教育工作区域一盘棋。

一、顶层谋划——实现职业生涯教育机制一体化

在推进区域生涯规划一体化教育中,姚湄地区 K-12 联盟学校探索基于立身行道、成事成人的中小学生职业生涯教育指导体系。作为联盟商议和决策机构的理事会制订职业生涯教育区域实施的整体规划,挖掘职业生涯教育中的思政元素并结合联盟内中小学校各自的特色架构校本生涯规划课程,以"思政元素化、课程本土化、内容多样化、评价多元化"为原则,统筹规划、全程贯穿、分步实施、协同推进,通过与实验学校合作,着力打造幼小初高中一体化的职业生涯教育。作为联盟业务指导部门的绍兴市教育教学研究院和诸暨市教育研究中心积极参与生涯规划课程的开发与实施,为各实验学校提供策略支持,帮助解决在课程推进中遇到的各种问题。生涯研习营是课程思政一体化建设区域探索与实践的主要组织,结合区域、学校和学生的实际情况,着力寻找职业生涯教育与课程思政内涵之间的结合点,整合学科中丰富的专业知识与职业信息,挖掘学科内容中的职业生涯教育内容,纵向遵循学生生涯发展的特点和需求,横向以学校、家庭、社区、企业四个生活领域为职业生涯教育场,灵活设计合适的方案,从而帮助学生顺利完成当下的生涯发展任务,助力学生进行长远的生涯规划。纵向遵循全面性和差异性等原则,通过课程、辅导、活动等方式全方位协同开展[①](如图 1 所示)。

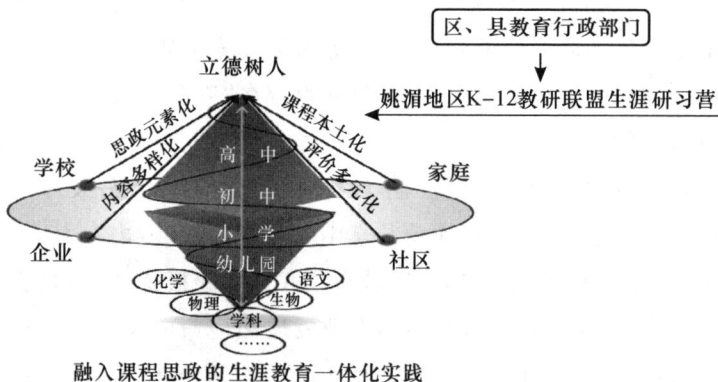

图 1 融入课程思政的生涯教育一体化实践

---

① 陈宛玉.一体化:中小学生涯教育的必由之路[J].江苏教育,2022(80):1.

二、统筹协调——完善职业生涯教育内容一体化

实现融入课程思政的职业生涯教育一体化实践的重要前提是通过挖掘思政元素,拓宽、延伸职业生涯教育的教学内容。联盟以"培养什么人"这个教育的首要问题为根本导向,以促进学生成长成才为出发点和落脚点,结合区域联盟内各学校(园)实际,挖掘区域职业生涯教育所蕴含的思政元素。一直以来,姚湄这片土地的人民用"三不相信试试看"敢闯敢拼、勇于挑战的精神,"石板道地掼乌龟"实打实、硬碰硬的精神,"小布衫里脱出"大气担当、大局为重的精神,打造了中国现代史上关于五金的神话、珍珠的神话。联盟学校培养的许多毕业生学成后返回家乡,经过拼搏和奋斗,成了当地经济建设的主力军。这本身就蕴含了职业生涯教育内容包含的理想信念、家国情怀、工匠精神、责任担当等价值引领相关的思政元素。

联盟生涯研习营基于舒伯生涯理论,根据幼小初高不同学段学生的个体认知水平、职业了解程度和职业探索能力,实施与相应年龄阶段学生需求和身心水平相适应的职业生涯教育活动内容和方式,构建了职业生涯教育内容体系,如表1所示。

表1 姚湄地区 K-12 联盟学校职业生涯教育内容体系

学段	生涯发展特征	生涯教育阶段目标	思政元素	生涯教育内容
幻想期(10岁之前)幼儿园与小学中低年级	具备一定的生活控制能力,获得胜任工作的基础,认同并建立起自我概念,对职业好奇占主导地位,并逐步有意识地培养职业能力。热衷于幻想游戏中的角色扮演	初步了解各种角色和常见的职业;在游戏中体验职业,学习并完成常见职业的简单劳动过程;培养其对劳动者的热爱和对劳动成果的尊重,建立吃苦耐劳、有毅力和坚持性的优良劳动品质	理想信念诚信文化劳动精神家国情怀	结合老师的讲解,通过趣味性的体验活动,使其从外界感知到许多职业,对于自己觉得好玩和喜爱的职业充满幻想和进行模仿,初步感知社会,发展对工作世界的态度,逐步社会化
兴趣期(11～12岁)小学高年级	开始意识和关心长远的未来,通过学校学习、社会活动来认识自我,理解世界以及工作的意义,初步建立起良好的人生态度兴趣逐渐成为其行为方向的主要因素	树立劳动是光荣的,各种职业都是平等的理念;明确地表达自己的梦想和期望目标;培养为他人服务的劳动意识和建设祖国的主人翁精神	理想信念诚信文化劳动精神家国情怀社会责任感	学习掌握职业的基本知识和能力要求,开展动手的职业技能体验活动,在内心深处形成职业选择的苗子,激发职业兴趣。初步形成职业价值观

续表

学段	生涯发展特征	生涯教育阶段目标	思政元素	生涯教育内容
能力期（13～14岁）初一、初二学段	能力的重要性逐渐增加，开始考虑未来工作所需的条件与训练	认识到个人的价值与社会需要的关系；能够将理想与现实结合起来，初步建立人生规划，树立人生理想，引领积极的人生规划	理想信念家国情怀社会责任感奉献精神	认知社会，了解社会的运作，了解工作的内涵与要求，提高社会参与程度，探索与培养自己的能力，开始考虑自身条件与喜爱的职业相符合否，有意识地进行能力培养
试验期（15～18岁）初三到高三学段	有了初步的职业选择范围，并且为之准备。对于未来发展有了暂时性的决定，并对这些决定不断地进行反思和修正，开始考虑未来可能的职业领域和工作层次，并为之做准备	明确自我认知，了解自己的性格、潜能、特质等方面的特点；将个人需要与社会需要相结合；清楚认识职业工作内容和职业要求；掌握人生规划的具体技能；职业偏好逐步具体化	理想信念工匠精神家国情怀社会责任感职业荣誉感	逐步提升对职业和工作的理解和领悟，通过学习与实践的积累，提炼出个人化的职场方向，并开始付诸实践。通过模拟职业实习、职业规划课程等形式，帮助学生掌握不同岗位的特点和职业的技能要求，初步掌握职业技能，引导学生综合认识和考虑自己的兴趣、能力与职业社会价值、就业机会，开始进行职业规划

  结合地方与学校特色，围绕学生核心素养发展，经过不断探索和实践，联盟逐渐探索出一套区域生涯校本课程体系。高中学段开设生涯教育基础课程，这是学校的必修课程，这也是新高考改革的必然要求。在具体的教学内容设计中，授课教师需要根据课程的关键知识点，精心搜集相关的思政教育资源，适时将思政元素与关键知识点融合，让学生在学习的过程中既实现知识和能力目标，又能够树立起生涯发展的自主意识、积极正确的人生观、价值观和职业观念。

  同时职业素养提升课程、学科渗透课程、职业体验课程贯穿在所有学段。职业素养提升课程主要是融入在学校的德育活动、主题班会中。学科渗透课程主要是为了应对思政教育和生涯教育课程师资缺乏，课时安排等现实困难，促使思政教育、生涯教育与学科融合成为更务实与全面的有效方式。主要是结合学科课程内容与教材知识体系，整合学科中丰富的专业知识与职业信息,挖掘学科内容中的职业生涯教育内容,在学科活动中融入课程思政元素,体现职业生涯教育的理念,在学科知识学习与学科能力提高中增强生涯规划意识。[①] 职业体验课程是幼儿园、小学、初中学段职业生涯教育的主要方式,学生在实际工作岗位上或模拟情境中见习、实习,体验职业角色的过程。它注重让学生获得对职业生活的真切理解,发现自己的专长,培养职业兴趣,形成正确的劳动观念和人生志向,提升生涯规划能力。如视北小学的"五香"劳动课程,即"农耕之香""培育之香""技艺之香""美育之香"和"服务之香"都包含两种劳动形式,相互之间与"三大类劳动"既独立又紧密相连。学生亲手操作和实践,经过有趣的活动再现劳动体验,重树正确的劳动观,让学生变得阳光、积极、向上(如图2所示)。

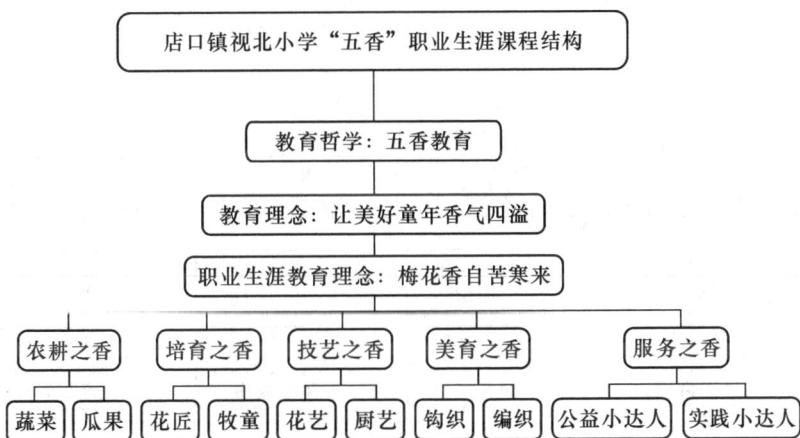

图2 店口镇视北小学"五香"职业生涯课程结构

三、创新载体——推进职业生涯教育活动一体化

活动是开展职业生涯规划教育的重要载体和途径。活动的开展不仅仅是联盟学校的工作,更应该渗透校外力量,让学校、家庭、社区、企业共同参与,在活动中使学生的个人学习生活和社会生活达成统一,通过校内外共育的活动,使学生能重新认识自己的理想,从而执着地坚持自己的追求。联盟各校积极探索,创新活动方式,基于认知信息加工理论(CIP理论)开展体验式生涯辅导活动,根据各学段学生的认知特点和规律,通过还原职业、劳动

---

① 李锋,陈鹏.立体·多维·校本:普通高中生涯教育课程体系建构研究[J].江苏教育研究,2021,(Z1):67-72.

现场,引导学生获得特定的职业经验,促进学生观察、思考、学习,并在亲身感受中获得新的生涯知识、职业技能和职业素养。

职业价值观教育是职业生涯教育的重中之重,为此联盟生涯团队在活动策划的时候深入挖掘"知——理想信念;情——家国情怀;意——工匠精神;行——责任担当"四类思政主题元素,精选高度契合的思政载体——榜样人物、优秀校友、劳模故事等,并且在空间坐标上以学校、家庭、社区、企业四个生活领域为职业生涯教育场贯通起来,各个学段通过生涯大讲堂、模拟商赛、企业主题实习、职业体验、职业人物访谈等活动围绕各个专题进行主题式活动(如图 3 所示)。

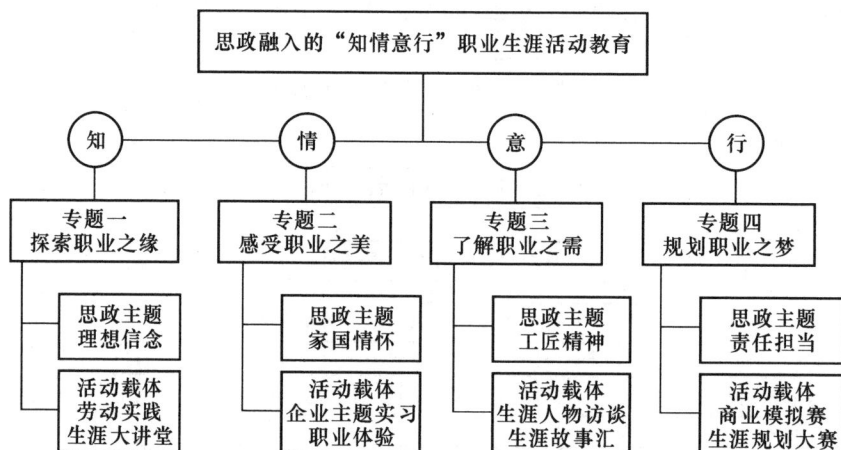

图 3　思政融入的"知情意行"职业生涯活动教育

为共建家校生涯资源,更好地搭建学生生涯体验的平台,联盟内学校成立家长委员会,开办家长学校。联盟生涯研习营作为主导,开设家庭教育讲座、生涯家长课堂,开办线上家长学院,向家长传递生涯理念、专业职业知识,以及新高考、中考政策等。比较典型的活动是"描绘你的'家庭树'"主题系列体验活动。各学段通过主题班会的开展让学生知道自己的家庭资源、家庭拥有的社会网络资源,让学生通过描绘、检视自己的"家庭树",明确家庭(父母)对自己的期待,加强自身和家庭之间的连接,并且可以通过对"家庭树"成员的访谈、调查、反馈,了解专业、职业,为做好学业规划、职业启蒙教育奠定基础。

通过校企合作,传承家乡实干创新精神是课程思政融入职业生涯教育的重要缘起。"融合姚湄实干创新文化,激活学生发展潜能"的校企合作理念也已经深入学生内心。比如湄池中学开发了与店口经济文化相配套的特色选修课程"大城小事——解读店口的造城运动"①，激发学生热爱家乡的情怀。又比如山下湖镇中学利用珍珠之都的地域特色将珍珠元素与工匠精神的结合作为职业生涯教育的主要方向，"美丽珠乡""珍珠制作""创意 3D 珠宝饰品设计"等拓展课程运用课内与课外相联系、知识与能力兼重、必修与选修相结合的方式，唤醒学生的潜力，发展学生的才智，培养学生"容、韧、修、亮"的优秀品质。依靠店口镇"智造小镇"的优势，明诚小学开设了无人机课堂、电子百拼等实践性课程，湄池小学开设了 3D 创客室、航空航天室等体验区域。

除此之外，和企业合作开展的商业模拟挑战大赛和商业领袖大赛是区域职业生涯教育活动的强有力补充。它将现实中的商业活动缩小到一个比赛中，企业经理人全程指导，学生可以直接接触现代经济运行的流程、模式，感受独立创造中的成就感。这种方式得到了来自商业世界的接纳，激发联盟内学子对商业运作的兴趣，并产生自尊、自信的正向情感，激励学生执着追求商业理想。②

企业还为联盟内初三和高中学生提供假期企业主题实习项目。以"五金发展史与制作原理"主题实习活动为例，带领学生去考察盾安集团，以团队合作的形式，完成"空调的制造原理""空调的维护""空调的销售"等项目设计。通过这些体验实践活动，同学们对创业、对财富、对职业生活有了感性的认识，他们反思自己的能力，思考自己当下的生活与社会生活的关系，从而独立地设计出自己未来生活的图景，为人生筑梦。

四、成长增值——健全职业生涯教育评价一体化

全面推进课程思政一体化建设是落实立德树人根本任务的战略性举措，其核心要义是寓价值观塑造于知识传授和能力培养之中，帮助学生塑造正确的世界观、人生观和价值观。因此我们认为融入课程思政的姚湄地区 K-12 联盟学校职业生涯教育一体化评价标准应当以坚定职业理想信念为中心，把培养全面发展的人作为教育的根本目的，根据思政教学目标分阶段持续关注、分析和评价学生的生涯成长状态，各学段通过建立生涯档案，更

---

① 郦娣，郑彩亮.沧海横流方显本色——生涯规划教育团队构建模式探索[J].中小学心理健康教育，2019(23)：72-74,52.
② 郦娣，郑彩亮.沧海横流方显本色——生涯规划教育团队构建模式探索[J].中小学心理健康教育，2019(23)：72-74,52.

强调关注学生的生涯发展轨迹,根据学生的起点和增长幅度来进行评价。这种增值性评价方式使学生对未来的目标更加明确,执行力更强,学习动机更持久。各年段具体评价内容见表2。

表2　姚湄地区 K-12 联盟学校职业生涯教育增值评价——生涯档案

学段	生涯档案	生涯档案内容
小学	绘·童画	我的自画像　生涯漫游　爱劳动　职业模仿　生涯启蒙
初中	探·成长	我的自传　生涯畅游　爱体验　职业访谈　生涯探索
高中	启·规划	我的陈述　生涯规划　爱实践　职业体验　生涯决策

各年段具体评价维度和指标见表3。

表3　姚湄地区 K-12 联盟学校职业生涯教育生涯档案评价维度及指标

评价环节	一级指标	二级指标
自我认知	我的自画像	认识自己的优缺点和兴趣爱好,悦纳自己,建立角色意识
	我的自传	客观地评价自己,认识青春期的生理特征和心理特征
	我的陈述	确立正确的自我意识,树立人生理想和信念,形成正确的世界观、人生观和价值观
生涯觉察	生涯漫游	初步了解各种角色和常见的职业,树立劳动是光荣的,各种职业都是平等的理念
	生涯畅游	认识到个人的价值与社会需要的关系
	生涯规划	明确人生角色的义务和责任,形成对他人价值观的理解和尊重;认识到自我发展与社会发展的依存关系,树立职业神圣、职业平等的意识
生涯行动	爱劳动—职业模仿	初步感知社会,发展对工作世界的态度,逐步社会化,培养为他人服务的劳动意识和建设祖国的主人翁精神
	爱体验—职业访谈	了解工作的内涵与要求,探索与培养自己的能力,开始考虑自身条件与喜爱的职业相符合否,有意识地进行能力培养
	爱实践—职业体验	模拟职业实习掌握不同岗位的特点和职业的技能要求,初步掌握职业技能,提炼出个人化的职场方向,并开始付诸实践。
生涯目标	生涯启蒙	积极促进学生的亲社会行为,逐步认识自己与社会、国家和世界的关系,学会表达自己的梦想和期望目标
	生涯探索	结合理想与现实,初步建立人生规划;把握升学选择的方向,培养职业规划意识,树立早期职业发展目标
	生涯决策	充分了解兴趣、能力、性格、特长和社会需要的基础上,学会决策,确立职业志向,培养职业道德意识,进行升学就业的选择和准备,培养担当意识和社会责任感

在推进区域职业生涯教育一体化的过程中,姚湄地区始终立足"立德树人"这一总方针,始终把思政工作贯穿于职业生涯教育教学的全过程,紧抓顶层设计,遵循不同学段学生的生涯发展特征,全员、多角度、多方位进行整体推进,在具体的实践过程中,家国情怀、工匠精神、社会主义核心价值观等思政元素融入专业生涯知识的讲解中,充分调动学生积极思考自己未来和国家发展的关系,激发学生的爱国情怀和社会责任感,培养学生开拓创新、责任担当的意识,最终实现区域"立身行道,成事成人"的总体目标。

(供稿:郦娣 诸暨市湄池中学)

红十字精神融入大中小学思政课
一体化建设的逻辑路径研究

2022年5月1日,《中华人民共和国职业教育法》(简称《职业教育法》)正式施行,推动我国职业教育发展迈入了新征程,也意味着职业教育要以培养适应区域特色经济发展需求的高素质技术技能人才为宗旨,满足人民群众多样化职业教育需求,形成由中职、专科、本科到研究生有机衔接的一种教育体系[①]。

根据《教育部关于职业院校专业人才培养方案制订与实施工作的指导意见》,职业院校对人才的培养要坚持"育人为本,促进全面发展"的基本原则,积极构建"思政课程＋课程思政"大格局,推进全员、全过程、全方位育人,实现思想政治教育与技术技能培养的有机统一。结合职业院校学生的特点,创新思政课程教学模式,在教学中坚持弘扬"人道、博爱、奉献"的红十字精神,深化"以人为本,生命至上"的理念,践行"保护人的生命和健康"的宗旨。以红十字精神为载体,发挥职业道德教育的教学导向作用,使各专业逐步形成基于岗位特色的红十字精神和职业道德内涵,帮助学生树立正确的价值观,形成良好的职业道德,成为在本职岗位上无私奉献和对社会负责的人。让我们的职业教育学生"眼里有爱",对职业充满热情。[②]

一、红十字精神融入职业教育思政课一体化建设的设计

团队发现,尽管中职和高职院校都已经积极开展红十字普及推广活动,并形成了一定的规模,但是仍存在教学内容重复、教学方式单一、教学活动设计不符合学段等诸多非一体化建设的问题。不同学段的青少年在社会阅历、对知识文化的理解和接受能力、思想品德发展水平等方面都存在较大的差异,在红十字精神推广教育中,思政课应遵循学生的认知规律与思想品德形成发展规律,以横向贯通有机协同、纵向衔接螺旋上升为原则,形成中职

---

① 郭稳涛,肖志芳.高职本科教育的内涵特征与发展途径[J].教育与职业,2016(15):16-19.
② 陈艺芬.浅析高职医学院校红十字会工作与思政教育的有机融合[J].白城师范学院学报,2013,27(1):90-93.

和高职有机统一的思政课育人体系。

(一)中职阶段:红十字精神刻板认识 被动练习急救技能

中职阶段的青少年正处于抽象思维发展由经验型向理论型转化的过渡时期,这时抽象与具体获得了高度的统一,抽象逻辑思维也获得高度的发展。整个中学阶段,青少年的道德也迅速发展,他们处于伦理道德形成的时期[①]。在学习方面,中职学生可能存在自信心不足、学习重视度不高等问题,但是也有好奇心足、动手能力强、服从老师安排等优点。

红十字精神的内涵是丰富的,根据年龄特点合理分配到各个年龄段。中职一年级第一学期认识备灾救灾工作,及时向灾区群众和受难者提供急需的人道援助,参与灾后重建。中职一年级第二学期认识急救护和防病知识的宣传、普及、培训,提高应急条件下的应急救助能力和水平。中职二年级第一学期认识社会救助及相关服务工作,对易受损人群进行救助,为困难群众提供服务。中职二年级第二学期认识依法开展和推动遗体、器官(组织)捐献工作和中国造血干细胞捐献管理工作。中职三年级第一学期认识无偿献血的宣传推动工作。中职三年级第二学期认识国际人道救援工作和依法募捐工作。

同时,结合学校社团活动开展心肺复苏、AED、创伤包扎等急救技能的普及性学习,为走上社会岗位打下基础。配合开展符合青少年特点与需求的红十字文化活动,如具有红十字特色的演讲比赛、征文比赛、知识竞赛、书法、绘画等活动,培养青少年良好的兴趣爱好,增长知识才干,陶冶道德情操,培育青少年之间相互关爱、相互帮助、和谐友善的人际关系。在红十字特色活动中对红十字志愿活动有更具体的认识,在具体事件中探讨红十字精神的内涵,打造理性认识。

(二)高职阶段:红十字精神岗位内化 主动运用急救技能

大学生在思维水平的发展上几乎达到了"高峰",理解、觉察、推理、想象以及辩证思维能力都得到高速发展,基本上达到最好状态。与中职阶段不同,随着社会阅历的增长,其世界观、人生观、价值观基本形成,道德观趋于稳定,个人品德趋向成熟[②]。具体表现在对专业岗位有更深刻、全面的认识,

---

① 林崇德,李庆安.青少年期身心发展特点[J].北京师范大学学报(社会科学版),2005(1):48-56.

② 林崇德.发展心理学[M].杭州:浙江教育出版社,2002.

更明确自己的喜好与方向,对专业知识和技能的学习更有主观能动性。

高职学生距离社会岗位更近,不再满足于浅显地认识红十字精神。思政课需要结合专业岗位职能和职业道德,挖掘更契合本专业的红十字精神内涵,寻找专业特色的教学内容,引领学生完成红十字精神的本岗位内化。例如,空乘工作中遇到突发性卫生间失火、旅客突发病症等意外紧急情况,乘务员在调整好自身情绪保持镇定的情况下,还得随机应变,安抚旅客的情绪,同时有力且妥善地处置特殊情况,这背后便需要对乘客的博爱、对社会的奉献精神的支撑,面对特殊情况不是逃避,而是勇敢扛起肩上的岗位责任。

同时,积极拓展课外教学,围绕红十字"三救""三献"的核心业务,以学生兴趣点为出发点,丰富红十字志愿服务活动内容,创新形式,积极打造品牌活动,如献血宣传月、救护情景剧大赛、应急救护技能大赛、红会进社区、"博爱青春"暑期社会实践等。积极宣传志愿者活动,鼓励学生积极加入,让大学生在各类丰富多彩的志愿者活动中体悟奉献的红十字精神,在潜移默化中内化新时代红十字精神。同时,大学生可以丰富人生经历,开拓自身视野,结识志同道合的朋友,帮助他人过程中获得内心满足。

二、红十字精神融入职业教育思政课一体化建设的实施

在大中小学思政课一体化的宏观教育政策指引下,中职学校思政教师可实施以下举措。

(一)教师研修是思政一体化的内在动力

只有一支高素质的思政课教师队伍才能扎实推进大中小学思政课一体化建设。中职学校首先需要扩大专职思政课教师的规模,提升、优化兼职思政课教师的思政素养。思政课专任教师和班主任积极参与市红十字会师资培训班,充实红十字基本知识,强化院前急救的基本原则和各项现场救护知识,巩固教师的基本救护技术,并采用模拟授课的形式进行教师之间教学方法和技巧的交流提升。培训结束时精心准备理论、操作、教育能力三方面的考核,以期教师能将红十字精神更好地融入学校的思政教育工作中。

同时,注重三个年级的教师进行跨级交流和高职院校教师的跨段交流,对中高职的教材进行整合重组,有利于将自身所处的年级与前后年级相联系,备课时充分考虑到学生已经具有的认知水平,又为后面的教师预留出授

课空间，增强教师的一体化意识，实现教学内容纵向梯度化衔接与螺旋上升，避免重复赘述与脱节。

(二)教学内容是思政一体化的重要载体

团队教师紧跟热点时事，充分考虑专业特色、时代背景以及不同学段学生的特点，由浅入深地结合红十字感人故事与先锋模范，丰富教材内容，在符合学生认知与道德心理发展规律的基础上，照顾到思政教材内容的系统性和整合性；既铺展延伸到不同学段，又避免简单机械重复。

高一年级结合岗位安全教育，通过"肾衰竭需要器官移植""白血病患者需要骨髓移植"等案例，认识依法开展和推动遗体、器官(组织)捐献工作和中国造血干细胞捐献管理工作，引导学生关注自己、家人、患者的健康。高二年级认识无偿献血的宣传推动工作，增强使命担当，为社会奉献自己的一份力量，争做社会主义合格建设者和可靠接班人。高三年级通过俄罗斯、乌克兰冲突事件认识国际人道主义救援工作和依法募捐工作，将提升政治素养与深化红十字博爱精神相融合。

同时丰富教学形式，理论教学结合专题手抄报、知识竞赛、情景表演等校园活动，系统性地将以"人道、博爱、奉献"为核心的红十字精神有机融入教材与校园生活，以生命观为核心，引导学生在个人、家庭、社会、国家、世界层面上思索生命的价值，使其懂得珍爱生命、敬畏生命，从而更好地提升新时代红十字精神的教育价值。

(三)多方共育是思政一体化的肥沃土壤

红十字会工作是立体式的，多方位的，注重学校、家庭、社会的密切联系、相互促进、共同发展。不论学习还是工作，都要深入实践，实践出真知。"大思政课"理念意味着不仅局限于课堂教学，教师也要重视课外教学，牵线社区，合作实习单位提供技术和资源支持，构建思政教育同心圆，拓宽思政教育的渠道和途径。教学组织者创造特定的教学情境，让学生在参与体验的过程中得到思想上的启发，通过相互间的讨论与分享，使其加深对人道、博爱的理解，产生要奉献的意识，进而促使奉献的行为。体验中充分调动学生的主观能动性，打破传统教学，争取较好的教学效果。

如中职护理一年级学生，医学基础较为薄弱，可在学雷锋日、重阳节等组织常见的志愿服务，如看望养老院的孤寡老人、清洁社区卫生等，实践志愿服务精神。中职护理二年级，可以组织开展慢病健康管理小课堂、绘制护理知识宣传海报等,用自己学到的医护知识服务群众、宣传健康知识。中职护理三年级进入临床实习,护理操作技能得到大幅提升,这个阶段可以组织送医进社区志愿活动,给社区居民免费提供测量血压、血糖等志愿服务,也可以在医院组织导医、陪诊活动,帮助单独就医的老年人或是对医院的地形、流程不熟的患者。

学校有义务畅通红十字传播途径,结合各阶段的能力特点,因地制宜地开展社会志愿服务实践活动,让学生经受锻炼,开阔视野,增长才干,丰富学校思政教育的内容,培养和造就更多有理想、有道德、有文化、守纪律的一代新人。

(四)评价体系是思政一体化的方向引领

教学评价在思政教育教学中发挥着重要的作用,可以帮助教师清楚自身的工作成效,学生明白自己的学习效果。应科学划定评价标准,形成"学""教"分离的双线评价体系。

"学"的评价避免唯分数论与教师单一评价。为引导学生践行社会主义核心价值观,学校对每一位学生进行德育评价,建立德育档案。教师负责评价课堂表现,同学负责评价绘制海报等小组合作活动中的贡献值,家长评价家务劳动等家庭贡献值,校企合作单位根据志愿服务次数、服务时长、服务态度等情况评价社会贡献值,多维评价避免片面化。同时,将低年段评价结果跟随到高年段,增值评价更个性化,同时纵向了解学生对思政课接受程度的变化。

"教"的评价既是当前教学活动的结束,也是后续教学活动的起点。教师同上一堂课、同评一堂课,共同探讨,互相促进;通过问卷了解学生对思政认知和理解、各教学目标达成度对比等。从多个角度评价教师的教学,了解学习效果与学习需求,提供持续改进的驱动力,便于动态指导教师进行后续教学改革,力求思政教育落地,让学生切实获得素养的提升。

三、红十字精神融入职业教育思政课一体化建设的成效

在职业教育思政课中融入红十字精神,使学生开始有意识地思考个人价值,对生命的体验与发展有了更深的了解,对职业不再是一个冷冰冰的岗位认识。对专业的选择不仅局限于有利于就业的考虑,更有了"以人为本"的温暖,着眼于关爱、尊重、提升、拓展生命的价值与意义。

未来还需树立大思政理念，建立大思政格局，将红十字精神融入学校大思政三全育人全过程，将"人道、博爱、奉献"合理融入专业知识和职业道德学习，进行主流价值引领，使各类课程与思政课程、管理工作与教学工作同向同行，形成协同效应，以期将我们的职业教育学生培养成"德技双馨"的社会主义现代化建设的重要参与者。

（供稿：蔡琦叶 绍兴护士学校）

一体化视域下"红色文化资源"融入
思政课的价值意蕴与路径选择

在统筹推进大中小学思政课一体化建设的背景下,作为学校承担着全面贯彻党的教育方针,着力解决好培养什么人、怎样培养人、为谁培养人这个根本问题。作为教师承载着传播知识、传播思想,塑造灵魂、塑造生命的时代重任。为此,如何切实提升思政课的教育教学实效性,更好地发挥思政课育人主渠道作用。在大中小学思政课一体化建设中按照螺旋上升的原则融入红色资源十分必要,是实现大中小学思政课一体化有效衔接的助推器。

一、红色资源融入大中小学思政课一体化的价值

(一)以红色资源培根育德,有利于思政教育循序渐进

中共中央办公厅、国务院办公厅印发《关于深化新时代学校思想政治理论课改革创新的若干意见》,明确提出了大中小学思政课课程目标。其中,小学阶段重在启蒙道德情感,初中阶段重在打牢思想基础,高中阶段重在提升政治素养,大学阶段重在增强使命担当。[①] 文件中可以发现,每个学段都有"责任田",每位教师都有"一段渠",需要遵循不同阶段学生的认知发展规律进行因材施教

追寻红色足迹,传承红色文化,是新时代立德树人、培养德智体美劳全面发展的社会主义建设者和接班人的必经之路。[②] 各学段教师应该把培育学生思想政治核心素养为根本,把各学段学生的涵养德性、彰显价值、实现个人的命运与国家、民族命运紧密联系的思想政治建设当作最终目标。

(二)以红色资源启智铸魂,有利于思政课程教学衔接

历史是最好的教科书,中国革命历史是最好的营养剂。以红色文化教育学生启智润心、培根铸魂,赓续共产党人精神血脉,必能鼓起迈进新征程、

---

① 中共中央办公厅 国务院办公厅.关于深化新时代学校思想政治理论课改革创新的若干意见[R].2019.

② 杨小斌.新时代讲好高中思想政治课的基本思路[J].高校马克思主义理论研究,2020,6(1):100-106.

奋进新时代的精气神。从实践的角度激发各级学段的学生循序渐进把握时代特征,增强使命责任,顺应发展趋势,实现大中小学思政课程的逐步衔接和系统发展。思政课一体化重在衔接,要尊重不同学段学生的特点,包括个人情绪、社会情感、投入程度以及学习能力等。一体化教学不仅要提供支持学生成长的实践环境,也要在每一阶段体现必要的学习重复和价值强化,做到经历衔接、过程衔接和主体成长衔接,真正实现有效"接续"。

(三)以红色资源凝心聚力,有利于各级学校融合共建

大中小学思政一体化融合共建的文化传承模式,构建了全方位、多层次、宽领域的资源共享体系,打破了家校社、大中小学之间的资源壁垒,积极推进了红色文化教育资源的互联互通和优化配置,培育了大中小学各级学校建设的育人价值共同体。以协同融合、共建发展的原则,围绕培养时代新人的共同理想,深入开展一体化的红色文化教育活动,有利于构建资源共享的格局,促进各级学校的红色文化教育、思政教育再上新阶段[1]。

二、红色资源融入大中小学思政课一体化的实践

(一)挖掘红色资源,赋能思政课程

红色是中国共产党、中华人民共和国最鲜亮的底色。只有把红色资源利用好,充分挖掘红色资源背后蕴含的革命史实和优良传统,建设走心的红色思政"金课",才能推动大思政课高质量发展,才能让红色基因融入青年学生的血脉。[2] 在挖掘红色资源的过程中,可以利用好红色纪念日、红色校本资源等教育资源,特别是充分挖掘学生身边的红色资源。

绍兴市建功中学校本课程"诚善之景中的红色印记"立足原有的思政课程基础,充分整合各类资源,活化课程。在诚勤文化引领下,围绕校园景观、校史、校训,结合学校德育活动,充分挖掘红色资源,在讲授的基础上融入实践、体验和探究等多种方式,把思想政治理论课小课堂同党史教育、社会大课堂紧密结合起来,倾心打造"配方"新颖、"工艺"精湛、"包装"时尚的"有温度的课"。同时,让学校每面墙都会说话,让学校每个角落都有故事,将学校

---

① 胡琦,肖帅帅.大中小学红色文化一体化传承的价值及路径[J].浙江理工大学学报(社会科学版),2022,48(6):672-679.

② 韩金儒.地方红色文化融入高职院校课程思政建设的实践研究[J].科学咨询,2021(29):2.

构建成集现代与历史为一体的隐性思政课堂;让每位教师从"讲道理"到"讲故事",从"输入式"到"互动式",成为学生思想成长的引领者;让广大学生从"要我学"到"我要学",在"都爱听""真相信"中成长为担当民族复兴大任的时代新人(见表1)。

表1 建功中学红色拓展课程教材主要章节示例

章名	主题
陈建功纪念室	三赴求学 勇攀高峰
	勤奋耕耘 弦歌不辍
风华艺苑	翰墨飘香之地
	对外交流窗口
善能楼	玩转小球 振兴中华
	提升技能 凸显专长
校园亭台	思源亭下悟初心
	慕翰亭中忆先烈
行知园	重视劳动 开辟基地
	巧设课程 实践知识
诚信小铺	诚信小铺 立诚品质
	红军借粮 立信之德
曲水流觞	曲水流觞 勤创双收
	艰苦奋斗渡难关
诚善校园	俯拾皆是建功影
	诚爱勤朴建功人
朴园	追慕先贤 建园纪念
	诚爱勤朴 贯穿一生
校园石刻	校园石刻 记重要精神
	明石刻源流 感红色文化

因地制宜地将红色资源应用于大中小学校园文化建设,需要明确校园文化建设的目标和定位,将红色基因深植于校园文化,营造良好的舆论环境,弘扬社会主义核心价值观,形成校园红色主流生态格局(见表2)。

表2 "红色资源十校园文化"红色主流生态格局示例

学校	红色资源	融入意义
绍兴文理学院附属小学（小学）	红领巾文化博物馆（奥运冠军给少先队员的签名红领巾；全国政协原主席俞正声写给当时亭山小学程邓同学的回信；1984年中国女排在美国洛杉矶奥运会夺冠后寄来的红领巾；神六航天英雄费俊龙、聂海胜出仓时亲笔签名的红领巾等）	走进红领巾博物馆，上一堂特殊的思政课，通过一段段影像、一个个红色故事、一位位英模事迹，学习了解伟大建党精神、中国共产党和中国少先队的历史及红领巾文化，激励学生不忘历史、自强奋发
绍兴市建功中学（初中）	诚善之景中的红色印记（陈建功纪念室、风华艺苑、慕翰亭、行知园、朴园等）	以校园景观为活动场景，充分挖掘景观中的红色资源，师生共同行走在"有风景的校园"通过观景观、听故事、看实物、赏图片，以红色文化滋养学生良好的思想品德和行为习惯，帮助学生提高道德素质，引导学生形成正确的世界观、人生观和价值观①
浙江省春晖中学（高中）	春晖红色基因教育展馆（从五四运动到新中国成立三十余年间，以图文、影像形式展示发生在春晖中学与中国革命精神与时俱进的红色基因有关的人和事）	依托校园红色基因教育展馆中一张张珍贵的照片、一份份翔实的史料和一个个英雄的故事，再现那段血与火的光辉历史。让学生深感今天祖国日益壮大和人民幸福生活的来之不易，充满对革命先驱的崇高敬意，也深刻体会到了面对百年未有之大变局，时代赋予青年一代的使命和重任
绍兴文理学院马克思主义学院（大学）	"喜迎二十大，踔厉新征程"线上红色文化主题艺术作品展	以红色资源与艺术创作相结合引导大学生继承革命先辈的光荣传统，更深入地了解中国共产党的奋斗历史，树立崇高的理想和坚定信念，坚定不移地践行中国特色社会主义核心价值观

（二）聚焦学段衔接，开展主题教研

在教研上进行改革，各市、区、校围绕思政一体化建设开展多层次的集体攻关项目。培养教师一体化建设能力，建立各学段之间的教学连接，提升

---

① 徐曼，张治夏.新时代推进大中小学劳动教育一体化建设的思考[J].内蒙古社会科学，2022,43(3)：179-185,213.

初中学段承上启下的联通力。如融入红色文化开展"同一主题,不同学段""同一主题,不同学段,不同学科""同一主题,不同学段,不同场馆"等多种形式的主题教研活动。该类活动的开展应当常规化、系统化、为教师一体化建设能力的提升提供良好的支撑(见表3)。

表3 思政一体化"同课异构"主题教研活动示例

主题	小学	初中	高中	大学
我心向党筑梦中华	以"从小学党史永远跟党走"为主题,通过"我来讲党史故事",让学生初步了解中国共产党成立的相关史实,认识中国共产党的象征和标志	主题为"传承红色基因,争做时代新人"。教师通过梳理中国共产党波澜壮阔的百年奋斗史中的重要节点、重大事件,了解中国共产党在百年历程中的辉煌成就,让学生更加深入了解红色历史的了解	高中阶段主题为"青春颂党恩,建功新时代",通过进一步把握历史发展规律和大势分析,中国共产党团结带领中国人民实现从站起来到富起来再到强起来的历史性跨越,增强人民群众的幸福感、安全感与获得感	主题为"弘扬伟大建党精神,做新时代先锋力量",教师从阶级基础、思想基础、组织基础和国际条件四个方面,分析中国共产党诞生的历史必然性
我和我的祖国	从学生已有生活经验出发,设计阅读《中国疆域图》用自己喜欢的方式描写祖国大好风光,开展"认一认""拼一拼"中国行政区划图,引导学生感受祖国疆域的辽阔,培养学生的爱国主义情感	播放《我和我的祖国》宣传视频,让学生感受祖国的大好河山;带领学生回顾我国的历史变迁,讲解"南京大屠杀"的历史及国家公祭日的由来,帮助学生体会到自强自立、振兴中华的责任和使命,激发学生的家国情怀,坚定热爱祖国的信念	通过查找资料,丰富和完善学生对"新时代"的理解。回顾祖国百年奋斗历程,引导学生坚定"四个自信"的重要性。引导学生关联自己与祖国的发展,激发勇于奋进的主人翁意识和行动	图片导入《小岗村》《焦裕禄》《中国机长》等中国故事,提炼中国精神,使学生从精神的角度对爱国主义形成的理解。深刻领悟爱国精神、民族精神与时代精神的内涵并鼓励他们通过实践活动积极弘扬中国精神,以此彰显对国家的深厚情感与对时代的坚定信念

(三)探访红色基地,赓续红色血脉

一线思政课教师,应当引领学生走出课堂,利用红色教育基地资源,将传统的课堂学习变为浸润式的实践学习,让学生在参观中实践,在实践中探索、感悟、宣传红色精神,将爱国主义情怀悄无声息地融入每一个学生的心中,从而建成涵盖大中小各学段的一体化红色文化育人格局。

[案例]利用绍兴陈招娣档案特藏馆开展大中小学思政课一体化主题实践活动①

1.案例意图

依托红色场馆资源上好大中小学思政课，是把思政小课堂与社会大课堂相结合，通过合理整合教学内容，在开放民主、师生互动、生生互动的氛围中进行教学。红色场馆资源是新时代德育的独特载体，是大中小学思政课一体化的鲜活教材。② 本案例依托绍兴陈招娣档案特藏馆，让学生将红色资源与教材知识进行有效衔接并在研学实践中得到感悟。主题实践活动以新时代红色文化铸魂育人为宗旨，以思政课程内容为依据，以学生实践活动为主体，依据不同学龄阶段学生的认知特点和课程学习内容，充分利用陈招娣档案特藏馆的场馆资源和思政学科的教学内容，开发配套的场馆主题微课和学习活动等。

2.案例设计

实践活动设计如表4所示。

表4 基于思政一体化的主题社会实践活动设计示例

学段/主题	活动目的	活动方式	活动任务
小学阶段：学习女排精神，从小争做先锋	了解中国女排运动的发展过程，学习女排运动员团结协作、永不服输、顽强拼搏的重要性。能够提高坚持、拼搏意识	1.观摩 2.游戏 3.践行	根据小学生的生理和心理特点，在场馆相关区域设置游园盖章处，设计与主题有关的互动游戏，从玩中学，学中践行
初中阶段：弘扬女排精神，争做优秀中学生	通过主题活动把女排精神与初中道德与法治学科中的"坚持国家利益至上""中国人 中国梦""凝聚价值追求"等融入女排运动的生动故事中，使学生能够认识到什么是女排精神以及发挥女排精神的重要性，能够在日常学习生活中去克服困难、践行女排精神	1.观摩 2.访谈 3.微课 4.践行	在参观之前，教师布置学习任务，提出问题让学生带着疑问体验参观。在参观场馆的过程中，进行场景式现场教学，结合陈招娣档案特藏馆内的珍贵藏品和历史文物，围绕女排精神与中国梦、民族精神、中国力量等主题进行微课讲解

---

① 钱佳.利用场馆资源开展思政课一体化实践的探索[C].//大中小学思政课一体化建设路径探析.上海：上海教育出版社，2022年：151-156.

② 汪桦.红色资源融入高中思政课的教学路径探析——以"寻初心，探真理——探访张闻天展馆"一课为例[J].现代教学，2022(20)：66-69.

续表

学段/主题	活动目的	活动方式	活动任务
高中阶段：解读女排精神，感受中国力量	了解女排精神形成的史实和影响，探究女排精神与中国梦、民族精神、中国力量等的联系。其中蕴含的以爱国主义为核心的民族精神是中国女排经久不衰的精髓	1.观摩 2.访谈 3.问卷调查 4.文献查阅 5.践行	组织学生成立项目化学习小组，以驱动型问题为引导，开展小组项目化学习研究。了解女排夺冠背后不为人知的血泪和汗水，了解国家领导人对女排事业的关心和重视
大学阶段：传承女排精神，做新时代的奋斗者	引导学生编写和表演情景剧，体会中国女排历史上第一个世界冠军对当时中国人精神的鼓舞，在亲身参与中更加深刻地感受爱国主义精神，并在实践中讲好中国故事，传播中国精神。提升政治认同感，培育理性精神、公共参与等核心素养	1.观摩 2.访谈 3.文献查阅 4.展演 5.践行	结合大学社团组织学生观看陈招娣档案特藏馆中的展品和资料自编自创剧本，重现女排夺冠的精彩瞬间，有条件还可以在场馆中向其他年龄学段的学生进行展演。如了解中国女排功勋少将陈招娣吊着绷带上场，为国拿下首个世界冠军过程和表现

3.案例成效

红色资源场馆教学与传统课堂教学最大的区别在于整合了教育资源和教育空间，极大地提高大中小学思政课授课的教学实效，同时拓展红色场馆社会教育的功能。这是一个双赢的模式。红色场馆与思政教育的融合有利于引导学生形成正确的世界观、人生观、价值观，增强民族自豪感和自信心，实现中华民族伟大复兴。

思想政治课中融入红色资源进行一体化建设，是丰富大中小学思政课的有效形式，是提高教育教学质量的具体表现。作为一名教育工作者，我们必须树立"大思政课"的理念，将理论与实践相结合；应该敢于打破旧的教学理念，专心学习教材，丰富自身红色文化底蕴，改变教学方法。通过挖掘红色资源和集体备课、资源平台搭建、社会实践活动和跨学科融合，让广大学生在接受思政教育的过程中感受到思想政治课就在身边，引起学生的共鸣，达到思想政治课的教育效果。

（供稿：华科斌　绍兴市建功中学）

CHAPTER 5

| 第五篇 |

"越思政·越青春"：一体化品牌建设

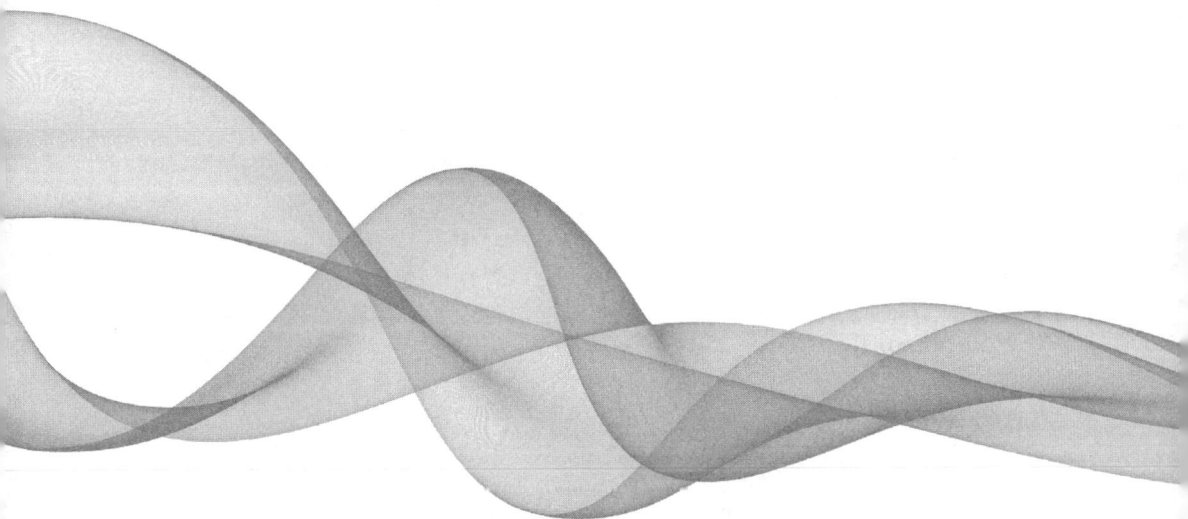

青少年思想政治教育是一个接续的过程,具有渐进式特点,需要不同年龄阶段统筹衔接推进。党的十八大以来,以习近平同志为核心的党中央高度重视青少年的思想政治教育。党的二十大提出"推进大中小学思想政治教育一体化建设",写入2024年政府工作报告,并在新时代思政课建设推进会上进一步作出强调部署。

　　从思政课一体化到思想政治教育一体化,既有外延扩展,更有内涵提升。要夯实科学基础,加强对不同年龄段青少年的认知特点、认同机理、接受习惯的基础研究,整合凸显贯通其中的逻辑主线,探索形成循序渐进、潜移默化的进阶方法,构建层层递进的工作逻辑,不断提升思想政治教育的针对性和实效性;要强化目标引领,分层级设定思想政治教育内容要素和方式方法,科学构建目标一致、内容衔接、层次递进的思想引领标准体系;要开展科学评价,采取量化评价与质性评价、过程性评价和结果性评价、动态评价和静态评价相结合等多元考核评价方式;要构建"大思政",强化多元主体协同配合,建立科学的工作体系和完善的保障体系,实现大中小学思政教育纵向衔接、横向贯通、螺旋上升。

　　深化开展市域大中小学思想政治教育一体化建设,各省市的建设思路和实施策略各有侧重和特色。自2023年4月成立浙江省大中小学思政课一体化建设联盟以来,全省各地市结合实际制定方案,推动成立市级一体化建设联盟并明确牵头高校,把2024年定为思政教育一体化建设的扩优提质年。经过一年来的实践,浙江省建立了一套运转有序的工作机制,打造了一批富有实效的思政育人共同体,塑造了一批富有浙江特色的工作品牌,产出了一批高质量的理论研究成果,推动一体化联动效应初步显现,一体化育人资源充分挖掘,一体化学理探究稳步推进,在大中小学思政教育一休化建设上取得了一定的成效。

　　绍兴是首批国家历史文化名城,也是长三角最具发展活力的城市之一。

绍兴市积极探索大中小学思想政治理论课一体化育人规律,建立多元立体的思政资源共享平台,形成育人合力。着力解码、激活"鉴湖越台名士乡"的文化基因,贯彻、践行习近平总书记"谱写新时代胆剑篇"的殷切嘱托,依托绍兴丰厚的历史文化底蕴,用好"没有围墙的博物馆"资源,不断推进思政教育守正创新,打造"真理的味道·越思政"特色品牌,让同学们在浙江这个"重要窗口"看见"绍兴风景",释放思政魅力,感悟真理伟力,夯实力量之基,为率先走出争创社会主义现代化先行省市域发展之路注入教育力量。

绍兴市域内大中小学思想政治教育一体化建设联盟各单位积极发挥自身优势,通力合作,纵横贯通,内外联通,把地域优质资源进一步有机融入思政课程、课程思政与日常思政教育中,构建大思政育人格局,扎实推动思政教育一体化向纵深发展。本篇选取 3 组 11 所以绍兴名人命名或与名人有紧密关联的大中小学校,展现思政育人的体制机制、思路举措、特色成效,感受其办学理念与特色、历史传承与发展、品格气度与风范,体会其治校育人的理念和久久为功的实践。特别是具象感知大中小学的"大思政"如何"循序渐进、螺旋上升",既富有特质个性,又体现"越味"共性,还彰显力量韧性。

主题一
同演"阳明"一台大戏

"同演'阳明'一台大戏"品牌介绍

研创演评 知行合一
——绍兴文理学院阳明剧社"四位一体"文化育人的实践与探索

王阳明是著名的思想家、哲学家、教育家、军事家和文学家,也是心学集大成者。作为阳明故乡和心学圣地,绍兴是王阳明生活讲学时间最长、留下遗存最多、后学影响最大的地方,是王阳明心学思想的发端之地、成熟之地和传播中心,还是王阳明"亲择"的最后归葬之地。近年来,绍兴文理学院鲁迅人文学院聚焦挖掘丰厚的阳明文化资源,将其转化为科研、文创和育人资源,积极开展阳明文化"四位一体"协同育人的实践与探索。

一、研:阳明文化研究与自主学习能力的养成

绍兴文理学院围绕阳明文化开设了"王阳明的人生智慧""越文化视野中的王阳明与鲁迅""绍兴地域文学与家国情怀"等多门课程。在教育教学

的过程中,鲁迅人文学院借助阳明剧社这一大学生阳明文化平台,打通了第一课堂和第二课堂,实现了课堂讲解与课外探究的结合。学生在课外阅读有关王阳明的典籍著作,在教师的指导下开展研究探讨,走进了王阳明的精神世界,更深入地认识了阳明心学。为了让阳明文化资源"活起来",开展了王阳明题材话剧和朗诵剧的创排实践,相关阅读和研究活动不仅使社员对王阳明的精神人格、文学创作和心学思想等都有了比较深入的认识和理解,同时还促使同学们养成了自主学习的习惯,并提高了大家善学能写的基本素养。

在话剧《千古一圣王阳明》创排之前,剧社围绕王阳明开展了有针对性的读书研讨活动。主要包括:一是围绕《王阳明全集》中的诗文作品展开阅读和研究。许多同学在阅读相关作品的基础上撰写了大量研究论文,分别探讨了王阳明诗文中的各种意象以及对其心学思想的艺术表达等。二是围绕王阳明生平与传记开展阅读和研究。剧社同学广泛搜集了王阳明传记,如冈田武彦的《王阳明大传》、董平的《传奇王阳明》等,在阅读的基础上撰写并发表了多篇研究论文。三是围绕王阳明题材小说进行阅读和研究。剧社同学系统搜集了王阳明题材的小说,围绕冯梦龙的《王阳明先生出身靖乱录》、赵仁琮的《王阳明》、路勇的《心之悟》等近20部小说,发表研究论文20多篇。四是展开"阳明戏"的研究学习。剧社同学系统搜集了新世纪以来的"阳明戏",如对话剧《阳明三夜》《王阳明》和越剧、姚剧《王阳明》等进行研究探讨,先后撰写并发表研究论文10余篇。

二、创:"阳明戏"创作与创意写作能力的培养

开展王阳明题材话剧的创排实践,目的就是要通过话剧这一艺术载体,将王阳明的传奇人生和心学思想向普通观众特别是大中小学生传播。因而,将史传典籍中的王阳明搬上话剧舞台,关键就在于要善于利用话剧这一艺术载体来激活王阳明这一历史人物。这就需要剧社同学在表演和导演经验积累的基础上发挥艺术想象力和创造力,让王阳明这一人物"活"在舞台上。

通过探访阳明文化遗迹,研读王阳明相关著作,以话剧创排来挖掘阳明文化资源,剧社形成了最终的创作方案:一是立足于艺术再现王阳明一生的传奇故事和"心即理""知行合一""致良知"等心学思想,打造原创话剧《千古一圣王阳明》;二是根据青年王阳明在故乡绍兴的系列事迹,打造话剧剧本

《阳明洞天》，阐述王阳明的早年经历以及"弃绝佛老，归正儒学"的过程；三是在阅读王阳明传记、小说的基础上，针对大众的审美趣味，完成了注重戏剧表现力的原创话剧《吾心光明》；同时，还完成了《少年阳明》《阳明悟道》《咏良知》等多个朗诵剧剧本的创作。话剧剧本《千古一圣王阳明》获得绍兴文理学院"风则江青年文学奖"优秀创作奖。

三、演：王阳明题材戏剧的舞台演绎

在剧本创作完成并确定上演话剧《千古一圣王阳明》后，剧社需要完成的任务就是如何解决将"案头之剧"变为"场上之剧"。为充分发挥社员自编自导自演的创新实践能力，成立了专门的剧组，并根据社员兴趣、特长和经验分成编剧组、导演组、音效组、道具组、宣传组和外联组等，各小组各司其职，并充分发挥个人的主观能动性。

显然，区别于第一课堂教学，第二课堂赋予了同学更大的自主权。通过自编自导自演将话剧搬上舞台，依托的是团队的综合创新实践能力和相互协作精神。团队中的成员相互协调配合，同时也发挥成员的创新意识和个人特长，最终在相互配合、相互促进和相互磨合中将作品呈现在舞台上，接受观众的检验与评价。2019 年 9 月 28 日，原创话剧《千古一圣王阳明》在绍兴文理学院月明音乐楼首演，并引起了轰动效应。随后，大学生通过各种渠道推广此剧，先后在全球华人纪念王阳明诞辰 548 周年绍兴专场活动、2020年阳明心学大会等活动和阳明小学、阳明中学等巡回演出 10 余场，线上、线下观众达到近 10 万人，并获一致好评。该剧获得 2020 年、2022 年省大学生艺术节二等奖，并入选 2023 年度浙江省高校原创文化推广行动作品、2024年浙江省高校校园文化原创精品巡展巡演作品。

四、评：阳明文化研讨与批评

在王阳明题材话剧取得巨大成功之后，为进一步推动大学生阳明文化实践活动，促进阳明文化在全国青年大学生中的传播，阳明剧社组织召开"全国大学生王阳明知行合一传习论坛"，并倡导成立全国大学生王阳明研究论坛联盟。2020 年，由绍兴文理学院号召的"首届全国大学生王阳明知行合一传习论坛"作为阳明心学大会的分会场之一顺利举办，来自全国 21个省、市、自治区的 90 余名大学生参加了该论坛。2021 年 10 月举办了"思想与文学：走进王阳明的精神世界——第二届全国大学生知行合一传习论

坛",2022年11月举办了"思想与文学:阳明文化遗产的当代价值——第三届全国大学生知行合一传习论坛",2023年10月举办了"全国大学生阳明学研讨会:阳明文化的当代传承"等传习活动。同时,举办了2021年5月的"文学世界中的王阳明——小说与阳明文化传播研究青年论坛",2021年5月的"大型历史正剧《天地人心·王阳明》导演与大学生交流会",2022年6月的"越文化视野中的王阳明与鲁迅"青年学术工作坊,2023年1月的"文脉相承:从王阳明到鲁迅"青年学术论坛等。

在研讨交流的过程中,社员对王阳明的认识不断提高,同时也不断吸收专家和观众的反馈意见,对王阳明题材的话剧作品进行不断反思和提升。在这一过程中,剧社成员针对编、导、演等方面的得失成败进行了探讨和评论,而相关戏剧评论实践无疑是对他们批判反思能力的锻炼。同时,部分同学将该剧与其他"阳明戏"进行了对比研究。这些探讨文章角度新颖,内容丰富,展现了同学们开阔的研究视野和敏锐的学术嗅觉。相关评论既对话剧创排进行了较为全面深入的总结,又对该剧的艺术提升和未来新剧创排提供了一个很好的总结机会。

五、结　语

在新时代新形势下,如果汉语言文学专业仍然像过去一样只注重文学和文化的传承,而不注重实际能力的培养,显然难以适应当下的就业形势。而培养中文专业学生的汉语阅读、写作和分析能力等中文核心素养,仅仅靠有限的第一课堂学习是远远不够的。以大学生社团为载体的第二课堂呈现出积极、健康的态势,对于提高学生综合素质、引导学生适应社会、促进学生成才就业,具有重要的意义。因而,科学、合理、系统化地优化高等教育第二课堂体系非常必要,这也是切实提高高等教育人才培养质量的重要途径。"研、创、演、评"四位一体的剧社第二课堂创新实践,不仅是开展素质教育的重要途径和有效方式,而且有力地提升了中文专业学生的核心素养。正因如此,2023年3月18日,在"返本开新:阳明心学的经世致用"主题研讨会上,浙江省稽山王阳明研究院院长、浙江大学董平教授就指出,绍兴文理学院阳明剧社"创研并举,知行合一"的育人新路是"全国高校阳明文化研习的典范"。

（执笔:卓光平,绍兴文理学院鲁迅人文学院汉语言文学专业主任,副教授、博士）

"研创演评　知行合———绍兴文理学院阳明剧社'四位一体'
文化育人的实践与探索"品牌展示

研学演行：四位一体阳明文化育人体系的创新实践

一、案例背景

党的十八大以来，以习近平同志为核心的党中央把弘扬中华优秀传统文化摆在全局工作的重要位置。党的二十大指出，要把马克思主义基本原理同中国具体实际相结合、同中华优秀传统文化相结合；二十届三中全会进一步强调，传承中华优秀传统文化，培育优秀文化人才队伍，激发文化创新创造活力。

阳明文化是中华优秀传统文化的代表，历经 500 余年的岁月洗礼，阳明心学始终绵延不绝。"王阳明的心学正是中国传统文化中的精华，也是增强中国人文化自信的切入点之一"。"王阳明一生真正做到了知行合一，他既是一个伟大的哲学家、思想家，又是一个伟大的政治家、军事家、教育家和文学家"。[①] 习近平总书记围绕阳明文化发表的系列重要论断、提出的系列新思想新观点，为做好阳明文化的创造性转化、创新性发展提供了根本遵循。

二、案例目标

高校是文化传承与创新的重要阵地，推动中华优秀传统文化融入高校思想政治教育全过程，是落实立德树人根本任务的重要途径，也是"两个结合"在高校思想政治工作中的实践要求。阳明文化是浙江优秀传统文化的重要标识，本案例聚焦阳明文化德育功能，努力实现以文化人、以德育人的长久目标，为国家和社会培养道德水准高、职业素养好的大国工匠和能工巧匠。

本案例旨在充分聚合校政行企研各方资源，因地制宜，因势利导，打造一个高阶的理论与实践相结合的研究型平台，努力形成一套阳明文化融入高职学生思想政治教育工作机制、孵化一批省域、市域内有影响力的品牌活动、打造一批示范"金课"、产出一批优质课程资源、形成一批高水平教学研

---

①　曹文泽.从阳明学中汲取智慧和力量[N]光明日报，2017-12-25.

究成果、提供一批高质量智库咨政报告、培养一支优秀师资队伍，为同类院校提供中华优秀传统文化融入思想政治教育的可复制、可借鉴的参考蓝本。

二、案例设计

案例以实现中华优秀传统文化创造性转化、创新性发展为出发点，以增强青年大学生的文化自信、提升人才培养质量为落脚点，以打造具有绍兴特色的阳明文化"研学演行"大思政育人品牌为目标，秉持"专业成才，精神成人"育人理念，整体设计、统筹推进、分步实施的原则，挖掘阳明文化的育人功能，积极探索融入思想政治教育的新路径。践行阳明先生"致良知、知行合一、事上磨炼"的育人方法论，遵循阳明先生"省察克治""静处体悟""立志、勤学、改过、责善"的立德修身方法，解决高职学生意志力与自我约束能力较弱、自我检视能力不足、传统文化体悟能力不强、人生与职业规划不明确等突出问题，培养学生的健全人格、家国情怀和文化自信，为高职学生成长打下坚实的思想道德基础和持续的全面发展的能力。

"研、学、演、行"四维相辅相成。"研"为阳明文化融入育人体系提供了顶层理论资源池；"学"是促成理论与实践的互融转化，抓牢德育课堂主阵地；"演"所形成的品牌活动重点引领和拓展育人的横向覆盖面；"行"则纵向实现"随材成就"的多元成长（见图1）。

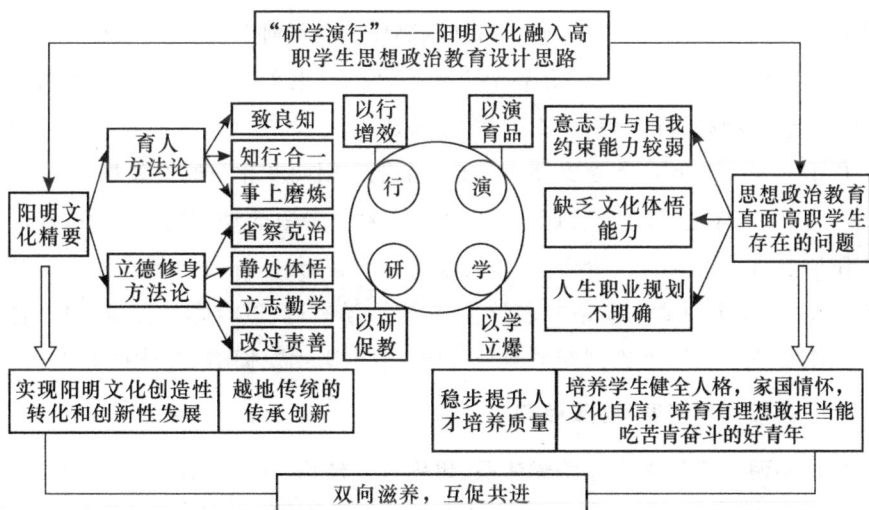

图1 "研学演行"——阳明文化融入高职学生思想政治教育设计思路

四、案例过程

(一)以"研"促教,唯精唯一

1. 聚合校政行企研各方研究资源,打造阳明文化研究平台

学校与浙江省稽山王阳明研究院、绍兴市王阳明研究会、贵州龙场王阳明研究院、绍兴阳明故里等单位深度合作,建立学术资源共享、信息互通、合作研究的交流机制。联合上虞区陈溪乡人民政府,共同发起成立绍兴市上虞区阳明游学研究会并作为会长单位。与来自 7 省 30 余所大中小学共同组建阳明教育联盟并作为秘书处单位。该联盟既是重要的大中小学贯通的校际学术交流平台,也是阳明文化研究与传承的重要基地。学校成立"阳明文化研究中心",聘任绍兴阳明研究知名学者李永鑫、汪柏江、张炎兴担任研究员,推进阳明文化研究和中华优秀传统文化的研究与探讨,建设学术高地。

2. 开展阳明文化学术研究,构建多元立体的研究生态

阳明思想蕴含丰富的德育元素。学院聚合校内外阳明研究专家,锚定阳明事迹考证、阳明教育思想、阳明文化德育功能三个重点方向开展研究,推动研究成果向教育教学转化。目前已形成研究集群,撰写专著《王阳明绍兴事迹考(亲属编)(名胜编)(师友编)》计 100 余万字,成为绍兴市重要的文史资料;已立项"阳明教育思想有机融入高职院校教师教育课程思政路径研究""王阳明美育思想研究"等数十个项目,发表《王阳明"致良知"思想对大学生思想政治教育的启示》《王阳明"圣人成色"思想在现代工匠精神培养中的价值初探 》等相关论文 20 余篇,推动了地方阳明文化研究的发展。

自 2022 年起,学校成为世界阳明心学大会主题活动固定承办方,开展王阳明教育思想与当代价值、阳明游学文化主题研讨,同时以每月一期的频次组织"阳明大讲堂",邀请知名学者、专家讲学论道,进行学术交流,努力打造阳明文化传承与理论创新的前沿阵地,构建多元立体阳明文化研究生态。

(二)以"学"立德,终致良知

1. 阳明文化纳入人才培养体系,建构课程群落

文化育人,课程是关键。学校将阳明文化融入课程及人才培养体系,打造阳明文化特色育人课程,相继开发了"王阳明教育思想概论""阳明文化与体育精神""阳明文化研学游"等特色课程,其中"王阳明教育思想概论"获立

绍兴市高等学校"越地"元素通识课程。根据学校通专融合的课程特色,学校将阳明文化元素全面融入思政课中,有机融入专业课程思政中,实现全课程联动育人。

2.精心组织教学,夯实课堂育人主阵地

组建包括教学专家、学科专家和教育技术人员在内的教学团队,确保教学的针对性和有效性。坚持以学生为主体,促进主体性发展和学习能力提升,构建了符合"知行合一"要求的、有德育指标的评价体系,定期评估反馈,不断优化和改进课程内容和教学方法。利用绍兴丰富的阳明文化遗产,组织开展研学游活动,通过情景教学,提升教学效果,提升阳明文化亲和力和感知力,增强学生文化自信。建成线上线下思政教学资源,建有 20 余个"大思政课"实践教学基地,与贵州大学等 50 多所学校开展交流,受益学生 10 余万人(如图 2 所示)。

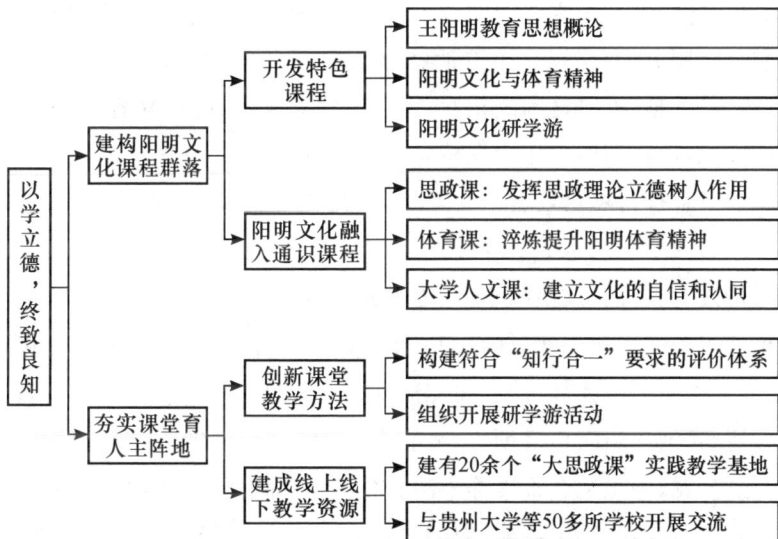

图 2　以"学"立德,终致良知

(三)以"演"育品,随材成就

艺术表演是思想政治教育及文化传播中最生动的表现形式之一。学校深入挖掘阳明文化中的美育元素,立足学校所长、专业特长、学生专长。师生以艺术表演、文艺汇演、经典讲演等形式演绎阳明文化,让学生在导演、参演、观演中,感受阳明文化的独特魅力,厚植家国情怀,增强文化自信,完善健全人格。

1. 精致创设阳明文化环境,突出育人承载力

承载力作为基础建设,处在德育途径建设系统的第一层次,为系统的整体构建提供物质和环境基础。学校坚持以文化人、以美育人,投资千万元建设以"明园""阳明教育思想实践基地"为标志的万余平方米沉浸式阳明文化体验园,探索"校园地标—阳明元素—品质服务"的校园文化景观一体化建设新样态。沉浸式环境的营造使学生在润物细无声中感受阳明文化的魅力,增强对阳明文化的认同。

2. 精心创作音乐舞台剧,增强文化自信力

环境浸润引发了师生对阳明文化的主动创探热情。自 2022 年起,学校先期投入 30 万元倾力创编音乐舞台剧《此心光明》。该剧以明代嘉靖元年至六年阳明先生平宸濠之乱后居越时发生的事件为背景,以创新的舞台艺术为基本表现方式,以大学生穿越《传习录》为故事线索,生动呈现阳明先生讲学论道、畅游越地山水之间的故事,展示阳明先生在越(绍)形成的重要心学思想。全剧分为《序》和《碧霞池畔》《天泉论道》《阳明洞天》《岩中花树》《千古传诵》五幕,五幕之间既相互关联,又独立成体,用歌舞演绎历史,以舞台传播文化,诠释阳明文化内在精髓。该舞台剧获立 2023 年度绍兴市文化艺术发展资金扶持项目,获批 30 万元资助,展演 10 余次,受众近万人,2023 年获浙江省大学生艺术节一等奖。

3. 形成"同心圆"式演绎平台,培植文化自觉性

构建以阳明文化为特色的"同心圆"演绎平台。通过"同上一堂思政大课"汇演、"中华经典诵写讲"讲演等活动,演绎推广阳明文化。校园活动"春(秋)天诗会"纳入绍兴市文明办"我们的节日"系列活动,至今已举办 9 次;阳明"艺"沙龙、师生笔会雅集等书法特色活动,累计参与人次近 5 万。阳明文化的系列演绎,营造了经典文化育人氛围,增强了经典文化的感染力、传播力,推动了学生文化自觉的培植,助力我校学子在中华经典诵写讲大赛中获国家奖 10 项、省奖 30 余项。

(四)以"行"增效,知行合一

实践育人是新时代文化育人的重要载体,是培养自主学习能力、提升综合素养的有效途径。学校以"第二、三课堂"为抓手,践行"知行合一"理念,以阳明文化传播、研学、实践为矩阵,提升思想政治教育的有效性和针对性。

1. 开展有阳明文化特色的第二、三课堂

举办阳明文化"进教室、进寝室、进课堂"三进活动,500 人次参与讲读,营造阳明学子"学阳明讲阳明"的氛围;以阳明文化"传习班"为抓手,聘任校内外阳明学专家学者作为导师,培养具有崇高道德品质和实干精神的青年阳明学爱好者;践行"知行合一"理念,建立绍职读书者联盟,举办"和你畅谈"阅读分享 206 期,参与学生近 2 万余名,"和畅书吧"被绍兴市社联评为市社会科学普及优秀基地、绍兴市全民阅读优秀项目,入选浙江省"职教成果展"和"营造书香校园"典型;以学生社团"阳明传习社"为主体,开展志愿服务、大学生综合素质能力培养项目,受省市级主流媒体报道。

2. 拓展形式多样的阳明文化传播渠道

开展"阳明大讲堂"26 期,累计 5000 余人次参与;暑期社会实践设立"良知学堂",让阳明文化走出校园、走向社会;成立由 50 余名师生组成的"阳明文化宣讲团",校内外宣讲 20 余次,受益师生逾万人,宣讲文稿汇编为《阳明宣讲之点亮心灯》,掀起弘扬阳明文化、传承阳明精神的热潮。

3. 实现阳明文化创造性转化、创新性发展

开展"传承阳明·诠释文化——阳明文化作品展"活动,百余名学生写阳明、画阳明,制作文创作品,向阳明先生致敬。在"知行合一"思想的影响下,校志愿服务队多次获评全国大学生"千校千项"最美团队;校篮球队把"事上磨炼"的阳明体育精神带到了 CUBAL 赛场,最终女篮夺得全国总冠军;阳明学子主动践行"非乐非学"阳明教育思想,42% 的学生升入本科,实现高质量就业。这一系列成果印证了阳明文化对学生思想乃至行为的深远影响。"'研学演行'育人体系构建"获市级成果奖 2 项,阳明文化与大学生思想政治教育相关教科研成果丰硕。

五、案例分析

(一)理论依据

高校肩负着立德树人的重要使命,其思政教育开展的出发点和落脚点,与中华优秀传统文化的价值内涵彼此契合且相互交融。阳明文化中蕴含着非常丰富的德育元素,充盈着对个体主体性价值的尊重和确立,"学为圣人"为思想政治教育目标的确立提供了指引;彰显实践精神,"知行合一""事上磨炼"深刻体现了理论与实践结合的重要性;其核心"致良知"是一种生动形象的德育方法,为融入高职学生思想政治教育提供了基本遵循。

(二)创新做法、特色亮点

1."研学演行",创新中华优秀传统文化融入思想政治教育模式

案例立足本校实际,针对高职学生特点,遵循高职学生思想政治教育规律,构建了"研学演行"的"大思政"育人新模式。通过组建团队,成立机构,聚焦三大重点方向开展研究;开发阳明文化系列课程,夯实课堂教学育人主阵地;通过艺术表演、文艺汇演、经典讲演等形式演绎阳明文化;以第二、三课堂等阳明文化系列活动,形成阳明文化实践矩阵。研、学、演、行四个维度相辅相成,将阳明文化有机融合到学生思想政治教育之中。

2.聚合校政行企研资源优势,打造多元立体的大思政育人平台

与贵州大学、宁波大学等兄弟院校,陈溪乡政府等机关单位,浙江省稽山王阳明研究院等研究机构,阳明故里景区等企业开展合作,发起成立绍兴市上虞区阳明游学研究会并成为会长单位,成为全国性的大中小学一体化建设的阳明教育联盟秘书长单位,充分利用各方优势资源,实现阳明文化与高职思想政治教育双向奔赴,打造多元立体的大思政育人平台。

3.打通校内外与课内外壁垒,构建多维立体的实践生态

案例以阳明文化中传统道德资源为切入点,分别建立表演、汇演、讲演、书写、竞赛等形式多样、学生自发的校内实践活动体系,建立参观、祭拜、游学、志愿服务等为内容的师生互动的校外实践活动体系,贯通于高职学生"大思政"教育过程,让师生领悟阳明学说,扩展视野,提升文化修养。通过学生喜闻乐见的方式展开教育活动,使德育更具吸引力和渗透力。阳明文化的"研学演行""大思政"育人模式动静相宜,既有高度又有广度,既符合阳明先生"知行合一"的理念,又符合新时代立德树人的根本目的。

六、案例反思

阳明文化融入高职学生思想政治教育的实践探索中还缺乏更多高质量的研究成果支撑。例如,在理论研究和概念表达上,作为传统文化的阳明思想精要与现代意义上的思想政治教育之间尚不能完全融会贯通,还存在些许堵点和模糊点;在阳明文化学习和演绎上,需要加强创造性转化和创新性发展,赋予其时代价值与意义;阳明文化系列课程开发处于起步阶段,建设基础较为薄弱,高质量成果和高层次作品数量不够多。

今后，我们将继续夯实阳明文化"研学演行"育人模式，自觉承担起传承越地先贤思想的责任；深化阳明文化系列课程开发建设，锚定大学生思想政治教育目标持续发力；不断以大学生喜闻乐见的形式阐释推广阳明文化，让阳明文化在青年大学生中活起来、潮起来；始终守好课堂教育主阵地，持续深耕"第二、三课堂"，服务人才培养，扎实推进"研学演行"大思政育人模式的深入探索。

（执笔：吴世玲，绍兴职业技术学院阳明学院党总支书记、院长）

"研学演行：四位一体阳明文化育人体系的创新实践"品牌展示

弘德明志守初心　知行合一谱新篇
阳明中学"知行合一"理念引领下的大思政育人之路建设

一、案例背景

五百年前,王阳明在龙场悟道,阳明心学横空出世,自此之后,追随者无数。党的十八大以来,习近平总书记也多次在不同场合强调学习王阳明思想的重要性,指出要用王阳明唤醒世人内心的良知,推进改革攻坚和打赢反腐败斗争持久战。阳明心学是中华优秀传统文化中的精华,也是增强中国人文化自信的切入点之一。

高中生和初中生、小学生在自主学习能力、学习方式、思维方式、实践能力、情感和人际关系等方面存在较大的差异。初中、小学以"认知"为主题,旨在培养学生对阳明文化的认知,使学生懂得严谨自律、立志、勤学、改过、责善、感恩和规矩意识,养成良好社会生活及行为习惯,树立正确的"三观";高中以"致良知"为主题,旨在培养学生责任担当,在懂得立志、勤学、改过、责善的基础上,要有自信、探究、质疑的意识,注重树立学生的社会责任感和使命感。阳明中学是以阳明命名的高中学校,结合"知行合一"的思想,践行以阳明文化为核心的学校"大思政"育人之路,让高中生真切了解阳明心学的思想和智慧,修心练胆、明觉良知、体认培根,对其个性的发展、学业的开拓进取有着深刻的启示和积极的作用,能让学生更有力量,视野更宽。这是阳明中学传承阳明文化的必需选择。

二、案例目标

深度挖掘阳明教育资源,融入、渗入、嵌入学校的思政课程、课程思政和日常思政中,打造具有阳明文化特色的大思政教育品牌,形成"弘德明志、知行合一"思政育人新格局,培养身心健康、人格健全、崇尚理性、知行合一的现代公民。

三、案例设计

阳明中学虽然建校时间短,但阳明人在筚路蓝缕、踔厉奋发的创业过程中不断提炼属于自己的办学思想和学校发展目标。经过几年的凝聚和沉淀,学校形成了属于自己的精神文化内核,通过理念育人、环境育人、课程育人、活动育人、党建融合育人等,整体推进"弘德明志、知行合一"思政育人之路。

四、案例过程

1. 理念育人

作为"阳明号"学校,我们把党的教育方针、社会主义核心价值观等与阳明教育思想有机结合,经过几年的实践探索,科学地提炼和概括出了具有阳明特色、师生认同的理念系统。

➤ **学校精神** 秉承守仁"格物致知""致良知"教育哲学思想,让学校成为立德树人的主阵地;唱响阳明"知行合一""心即理"教育教学赞歌,让学生成为"弘德明志"的主人翁。

➤ **办学理念** 践行一代先哲王阳明学说之精粹,将阳明学之"致良知""知行合一"的教育哲学思想及其"顺性导情,自求自得"的主体性教育原则渗透到学校教育的方方面面,把学校办成一所特色鲜明,质量一流,享誉省内外的现代化学校。

➤ **育人目标** 致力于培养身心健康、人格健全、崇尚理性、知行合一的现代公民。

➤ **一训三风**

校训:知行合一;校风:立志、勤学、勉行;教风:教为良知;学风:博学、审问、慎思、明辨、笃行。

2. 环境育人

为了让阳明文化看得见、摸得着、感受深、体验足,学校把阳明先生有关亲民、清廉、立志、诚信等语录布置在校园的每一个角落。这些文化小品、育人环境串珠成线,成了一道道美丽的校园风景。我们还将每个教学楼以阳明文化中的代表性观点命名,并且发动学生进行投票,参与到取名的过程中,如三幢教学楼分别取名为"立志楼""勤学楼""勉行楼",实验楼取名为"格物楼""致知楼",学生宿舍取名为"明心楼""明德楼""明善楼"……

打造"一馆一廊"时空长廊。"阳明馆"分两层,一楼为王阳明生平事迹和精神内核的展现,二楼则呈现的是我校传承践行阳明文化的办学历程,即微型校史馆。同时,利用学校风雨连廊和宣传栏形成校史时空长廊,通过图文影音等文化符号、校史课程和史料实物,全方位、多角度、系统化、开放式展示学校的创建精神和办学风貌,让学生在走近校史、了解校史的过程中厚植爱校情操与爱国情怀,提升阳明文化的渗透力和辐射力。

3.课程育人

王阳明认为每个人出生时便拥有"良知"即本然,教育的意义在于对学生本然的唤醒,学生最终成就的高低、方向如何,更多的是自我"明觉"的结果,而"致良知"是教育对学生未来和品格提出的最高期许。因此,我校课程体系的设计遵循了重基础、高质量;多样化、有特色;分层次、可选择的六大基本原则。学校从"知行合一"的教育理念出发,以五育为基,立足于学生"成长"的无限可能性,建立了具有阳明特色的"知行课程",形成了包含"本然课程、明觉课程、良知课程"纵向递进的课程体系。(见图1)

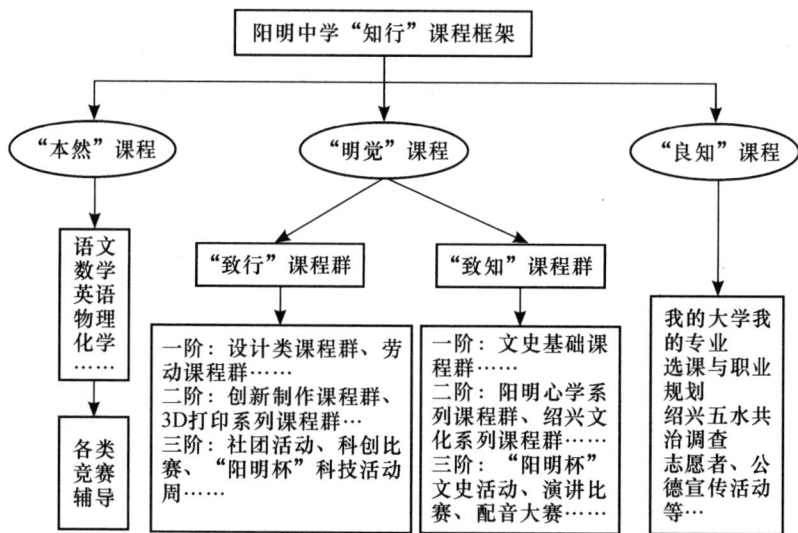

图1 纵向递进的课程体系

结合学校"知行"课程体系中的"明觉"课程,依托历史、语文、政治教研组开设的多门文化系列课程,将课程转化为系统项目,目前已申报2024年市级精品课程群。

(1)"本然"课程——基础性课程,这部分课程主要是各学科国家必修课程,也包含了一部分学科竞赛课程。

(2)"明觉"课程——是在国家必修课程基础上的拓展类校本选修课程,

分为科技方面的"致行"课程群和文史方面的"致知"课程群,包含了科技拓展课程群、劳动课程群、阳明心学系列课程群等。

(3)"良知"课程——专项研究课程类课程,满足学生专业化发展需求,使得学生对世界有一定认知,对未来有一定规划。

4.活动育人

充分发挥学校第二课堂的建设作用,不断深化"月月有活动"育人活动序列化品牌化。红五月、艺术节、阳明文化月、喊楼祝福、阳明"young"吧、劳动体验等主题活动,不仅丰富了阳明学子的课余生活,也为同学们打造了一展芳华的别样的舞台;打造山阴"兰亭志道"、余姚"龙泉问道"、贵州"龙场悟道"三大"跨越山海、追随圣贤"研学之旅;邀请清华、北大、中科院等专家教授来校互动交流;参观浙江大学、南京大学等知名高校,与比利时、德国、美国多个学校开展交流访问;开展清明祭拜阳明先生墓、"致良知"小队志愿行动等实践活动;关爱困难学生,建立健全贫困学生救助制度;举办跳蚤市场爱心义卖;发起捐助青海玉树小朋友、为阿瓦提四中学生送去爱心词典等活动,将阳明学子"特别阳光"的温暖气质,从阳明校园带给社会。

5.党建育人

坚持全面从严治党,落实党组织领导的校长负责制,把清廉校园建设与党建工作相结合,通过党员大会、主题党日、组织生活会等形式加强政治学习,积极开展"我为群众办实事"系列活动,筑牢"为党育人、为国育才"的政治根基。我校深化"党建＋阳明"特色品牌,探索"拓展融合型"党建模式,依托"党建＋阳明"文化广场、"时代声音"传播行动、"微课堂"强基行动等,传递党的声音、红色传统的声音、阳明文化的声音,讲好阳明中学故事,推进阳明党建从"有形"向"无形"拓展,政治引领从"思想教育"向"文化建设"拓展,展现阳明党员特有的求真务实、勇于担当的实干精神,树立"知行合一、清廉为民"的品牌典型。

五、案例分析

王阳明认为,良知是人的本性所在,是人与生俱来的天赋,也是人类社会得以存在和发展的基石。"致良知"就是要通过不断地自我反省和实践,使良知得到充分的发挥和体现,即在实际行动中实现良知,知行合一。"致良知"与"知行合一"在实践中是密不可分、相互依存的,共同构成了王阳明哲学的大智慧。通过实践，人们可以不断地检验和修正自己的知识和观念，使自己的知更加准确和深刻；同时，通过实践，人们也可以不断地发掘和发挥自己的良知，使自己的行更加符合道德和伦理的要求。

阳明中学以创建"全国中小学良知教育试点学校"为契机，以推进"致良知＋心""致良知＋景""致良知＋师""致良知＋行"良知教育四大行动为核心，践行"知行合一"以达到"致良知"，让阳明学子跳出心灵的"井口"，打开世界的"窗口"。

一是文化浸润，实施"致良知＋景"建设工程。坚持以阳明文化为核心元素，积极推进环境育人、文化育人，潜移默化地滋润全体师生的精神品质。开展教室美化评比，把教室的每一面墙都充分利用，让每一面墙会说话。文化既是一种氛围，也是一种精神，让"文化墙"里的校训、班歌成为师生的精神动力。

二是正己立人，推进"致良知＋师"培训行动。教师是传承阳明文化、促进学校发展的主力军，是践行阳明心学的执行者。只有正其心，诚其意，方可笃于行，提高实施良知教育的积极性、主动性和有效性。全校教师通过认真学习《初心》《文化自信与民族复兴》《王阳明大传》等书籍，进一步树立正确的民族观、国家观、文化观，立己达人，胸怀天下，成就人生和事业。

三是光明吾心，实施"致良知＋心"育人计划。学校通过学习致良知，借助文化育人、课程育人、活动育人，点亮孩子的生命之灯。精美而厚重的《王阳明大传》在阳明学子手中代代传递，共同诵读阳明经典，传承阳明文化。开展雅言诵经典，组织古诗文大赛，用中国独有的文化瑰宝，沉淀阳明学子血脉里的文化基因，传承"诗香校园"的文化品质。全面升级心理指导中心软硬件，开展专家上门问诊、减压游园会、心理剧展演等，推动心育工作优质化，打开学生健康成才新局面。

四是奋志笃行，推进"致良知＋行"实践行动。持续打造"致良知"＋"初心""善心""道心"大德育2.0体系，通过新生阳明心学专题讲座、铁血军训、志愿服务、入学礼、成人礼、毕业礼、阳明文化节、感恩母校毕业树种植、"引进来＋走出去"交流活动等，践行阳明心学，逐步做细做亮做强"致良知"实践育人品牌，彰显阳明学子的朝气、英气、底气和大气。以选树学风、班风标杆，聘任校长助理等方式，激发学生自我管理、自我提升的主动性和积极性。创新性地将"知行合一"融入劳动教育，整合多方资源，开展"技能培训、设计制作、劳动实践、职业体验"等多板块劳动特色实践课程，让学生们在劳动中感受劳动的快乐，进一步促进学生的身心全面发展和健康成长。

六、案例反思

经过几年的探索，阳明中学形成了"以阳明心学为主题的校园文化建设、以良知教育为载体的德育特色活动、以知行合一为核心的学校课程体系"三大特色体系。阳明中学坚持五育并举、良知教育和体教融合的办学理念也得到了上级部门的充分肯定。新华社、新华网、浙江新闻、浙江教育报、绍兴日报、绍兴晚报等媒体对我校办学特色均作专项报道。全体阳明人在思政育人之路上且行、且学、且思，汲取阳明文化精华，以"格物致知"的精神，以"知行合一"的情怀，让阳明文化精神在校园绽放光芒，使每一个阳明学子明德明理，向善向上。

（执笔：钱煜明　绍兴市阳明中学校长）

吾心光明

——续写知行合一的新传奇

一、案例背景

一代宗师王阳明创立了以"良知"为德性本体,以"致良知"为修养方法,以"知行合一"为实践手段的阳明心学。500多年来,阳明学犹如一盏不曾熄灭的"心灯",对一代代人都有所启悟。习近平总书记指出,于实处用力,从"知行合一"上下功夫,中国人讲"知行合一",核心价值观才能内化为人们的精神追求,外化为人们的自觉行动①。所以,从文以化人看,阳明心学是培塑社会主义核心价值观的宝贵资源;从文化先行看,阳明心学必将为实现共同富裕提供精神力量。

一个人童年的学习和经历,会深刻影响一个人的思想和行为,作为心学圣地的绍兴,特别是以阳明命名的小学,结合"知行合一"的思想,建立以阳明文化为背景的学校大思政品牌,是传承阳明文化的必然选择。

二、案例目标

同心同向,同愿同行,通过阳明文化打造"吾心光明"思政育人新格局,形成具有阳明文化特色的大思政教育品牌,引领小学生筑牢根基听党话,坚定信念跟党走,青春向党筑未来。以培养具有知行合一的共产主义接班人,续写知行合一的新传奇。

三、案例设计

全面落实立德树人根本任务,构建以社会主义核心价值观为引领的大中小幼一体化德育体系,这是我国一体化德育政策的顶层设计,是德育创新发展的时代先声。几年来,学校秉持一体化育人理念,从环境育人、课程育人、实践育人、文化育人和党建融合育人五大块内容整体推进吾心光明思政

---

① 习近平在北大考察:青年要自觉践行社会主义核心价值观[EB/OL]https://www.rmzxb.com.cn/sy/jrtt/2014/05/05/321910.shtml.

一体化建设。

(一)校园环境育人

王阳明的一生追求"吾心光明"。为了让阳明文化看得见、摸得着、觉得亲,我们把阳明先生有关亲民、清廉、立志、诚信等的语录、诗歌、故事布置在校园的每一个角落,这些环境串珠成线,成了一道美丽的风景线。"弟子问花、阳明答心"的教育场面温馨再现,吾心光明与党旗交相辉映,以阳明的故事—清廉文化(阳明与党建的结合)—党的精神谱系,形成系列校园围墙文化,体现阳明文化与党建文化的有机结合。人们穿梭在博学楼、明德楼、至善厅、知行馆中,如同浸染在圣贤廉洁清明的教诲中,也深刻感受到党建引领的魅力。

(二)学校课程育人

学校以吾心光明为核心的思政校本课程,既有与各学科的有机渗透,也包含了诵读和静悟两种形式。

1. 经之诵读

为了倡导阳明文化精神,我们开创了思政课程模式:阳明晨诵—阳明静悟。我们把阳明名言、诗句等一百多条,按立志、勤学、改过、责善四大主题分门别类地甄别、选录,制作了各年段的诵读读本。早晨,在悠扬的井启音乐引领下,朗朗的诵读声响彻校园,成了阳明小学每一天开始的交响乐曲,我们坚持每日诵读、每周展示、每学期奖励。

2. 静悟课堂

"静悟"缘起王阳明在贵州的"龙场悟道",是一种自我觉悟的修行功夫。王阳明把静悟作为教育弟子的重要方法。学校首创静悟课程,结合学校的校本教材《阳明故事》上、中、下三册,落实在少先队队课中,分低中高三个年段开展静悟课堂。静悟课堂让学生自得净化心灵,在静悟中认识自己、检讨自己、总结自己,这是在新媒体时代下全国唯一的"微德育课"。

(三)实践争章育人

学校以党建带动队建的形式,通过围绕学校节日与校园争章开展实践活动。

学校选取王阳明有关清廉、亲民、爱民、廉政、和谐的事例,结合贯穿于学生日常的德育活动中,使每一位学生都能观其"言"畅游圣典之中,赏其"行"效仿其人生作为。开门典礼寄语新开端:每年正月十六开学报到第一天,在校门口送红色系列礼物,一份小小的礼物,让孩子们对新学期新起点充满期待、充满喜悦。传奇大奖树身边榜样:作为学校纪念王阳明诞辰的活动之一,致力于从平凡人平凡事中挖掘清正廉洁的正能量,是阳明小学给予教师、学生、家长及员工的最高荣誉,也是每个阳明人奋斗的目标。首届颁奖典礼于 2015 年 10 月 30 日举行,现已成功举办九届。校园节日奋起话成长:每年学校结合阳明家训,开展十岁成长礼活动,通过老师和家长寄语、学生描绘成长蓝图等形式,促进家校沟通、密切亲子关系,促进学生从小立大志,立长志。学校还设有毕业节、家长节、入队节等校园节日活动。

(四)阳明文化育人

文化是学校的灵魂,它统摄着学校生活的一切领域,是影响学生一生的信条。学校校园文化继承和发扬了阳明文化精神,"吾心光明"就是要创造一个人内在精神的和谐,"知行合一"就是要创造人与社会的和谐,"致良知"就是要创造人与自身的和谐。

我们重视顶层设计,明晰办学文化:校训——求知善行;校徽——源远流长;办学理念——续写知行合一的新传奇;校歌——《传奇》,寄语昨天的阳明先生是个传奇,今天的阳明小学传承传奇,明天的阳明学子续写传奇。

(五)党建融合育人

党建是学校的核心,学校党建在阳明文化中渗透"立志、勤学、改过、责善"进行落实。

1. 培根铸魂做好红色传承

开学季由学生自制阳明立志明信片寄给最爱的亲人,立壮志献祝福;结合校园党的精神文化墙进行班级和学校两个层面的"党的精神谱系知识竞赛",让校园围墙活起来;邀请"五老"宣讲团进校园开展"红色百年史"主题宣讲活动;开辟微劳动基地形成班班有块地,把劳动教育落到实处;开展团结协作运动会加强集体主义教育;开展心学万里行领略越地风采磨炼意志。

2. 党员教师发挥领头作用

支部书记发挥带头作用,讲《血战湘江》等红色影片感受革命精神;做团体心理辅导《孩子你要怎样看世界》教育学生从小树立远大理想;党员金少琴多次进入阳明社区结合阳明文化讲党课;由党员杨琤指导的以清廉立志为主题的越剧小戏《立志做圣贤》获得全国戏剧小梅花奖;党员何江玫老师远赴马边支教,积极结对残疾学生坚持送教上门;与市爱心协会多年协作组织师生捐冬衣送大凉山;支部党员结对学困生点亮心愿。学校党支部被评为越城区教体系统先进基层党支部。

3.校地党建融合做强共建

学校以党建为引领,社区为平台,与众多共建单位合力促共建。充分利用社区资源,让社区老党员来校讲红色故事,与社区老党员一起观看红色影片,与社区一起开展亲子运动会,一起开展送春联送温暖服务,一起做垃圾分类教育与宣传,一起做红十字培训宣传。学校与区疾控中心一起做健康教育;与律师协会一起做法制教育和模拟法庭活动;与绍剧中心一起做绍剧传统文化;与绍兴银行一起做反诈教育;与区科协一起做中科院老科学家科普演讲;与科学梦工场一起做科学现场秀;与爱眼机构一起做视力保护;与人民银行绍兴分行一起做诚信教育;与稽山宣讲团一起做阳明文化宣传;与阳明棋院一起做围棋文化;与市集邮协会共做集邮文化并创建成省青少年集邮基地学校,每年共建活动基本在近 30 场,极大地提升了学校的教育资源,丰富了学生的校园精神生活。

四、案例过程

(一)思政案例一体化过程中的措施

学校思政一体化案例推进中的措施有多种,如学校统筹学期活动,把相关思政教育落实到具体的学校年级活动中,形成活动中受教育,实践中得感悟,以落实知行合一事上磨的要求。特别是依靠争章和评价改革,以促动更多孩子"吾心光明"是学校德育思政的主要实施措施。

1.争章行动

学校教育需要面向全体孩子的成长,每一项思政措施都要尽量面向全体。学校以党建带动队建,以校园争章为载体,把思想教育寓于活动中,让争章推动更多孩子发现自我,成长自我。阳明先生在他自己创建的第一所学校"龙岗书院"中提到王门学规"立志、勤学、改过、责善"。学校结合这四方面,设置了立志章、勤学章、知行章和责善章。涵盖了党建章、毅行章、心理健康章、护眼章、阳明家训章、阳光体育章、研学章、达人章、围棋章、环保章、反诈章、自救自护章、光盘行动章、法制章、禁毒章等各类争章,让人人争章成为校园的一道美丽风景。

每一种争章,都对应相对的年级,比如党建章面向五年级,确保每一位孩子在五年级时,受到一次由党员教师到五年级班级授课的党的精神的课堂教育,进行一次带着党的精神的相关问题的自学历程,仔细阅读校园围墙上关于党的精神谱系的内容学习,参加一次党的精神谱系的校级选拔赛,所有获得规定八十分以上的将获得在阳明小学唯一一次党建章的机会,优秀的学生将进行校级的总决赛,总决赛获奖的学生和获得党建章的学生都会在周一国旗下颁奖颁章,让学生们倍感珍惜。这就是学校诸多争章活动中一个具体面向年级的综合性活动流程。

2. 评价改革

学校努力结合阳明文化进行评价探索。学校评价的目的是激励更多的学生成长,找到更多学生的进步点,形成向优秀学习、为进步鼓掌的氛围。

进步就是一种优秀。学校原设有红越奖,由热心阳明心学的社会人士每学期提供奖学金。奖学金的精神激励是巨大的,至今已表彰十四期。表扬优秀,会让优秀的学生更优秀,但是被表彰优秀的学生毕竟只占少数,大部分的学生,因为名额限制,或者尚待进步,在短时间内与优秀无缘,当无缘的次数达到一定时限时,潜意识里的"躺平"会成为可能,这与推动尽可能多的孩子得到成长是冲突的。为此,学校通过社会赞助,再设知行奖,每学期评一次,知行奖的口号是:只要你努力,你就有可能! 例如,有一学期一共有226位学生获得了"知行奖",人数占了全校学生的三分之一,内容包含德智体美劳等诸多方面。学校特意在全校集会上颁奖,并与红越奖一起把获奖学生的照片上墙。知行奖的评定鼓励和推动了更多的学生,让每个阳明学子都有机会看到自己的成长。

(二)案例整体推进中取得的成效

1. 艺术作品宣传演出

"吾心光明,亦复何言。"这是王阳明临终前说的最后一句话。学校选取王阳明有关立志、清廉、亲民、爱民的举动,创作体现吾心光明、知行合一思想的作品。阳明文化经典表演唱《吾心光明》获得浙江省精神文明建设五个一工程奖,微电影《吾心光明》获教育系统全国一等奖,经典诵读节目《良知颂》获得越城区一等奖,将越剧和阳明文化两种绍兴元素相结合的越剧小戏《立志做圣贤》,更是获得全国戏剧小梅花集体奖。这些文艺节目在参加比赛争取获奖的基础上,也使其在校内表演经常化、大众化、传统化、梯队化,先后有两百多人次成为这些剧目的演员。学习和表演的过程让学生开阔了新视野、得到新体验。更重要的是通过向社会义演,传达了王阳明清正廉洁、吾心光明的思想内涵,使大众能观其"言",畅游圣典,赏其"行",效仿作为。这些思想内涵,既是中华优秀传统文化的传承,也是社会主义核心价值观的生动写照。

2. 校本教材课堂呈现

经过多年的积淀,通过 10 余位老师夜以继日的努力,普及读本《阳明的故事》正式出版。阳明学国内著名专家董平教授、钱明教授担任顾问,董平教授亲自为教材作序。该书被确定为中华优秀文化教育普及工程系列读本。结合《阳明的故事》,学校在少先队队课中推出静悟课堂,在责善和反思中,培养知行合一、吾心光明的理念。

3. 阳明文化形成特色

"绍兴市阳明小学阳明特色文化创建的实践探索"入选教育部第五届全国教育专业学位教学案例征集评审通过案例。学校以阳明文化中的清廉文化为元素创建清廉校园,2022 年获浙江省首批清廉校园称号,2023 的学校的清廉校园案例入选省级优秀案例。学校关于阳明文化的传承还在央视一套的《文脉春秋——中国历史文化名城绍兴》节目中展示。

五、案例分析

刀要在石上磨,人要在事上练。国家的建设需要各种人才,而人才成长无捷径可走,经风雨、见世面才能壮筋骨、长才干。知行合一强调的就是需要事上磨,所以学校结合学生日常行为规范,通过日常的课程、活动,对学生进行活动中的磨炼。

(一)拉动周边资源进校园

学校的资源是有限的,但是社会的资源是无限的。学校结合校地党建融合,让更多的资源为学校所用,如进行一年级亲子运动会增进亲子关系,邀请共建单位越城工匠国旗下讲劳动精神,知行馆里面向全年级讲牙齿保护、视力健康、法制教育、模拟法庭、自护自救、诚信反诈等一系列年级课程;让社区的老党员来红色课堂,和学生一起观看爱国主义影片,让大学生、稽山官讲团来校讲阳明文化……每一种活动,都很好地针对相应的年级,结合了学校的德育教育内容,让大思政走出校园。

(二)实践活动也是一种奖励

校园的空间是有限的,但是校外的空间是无限的。学校坚持推动"心学万里行"活动,学校的奖励性活动同步面向红越奖(优秀的学生)和知行奖(进步明显的学生),使学校的奖励性活动,成为人人通过努力都可能参加的活动,促进更多孩子向着进步前进,奔向"吾心光明"。

到 2023 年学校已连续举办三届龙场帐篷节活动。这届活动邀请了获知行奖和红越奖的百余位学生参加,让学生有难忘的学校露营体验;学校组织了五六年级会稽古道步,以倡导阳明先生"山高万仞只登一步"的思想;以"寻阳明足迹、访越地风采"为主题,组织了三四年级去探访阳明墓、印山越国王陵和徐渭墓。两次活动后学生均提交了丰富多彩的综合实践作品。学校还组织城市毅行、孝文化研学等外出实践活动,让思政走出校园、走向社会。

六、案例反思

经过近几年的努力,学校创建成了以阳明文化为核心的校园大思政德育教育体系,以党建育人为统领,从校园环境到课程建设,从校园文化到实践育人;建立了以"吾心光明——续写知行合一新传奇"的大思政课程;走出了一个条具有阳明文化特色的德育新路子,续写了知行合一的新思路。学校的大思政案例,启示学校一定要走具有自身特色的校园文化之路。只有结合自身校园文化,我们的思政教育才会接地气,才能有底气,才显得有人气,真正让思政变成活动中的思政、成为"思政+"。

今后,学校将进一步发掘阳明文化与党建文化的联系,通过阳明文化落实党建文化,通过阳明文化落实思政教育,让学校大思政一体化得到进一步强化,凸显更多的校本特色,凝聚更多的阳明文化内涵,真正通过活动,让学生"吾心光明"起来,促进学生在以后的成长道路上续写知行合一的新传奇。

（执笔：周建明　绍兴市阳明小学党支部书记、校长）

"吾心光明——续写知行合一的新传奇"品牌展示

主题二
同上"鲁迅"一堂大课

"同上'鲁迅'一堂大课"品牌介绍

"大师对话":绍兴高校鲁迅文化育人的探索与实践

自 2014 年起,绍兴文理学院举办了十一届"大师对话:鲁迅与世界文豪"中外文化交流论坛,以及"鲁迅与世界文豪"外语主题讲座、文化体验交流等一系列活动(简称"大师对话"活动)。作为"小舞台"和"大世界"的融合,连续十一届"大师对话"活动的开展既拓展了绍兴大学生的国际视野,又培养了他们的人文情怀;既增进了中外文化交流的体验感,又助推了对鲁迅文化的研学热情。"大师对话"活动不仅是文化交流的载体,更发挥了"文化育人"的作用,对高校文化育人的新模式作出了有益探索。

一、"大师对话"对绍兴高校鲁迅文化育人的拓展

校园文化既是全体师生员工共同创造的精神财富,也是教书育人的优秀载体,而通过校园文化进行文化育人,无疑可以起到润物无声、深入人心

的效果。因而,在开展文化育人的过程中,高校需要打造创新性的高端校园文化活动来更好地促进大学生人格健康发展和人文素质提升。

在国家实施"一带一路"倡议和推进文化"走出去"的背景下,由鲁迅文化基金会发起,鲁迅故乡绍兴与世界各国文豪故乡城市共同参与,每年一届的"大师对话:鲁迅与世界文豪"活动于2014年在绍兴文理学院拉开了序幕。截至目前,绍兴市已会同法国作家雨果、俄罗斯作家托尔斯泰、印度作家泰戈尔、日本作家夏目漱石、意大利作家但丁、德国作家海涅、美国作家马克·吐温、爱尔兰作家萧伯纳、丹麦作家安徒生、匈牙利作家裴多菲、挪威作家易卜生等世界文豪的故乡城市,连续举办了十一届"大师对话"活动。该系列活动在国内外产生了巨大反响,不仅成为绍兴对外文化交流的一个重要活动品牌,也是绍兴高校鲁迅文化育人的重要探索与实践。

"大师对话:鲁迅与世界文豪"活动为大学生关注世界、了解世界、观察世界、洞悉世界打开了一个重要窗口,使学生们对不同国家、民族的文化产生了解的欲望与兴趣。同时极大地丰富了学生的知识储备,拓宽了学生的文化视野,增加了学生的人生阅历和生活的厚度。这一中外文学的跨时空、跨文化对话活动吸引了4000余名大学生的现场参与,起到了"以文化人"的教育功效,使许多大学生在大师文化氛围中接受世界各国文化的沐浴、情感的陶冶和思想的洗礼。

二、"大师对话"拓展大学生的国际视野和人文情怀

"大师对话"系列活动融文化体验、文化普及和文化交流为一体。这其中既有思想碰撞,又有文化体验和学术交流,很好地搭建了国际文化交流平台,强化了大学生中外文化的交流与体验。在浓厚的中外文化氛围中,通过论坛活动的开展,加深了学生们对鲁迅与世界文豪的文学价值的认识和理解。特别是,通过文学、文化的交流,不仅可以形象地了解一个国家的社会现状以及人们生活、伦理道德等方面的情况,而且还可以用现场互动的方式开展与国外嘉宾的互动交流,进而拉近不同地域文化间的认同与共鸣。也正是通过搭建国际文化的交流平台,让更多的学生在中外文化交流与碰撞中获得别样的体验和新的认知,从而扩展了大学生的文化视野,提升了大学生的人文情怀。

"大师对话:鲁迅与世界文豪"论坛是"大师对话"的主论坛,该活动的出发点就是希望通过大师后裔及中外专家的思想交流来探寻鲁迅与世界文豪

的心灵相通性,利用学术对话来发掘鲁迅与世界文豪思想文学的当代价值,通过文化体验来感悟各民族文化的丰富性和独特性。具体来说,可分为三个方面:一是从比较文学的视野探究鲁迅及世界各国文学大师思想和艺术的来源及其创造性转化;二是从继承鲁迅等文学大师们文化交流和思想对话精神的角度探讨他们对推动文化交流与发展的历史贡献;三是从对文化遗产挖掘和利用的角度来进一步发掘鲁迅与中外文学大师的当代价值。

通过"大师对话:鲁迅与世界文豪"活动,绍兴文理学院立足地方文化优势,打造高水平、国际化的中外文化交流平台,利用丰厚的地方文化资源,创新文化育人模式,聚焦人文,致力于培养具有深厚人文底蕴、宽广国际视野和较强创新意识的卓越人才。正是在"大师对话"活动的带动下,绍兴在2018年9月还举办了"中法文学对话会",2019年8月举办了"鲁迅与池田大作"中日文化交流会等。这就使得"大师对话:鲁迅与世界文豪"如同一列永远奔驰的列车,一站一站地驰向未来,把世界文学大师们与鲁迅故乡的高校不断地连接起来。这一系列活动无疑会促使大学生们在谈吐和气质方面多一丝人文气质,多一些人文素养,多一份人文情怀,并且具有鲜明的"绍兴印记"。

三、"大师对话"增进绍兴大学生研学实践的热情

"大师对话:鲁迅与世界文豪"系列活动由于其内容的丰富性和深远的影响力,给参与活动的大学生们提供了许多可思考探究的内容,也增进了在绍大学生鲁迅文化主题研学实践的热情。从鲁迅与世界文豪的相互联系出发,将他们各自的生活经历以及思想情感方面进行比较分析,无疑可以看到中外文化的相通性。从中外文化交流的角度出发,"大师对话"活动为鲁迅故乡的大学生创造了许多可供研究的话题和可供探究的机遇。

也正是在"大师对话:鲁迅与世界文豪"等活动的带动下,绍兴文理学院先后成立了鲁迅研究社和大学生越文化研究会等大学生社团。特别是鲁迅研究社,自2017年成立以来,一直积极参与"大师对话"活动,先后参与组织鲁迅人文学院1000多名学生参加十一届"大师对话"活动,组织10余批次的鲁迅故里研学活动和参观"大师对话"图片展。并且利用活动的影响力,鼓励学生研究"大师对话:鲁迅与世界文豪"活动的有关内容,挖掘更深层次的文学意义与现实意义,积极思考如何由"大师对话"扩散到浙江文化、中国文化如何走向世界的问题,增强中国文化软实力在世界范围内的输出与影

响力。

近年来，鲁迅研究社的同学们借鉴"大师对话"活动模式又积极参与举办"鲁迅与越地名士：跨时空对话"等活动，先后举办了"古越精神：从大禹到鲁迅""胆剑精神：从勾践到鲁迅""文脉相承：从王阳明到鲁迅""精神丰碑：周恩来与鲁迅的精神遗产"等青年学术论坛，在社会上产生了积极的影响。学校借助学生对"大师对话：鲁迅与世界文豪"活动的关注热情，组织他们探讨"鲁迅与世界文豪"的精神联系与当代价值，无疑提高了他们的科研水平和实践能力。学校共申报各级鲁迅研究课题 40 余项，其中有关鲁迅研究和"大师对话"研究的省级课题 4 项；发表"鲁迅与世界文豪：跨时空对话"研究论文 6 篇，其他鲁迅研究论文 30 余篇。

四、结　语

在"一带一路"背景下，"大师对话：鲁迅与世界文豪"系列活动一直在寻求鲁迅与雨果、托尔斯泰、泰戈尔、夏目漱石、但丁、海涅等大师们的精神契合点和思想相通性，以此探索高校文化育人的新模式。可以说，开展以"大师对话：鲁迅与世界文豪"活动为载体的高校文化育人新模式的实践探索，对于充分发挥校园文化的文化育人功能起到了重要作用：一是促进了对鲁迅等世界文豪文化资源的挖掘利用，特别是通过形式多样的普及传播将鲁迅与世界文豪的文化资源转化为教育资源，通过该系列活动的文化熏陶和价值引导，促进大学生健康成长；二是激发了大学生关注、阅读、感受和研究鲁迅与中外名家文学作品的兴趣，使学生获得广阔的知识视野与深厚的人文情怀；三是助推了探索大学文化育人的内容和形式、载体和平台，推动和促进各高校校园文化的内涵和品牌建设。

（执笔：卓光平　绍兴文理学院鲁迅人文学院汉语言文学专业主任，副教授、博士）

大思政视域下"最鲁迅"特色德育实践探索

一、案例背景

党的十八大以来,习近平总书记对新时代思政课作出了一系列重要论述,为思政课改革创新提供了科学指引。在这个背景下,如何将"大思政课"与德育实践结合起来,成为当今中学一个重要的课题。我校作为以"鲁迅"命名的学校,办学三十年来,始终践行鲁迅"立人"教育思想,确立了"立人"办学理念。鲁迅的批判精神、独立思考以及对传统文化的独特解读,都是值得我们在德育工作中借鉴和学习的。因此,结合"大思政"视域,探索具有"最鲁迅"特色的德育实践,不仅有利于深化德育工作的效果,也有助于传承和发展鲁迅的文化精神。

二、案例目标

在大思政视域下"最鲁迅"特色德育实践的目标是构建一个全方位、多层次的德育体系,使鲁迅精神成为学校文化的核心,引导学生树立正确的世界观、人生观和价值观。具体目标包括:

1. 培养鲁迅式的思想深度

通过系统的学习和实践活动,帮助学生深入理解鲁迅的思想精髓,培养他们独立思考、批判精神和人文关怀。

2. 塑造鲁迅式的爱国情怀

通过各种形式的爱国主义教育,激发学生的民族自豪感和责任感,使他们像鲁迅一样,具有深厚的爱国情感和为国家、民族奋斗的精神。

3. 传承鲁迅式的文化自信

通过学习鲁迅的作品和思想,增强学生对中国传统文化的认同感和自信心,培养他们对优秀传统文化的传承和创新能力。

4. 践行鲁迅式的服务精神

鼓励学生积极参与社会实践和服务活动,培养他们服务社会、关爱他人的意识和能力,像鲁迅一样关注社会问题,致力于社会进步。

5. 提升鲁迅式的综合素质

通过多元化的教育手段和评价体系，全面提升学生的综合素质，包括道德品质、学术能力、艺术修养和身体素质，使他们成为全面发展的人才。

通过这些目标的实现，学校旨在构建一个充满鲁迅精神的德育环境，使每一位学生成为具有独立思考、爱国情怀、文化自信、服务精神和综合素质的现代公民，为社会的发展和进步贡献力量。

三、案例设计

学校积极探索"最鲁迅"特色德育与思政一体化、学生核心素养发展、评价有机结合的新路径。通过课题研究、实践德育和教研等工作，推进特色德育与思政一体化育人、改善学生核心素养评价方案与实践研究，建构特色德育与学生核心素养结构化知识，提供评价专业支持，改善评价实践；通过各类评选、质量监测等实施评价监控，提升学校评价的设计、实施和应用能力，以此促进学生核心素养的提升。

四、案例过程

学校通过整合校内外教育资源，创新教育方式，实施"最鲁迅"特色育人模式，提升学校的德育成效和社会影响力。

(一)整合教育资源，营造"最鲁迅"氛围

学校在校园环境建设中注重体现"鲁迅文化"，并从细节入手，把小事做精，不着痕迹地把校园环境的育人氛围凸显出来。步入校园，不管走到哪里都能感受到"鲁迅文化"的浸润。以"鲁迅文化"命名的"豫才楼""朝花楼""迅行楼"等建筑及"树人路""令飞路"等校园道路，还有巍然屹立的鲁迅像、似曾相识的百草园、古色古香的三味亭、特色鲜明的纪念室、承载校史的陈列室、别致典雅的鲁迅文化长廊、耸立着鲁迅雕像的鲁迅广场、屹立着"立人"石碑的立人广场、书写着鲁迅语录的二十八只灯箱，无不体现了校园文化的鲁迅特色。

(二)创新教育方式，实施"最鲁迅"育人模式

学校仰承先生遗泽，全方位地挖掘校本德育资源，开发与鲁迅文化有关的二十门特色课程(见图 1)，供在校学生选课学习。

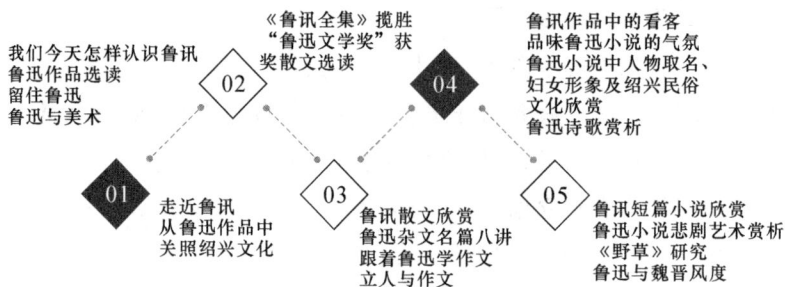

图1 鲁迅文化特色课程

乘着省特色示范学校和现代化学校创建的东风,学校的"鲁迅文化"特色德育课程"忽如一夜春风来,千树万树梨花开",形成了蔚为壮观的"鲁迅文化课程群"。此外,学校还开设了一系列的贴近鲁迅、走近鲁迅的社团活动,通过"听""说""演""写"等课程活动给学生还原了一个真实、生动的鲁迅(见图2)。这些课程的开设和活动的开展帮助学校打造了别具一格的校园育人文化。

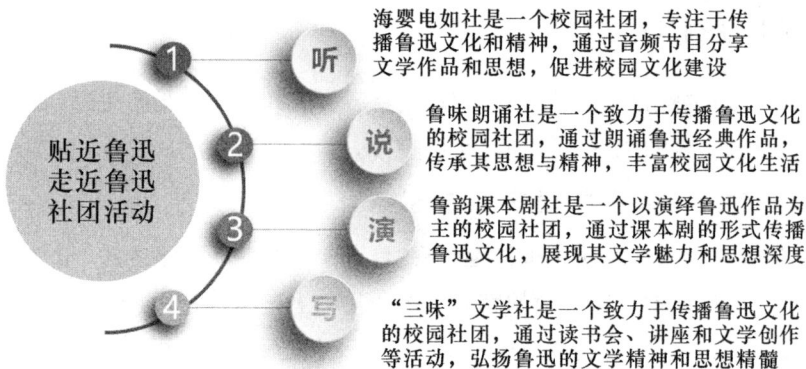

图2 贴近鲁迅、走近鲁迅社团活动

(三)开展文化活动,学习"最鲁迅"精神内涵

"如何继承和发扬鲁迅精神"这是扛在每一位学校管理者的肩上的沉甸甸的使命。在学校鲁迅雕像揭幕仪式上,鲁迅儿子周海婴先生曾提出这样一个问题:"鲁迅为什么会成为鲁迅?"周先生这一发问,耐人寻味,值得深思。毕竟认识鲁迅,方能真正走近鲁迅,留住鲁迅。

因而,学校在校园环境建设方面充分做好"鲁迅"文章的同时,在活动创设上下足功夫。新生入学,鲁迅纪念馆、百草园、三味书屋是必到之处,邀请鲁迅研究专家作专题讲座则成了"第一课"。创办"鲁迅文学社"，出版社刊《百草园》，成为学生"呐喊"的阵营。一年一度的"鲁迅文化艺术节"更是夺人眼球，不仅有传统的鲁迅课本剧表演（图3）、鲁迅作品诵读比赛，还与时俱进地引进了鲁高"最强音"比赛、"达人秀"才艺展示、"千声万言颂鲁迅"吟诵比赛等鲁味十足的文化元素。除了"十一月鲁迅文化艺术节"，还在每个时段为学生奉上精神盛宴：一月的迎新晚会、二月的开学典礼、三月的百草园劳动实践、四月的清明祭鲁、五月的献给青春的歌、六月的毕业典礼、七月的志愿者服务、八月的社会实践、九月的纪念鲁迅诞辰、十月的国庆献礼、十二月的成人仪式……不一而足。所有活动的构思和规划无不渗透着"最鲁迅"的文化和元素，无不蕴含着先生宝贵的"立人"教育思想，相信它们留给学生的不仅是一时的感受和影响，更是一生的追忆和学校印记。

（四）拓展社会渠道，推广"最鲁迅"文化影响

为了推广"最鲁迅"文化影响，学校积极拓展社会渠道，与鲁迅文化基金会、鲁迅纪念馆、鲁迅故里、鲁迅外婆家等社会机构合作，共同举办以鲁迅为主题的展览、讲座和研讨会。这些活动不仅能够让学生了解鲁迅的生平和作品，还能让他们在参与中感受到鲁迅的文化魅力。同时，学校还积极与媒体合作，利用报纸、电视、网络等平台，宣传学校"最鲁迅"特色德育实践，扩大其社会影响力。

在学校的实践路径上，注重"最鲁迅"文化影响的落地生根。通过校馆合作，组织学生实地参观考察，了解鲁迅的生活背景和创作环境。通过家庭和社会两个维度进行推广。例如，通过家长会、家访等方式，将鲁迅的思想和文化传递给家长，形成家校共育的良好局面。同时，鼓励学生在社会实践中传播鲁迅文化，在社会的大课堂中学习和传承鲁迅的精神。

五、案例分析

（一）理论依据

"大思政"理念强调将思想政治教育贯穿于教育教学全过程，形成全员育人、全程育人、全方位育人的格局。绍兴鲁迅高级中学的"最鲁迅"德育实践正是在这一理念指导下，将鲁迅文化与学校教育紧密结合，旨在通过鲁迅文化的浸润，培养学生的思想品德和社会责任感。

鲁迅作为中国现代文学的奠基人，其作品和思想蕴含着丰富的爱国主义精神和社会批判意识。通过对鲁迅文化的深入学习和实践,学生能够在潜移默化中受到正能量的熏陶,形成正确的世界观、人生观和价值观。

(二)创新做法

绍兴鲁迅高级中学,这座承载着鲁迅精神的学府,致力于将鲁迅文化融入日常教学和德育实践中。学校通过"四大策略",构建了一套独特的教育体系,旨在提升学生综合素质,培养社会责任感,传承中华文化。

首先,注重课程育人。学校创新性地构建了鲁迅文化课程体系,不仅丰富了学生的知识结构,还培养了他们的独立思考能力和批判精神,使他们在学术和思想上都得到了全面提升。

其次,创新活动育人。学校通过举办多样化的鲁迅文化活动,不仅活跃了校园文化氛围,还增强了学生的参与感和获得感,让学生在实践中深刻体验鲁迅文化的力量。

再次,营造环境育人。校园丰富的鲁迅文化相关的雕塑、展览和纪念设施,为学生提供了一个良好的学习和成长环境,使他们在潜移默化中接受了鲁迅文化的熏陶,培养了深厚的文化底蕴。

最后,强化传播育人。积极推动鲁迅文化的社会传播,鼓励学生走出校园,通过社区服务、义务讲解等形式向社区居民宣传鲁迅文化;同时,利用网络平台,开设鲁迅文化专栏,发布鲁迅文化相关的文章、视频等,扩大了鲁迅文化的影响力,使其成为当地文化传播的重要力量。

(三)特色亮点

学校通过深度融合鲁迅文化,形成了独具特色的德育模式。学校将鲁迅精神贯穿于教育教学全过程,从课程设置、活动组织到环境营造,无一不体现出对鲁迅文化的深刻理解和精心培育。

学校特别注重学生的实践与体验,通过开展多样化的鲁迅文化活动,让学生在亲身体验中感受鲁迅文化的力量。这种以学生为中心的教育模式,让学生们在潜移默化中受到了爱国主义精神和社会批判意识的熏陶,形成了强烈的社会责任感;激发了学生的学习兴趣,培养了他们的实践能力和创新精神,不仅让学生在学术上有所成就,更让他们在人格上得到升华,真正践行了全员育人、全程育人、全方位育人的教育理念。

六、案例反思

尽管"最鲁迅"特色德育实践取得了显著成效,但我们仍需不断改进和完善。首先,学校可以在课程设置上进一步创新,结合学生的兴趣和需求,开发更多与鲁迅文化相关的课程,丰富学生的学习体验;其次,学校可以加强对学生网络生活的关注,利用互联网和数字技术,拓展德育工作的渠道和形式,实现全方位的德育;最后,学校可以进一步拓展社会渠道,通过与社区、企业等合作,将鲁迅文化传播到更广泛的社会层面,增强德育工作的社会影响力,不断推进"大思政"视域下"最鲁迅"特色德育的发展,为培养新时代的优秀人才做出贡献。

(执笔:胡尧兴 原绍兴鲁迅高级中学校长,现柯桥区越崎中学党总支书记、校长)

践行"立人"文化　培养"立德"之人

一、案例背景

1. 落实立德树人的根本任务

思政课是落实立德树人根本任务的关键课程。让学生在接触、参与、感受多种多样的学习活动和社会实践中开阔视野、锻炼才能、锤炼品格,培养有社会责任感和家国情怀的时代新人。

2. 践行"立人"教育的办学理念

绍兴市鲁迅小学是以鲁迅先生名字命名的学校。鲁迅的"立人"教育思想与新课程改革和《国家中长期教育改革发展纲要》的精神实质是完全融合的。学校把弘扬和践行鲁迅的"立人"教育思想作为自己神圣的使命。

3. 创新思政启蒙的学习模式

小学阶段是学生启蒙道德情感的关键阶段。目前的思政教育模式相对比较单一,创新学生思政学习的模式,在适应的文化土壤里"浸润""孕育""滋养"学生的思政素养。

二、案例目标

弘扬和践行鲁迅的"立人"教育思想,构建完整的"立人"教育体系,努力形成"全员发展,个性张扬"的教师文化,推进学校高质量发展,培养时代新人。

三、案例设计

学校以立人文化为核心,通过营造"立人"环境、开发"立人"课程、开展"立人"活动、培养"立人"先锋、辐射"立人"品牌等途径,努力打造鲁迅小学教育集团"立人"教育的大思政育人品牌。

四、案例过程

(一)厚植"红壤",在"四有"环境中"立校"

学校将越城区的"红润童心"思政品牌与学校的"立人"教育理念紧密结

合，按照"一廊一厅一路一园"，即鲁迅长廊、立人文化厅、童心向党路、百草园布置育人环境，做到有设计、有传承、有体验、有展示，让学生潜移默化地接受熏陶。

（二）培育"红星"，在"四独"校训中"立生"

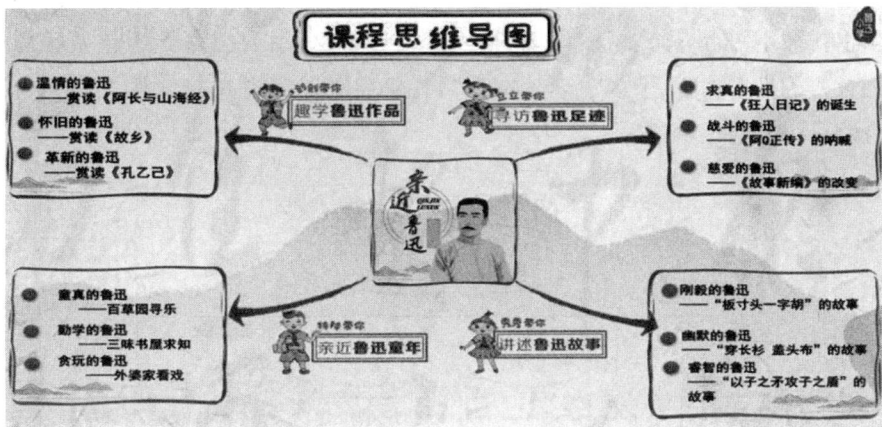

学校积极架构"立人"教育课程体系，推动习近平新时代中国特色社会主义思想进教材、进课堂、进头脑，努力培养有"独立人格、独特个性、独创精神、独秀人生"的时代新人。

1. 数字赋能，习德于"e"

学校以"百草园"数字课程为主体，开发制作了"习声回响"等党建思政学习系列微课。"习声回响"课程以《平语近人 习近平总书记用典》一书为蓝本，根据少先队员的年龄特点，结合学校"立人"教育特色，引导学生领悟习爷爷的谆谆教导。"习声回响"是学校"立人"数字课程中的一个版块。目前"立人"数字课程已累计上线课程近90门，500余课时，访问量近900万人次。"立人"数字课程的相关案例荣列教育部教育信息化应用三十佳典型案例，两个信息化教育经验材料入选教育部基教司和教育部科技司编印的相关经验集，还受到教育部副部长杜占元的肯定与赞赏。

2. 微型宣讲，润德于心

大思政背景下，人人都是思政老师。建好"微讲团"——微和小并肩，德随思同行。为了让思政微型宣讲能顺利开展，学校组建了由党员教师、少先队员、家长代表及校外辅导员组成的"思政宣讲团"，层次丰富、覆盖广泛、专兼结合。制作"微菜单"——需和求共存，创携新齐进。红色"菜单"：将红色精神、改革开放成就、社会主义核心价值观三大主题引入"宣讲";绿色"菜单":从小做好垃圾分类、为无废城市建设献计出力,爱眼护眼是三大保留"宣讲"内容;蓝色"菜单":依托时事、追梦科技是"宣讲"的主旋律;黄色"菜单":文明礼仪、热爱学习、热爱劳动是高频率"宣讲"的"家常"内容。打卡"网红课"——心和智共育,资与源同享。"立人思政微宣讲"的每一项活动都依托数字平台,做到了多方辐射。如"亲近鲁迅"系列微课作为越城区协同育人的推广课程,全区小学生在课后托管服务时间通过越城教育云平台收看,成了"网红课程"。

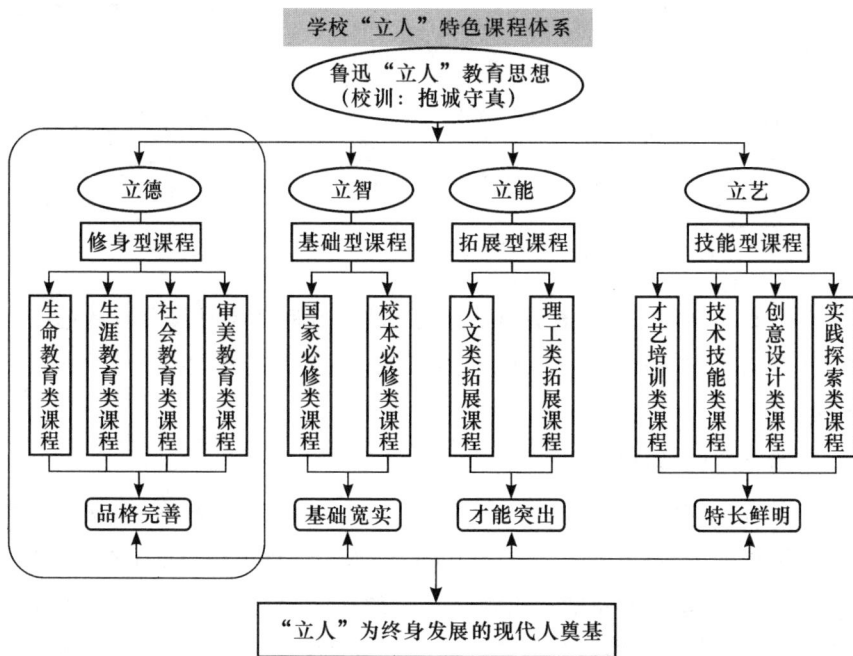

学校"立人"特色课程体系

3. 行走课程,养德于行

"越乡娃"开放式思政课程以习近平总书记重要讲话精神为指引,积极挖掘越地本土资源,以思政校本课程的开发实践为育人润色,达成培育具有"理想信念、家国情怀、时代责任"的优秀少年为育人目标。"越乡娃"开放式思政课程以"四色主题"为学习路径,通过培植"红色根脉",访越地红馆;理解"绿色共富",研越乡农村;培养"蓝色创新",秀越韵文化;成就"金色童年",探越城基地等,形成了"越乡娃"开放式思政课程模式。同时课程配套编写了《"越乡娃"开放式思政课程系列活动手册》,便于学生更好地开展思政学习之旅。

4. 特色活动，扬德于人

学校通过丰富多彩的特色主题节系列活动，丰富红色思政教育的形式载体，让孩子们在活动中秀出最亮的中国红。每年组织开展科技节、体育节、文化艺术节、学鲁纪鲁、童心悦读月等丰富活动都以立德树人为目标，培养红色基因。学生经典诵读节目《和平的旗帜》荣获"第三届中华经典诵写讲大赛'诵读中国'经典诵读大赛"小学组全国一等奖。

(三)永葆"红心"，在"四全"研修中"立师"

在课程思政背景下，学校以"四全"研修为主，对思政教师进行培训提升，充分践行"立人先锋"育人使命。

1. 全覆盖育德合伙人配置

以"合伙人"式的育德教师团队对学生进行思政教育，组成合伙人团队的教师包括班主任、学科教师、校外志愿者、外聘专家、家长等，对合伙人进行专业培训。

2. 全学科育德内容设计

以社会主义核心价值观为统领，深入挖掘课程中丰富的思政德育元素，以朝花杯课堂教学比武、立人大讲堂、夕拾沙龙等为平台，分享育德内容的设计与呈现。

3. 全方位育德课程开发

以合伙人式育德教师团队为主体，通过开发育德特色系列课程实现全课程育德，如"越乡娃"开放式思政课、"百草园"数字系列课程、"四独立人"系列课程等，"党建＋"系列思政课程等，在课程开发中提升育德教师团队建设，提高学生德育品质。

4. 全过程育德模式创新

以"四独娃"成长手册为图景，通过"成长之树"来构建和发展数字化育德平台。通过"独立、独特、独创、独秀"四个维度，让育德教师团队的老师们每月对学生的情况进行总结、评估、反馈、反思，体现育德的全过程性和发展性评价。

五、案例分析

学校依托鲁迅立人文化，坚持深入推进思政课改革创新，着力筑牢鲁小学子思想政治教育的思想之基、中国之魂。

1. 思政立人为"红润童心"立根

"立人"文化是学校办学的魂,是立德树人的教育追求的原点。学校以文化育德,让学生们汲取丰富的知识与思想,努力成长为具有时代责任的优秀少年。

2. 思政立人为"全员育人"开花

在"立人"思政的背景下,教师们通过全员化的培训、合伙人式的研究、个性化的提升,围绕教学目标的立意价值,对思政元素进行有机的融合、整合,加强学科内知识及跨学科知识的整合,真正实现课程思政的大思政格局。

3. 思政立人为"教育共富"结果

学校先后与新疆阿瓦提鲁迅小学、四川马边民建小学、开化齐溪小学、鉴湖坡塘小学、香港保良局田家炳小学、香港九龙塘学校的伙伴们展开结对。学校党委书记、浙江省特级教师王慧琴名师工作室汇聚了 630 名省内外名优教师参与,上传资源 5000 余条,举办主题活动近 50 场。将大思政育人理念辐射到更多的结对学校,推动实现城乡教学相融并举、共同发展的目标。

近年来,学校被中央文明委评为首批"全国文明校园""全国书香校园""浙江省清廉教育示范校""浙江省先进基层党组织"等荣誉称号。学校与鲁迅纪念馆联合开发的"山河赤子心 岁月峥嵘行——鲁迅与共产党人"大思政课入选国家文物局办公室、教育部办公厅关于公布以革命文物为主题的"大思政课"优质资源项目名单(浙江省唯一)。《人民教育》先后报道学校践行"立人"教育思想,深化课程改革的实践经验,《开放式思政课程的探索与实践——以"越乡娃"思政课程为例》在《浙江教育报》中报道,《光明日报》《中国教育报》《学习强国》等媒体多次报道了鲁迅小学教育集团的思政育人成果。

鲁小人在"立人"红色热土上且行且学且思且悟,孜孜以求地在推进学校大思政育人的工作中不断探索,奋力书写新时代育人新篇章。

(执笔:莫岚　绍兴市鲁迅小学教育集团总校长)

"践行'立人'文化，培养'立德'之人"品牌展示

主题三
同育越地时代新人

创新人才培养理念　培育追求卓越的"校园精神"

——绍兴文理学院"卓越奖学金"20 年

一、背景概要

2004 年 4 月 20 日,时任全国人大常委会副委员长、九三学社中央主席、中国科协主席韩启德院士及夫人袁明教授一行来我校视察。他们十分关注绍兴高等教育事业的发展,倡导并捐资设立了绍兴文理学院"卓越奖学基金",经绍兴市人民政府和社会各界的襄助,目前共有奖学基金 488 万元。20 年来,"卓越奖学金"所创导的"追求卓越"的价值理念,已经成为绍兴文理学院的校园精神,深刻地影响了学校的办学治校和人才培养。

"卓越奖学金"至今已评选产生 20 届,共有 125 位优秀学生获奖,韩启德院士先后 16 次莅临学校,袁明教授连续 18 次莅临学校,亲自为获奖学生颁奖。"卓越奖学金"的评选活动已经成为绍兴文理学院师生广为关注和期待的一件盛事,已经在文理学子中传播了"张扬个性、追求卓越"的育人理念,并内化为自觉成长成才的强大精神动力。

绍兴文理学院"卓越奖学金"的评选,引起了社会的广泛关注,《文汇报》、新华网、浙江卫视、《浙江教育信息报》、《钱江晚报》、浙江教育网、浙江在线、绍兴电视台等多家媒体先后对历届卓越奖学金的评选进行专题报道。2008 年,卓越奖学金评选活动获得"绍兴市优秀文化品牌"称号,2011 年被评为教育部高校优秀校园建设成果二等奖。

二、方法与过程

一是崇尚个性化的评选标准。成立之初，"卓越奖学金"就始终注重于学生某一方面的特长，鼓励学生专业发展、特长发展、个性发展。因此，"卓越奖学金"的评选标准不同于传统奖学金较多关注学业成绩或者"三好""五好"等德、智、体、美、劳全面发展型的优秀学生。在韩委员长看来，只要"一好"就可以了，只要能发挥天性、张扬个性，把想象力发挥到极致，就是人才。"卓越奖学金"以鼓励学生在品德、学习、文艺、体育、社会工作等某一方面实现卓越发展，其评选标准主要看是否有标志性成果。所谓标志性成果，即在某一领域内具有较大影响或有较高层次水平的成果，是一般大学生无法企及或拥有的相关荣誉或成果，如创新创业、学科竞赛、学术科研、艺术体育等方面成果。因此，"卓越奖学金"的评选对象和标准就是在德、智、体、美等某一方面取得一般人难以取得的标志性成果者，而且在非本专业领域内取得标志性成果的学生予以优先推荐评审。

二是民主公选化的评选方式。"卓越奖学金"评选方式与其他传统奖学金的评选完全不同，在程序上采取先自下而上地由学生个人自荐或者二级学院推荐，经过职能部门初审后，由学校评审委员会评审并确定 10 人作为候选人。再自上而下，将"卓越奖学金"候选人的事迹材料通过各类校内媒体进行公布，然后组织网络投票、校报投票和现场展示会公选投票，分别按照权重比例进行综合统计。按照投票结果最终产生 6 名卓越奖学金获得者。卓越奖学金多环节、多视角、多层面的评选方式，最核心的是两条：一是民主公开，二是学生主体参与。以民主投票代替行政决策，以全体学生参与代替职能部门或评委拍板，整个过程公开透明，让学生选出自己心目中的"校园英雄"。展示现场进行网络视频同步直播，每年在评选季节都会成为全校师生最为关注的校园热点话题之一。

三是隆重的高规格颁奖典礼。颁奖典礼是"卓越奖学金"评选活动的最后一个环节。韩启德院士和袁明教授夫妇在设立"卓越奖学金"时表示，尽量到学校为每一届获奖学生颁奖。从 2004 年到 2023 年，"卓越奖学金"评选活动至今已历经 20 届，韩启德委员长先后 16 次莅临学校，袁明教授 18 次莅临学校，不仅一一接见获奖学生并为他们颁奖，而且每一次都作精彩演讲，勉励全校学子"摒弃浮躁、拒绝平庸、脚踏实地、追求卓越"。学校对"卓越奖学金"颁奖典礼的每一个议程均进行精心设计,为获奖学生宣读颁奖词或教授推荐词。这些对于获奖学生来说更是他们一生难忘和值得珍藏的时刻,为今后的成长发展增强信心和动力。同时,对全校学生尤其是参加颁奖典礼的学生来说,他们得到的也不仅是现场氛围感染和教育,更是一次精神的洗礼和升华。

三、成效与经验

在"卓越奖学金"评选的理念与活动引领下,绍兴文理学院在诸多方面取得了较好的成绩。

一是引领学校走特色强校之路。学校成立了王阳明研究院、鲁迅研究院等研究机构,其中越文化传承与创新研究中心为浙江省哲学社会科学重点研究基地,"中国语言文学与越文化研究"为浙江省高校创新团队。学校成立了国家黄酒工程技术研究中心分中心、纤维基复合材料国家工程中心分中心、国家碳纤维工程技术研究中心分中心等一批共建合作平台,服务绍兴产业转型升级。学校积极打造"风则江大讲堂"品牌,形成名家系列专题讲座。20 年来,诺贝尔文学奖获得者、著名作家、院士、著名节目主持人等先后来绍兴文理学院进行了 300 余场的主讲。

二是引领学校培养个性发展之才。近年来,在卓越理念的熏陶下,绍兴文理学院大学生创先争优、追求进步成为校园风尚。近五年来,考取 985、211、双一流学校研究生的人数为 488 人;学生在各类竞赛中累计获国家级奖 98 项、省级奖 1459 项。同时,奉献青春、服务他人的志愿服务在学生中也蔚然成风。80 余位两项计划志愿者在西部和省内欠发达地区扎根服务。大学生的无偿献血成为绍兴市中心血站主要血源。我校学子活跃在绍兴国际马拉松大赛、公祭大禹陵等大型赛事节会的志愿服务工作当中,志愿服务正成为印证我校大学生社会责任感的又一新的文化品牌。在"卓越奖学金"获得者中,涌现出一批优秀学生典型:盛国栋潜心科研,中科院博士毕业后回母校任职,2018 年被评为"全球高被引科学家"。徐正法投身创业实践,荣获首届浙江省"大学生优秀创业者"荣誉称号,并在学校设立了"尚典奖学金"。藏族学生张秀龙,成立"心温度"公益促进中心,结对帮扶藏区贫困学生。

三是引领学校打造人才队伍宝库。在卓越理念的带动下,绍兴文理学院教师队伍形成了"爱岗敬业、求真务实、锐意进取、追求卓越"的良好氛围。

无论是引进的还是培养的人才,都能追求真理,献身科学,甘于寂寞,潜心研究,拒斥急功近利,抵御浮躁之风,恪守学术道德和学术规范。学校专任教师中有高级职称 580 余人,拥有博士学位的教师占比超过 57%。学校拥有加拿大工程院院士、挪威工程院院士、浙江省"鲲鹏计划"入选者、"国际工程地质与环境协会学术终身成就奖(Hans Cloos Medal)"获得者、国家杰出青年基金获得者、教育部长江学者等国家级人才 21 人,国务院政府特殊津贴专家、教育部新世纪优秀人才支持计划、浙江省杰出青年基金获得者等省部级及以上人才 36 人;有省高校创新团队 1 个、省重点科技创新团队(合作)1个、省高校高水平创新团队 2 个,省级优秀教学团队 4 个,全国优秀教师 3人,省级教学名师 3 人、省级教坛新秀 8 人。

卓越是一种精神,是一种目标,更是一种追求。站在新的发展起点上,学校将以评选"卓越奖学金"为契机,努力践行"追求卓越"办学理念,大力弘扬"追求卓越"精神,让"追求卓越"成为一种激励我们不断发展、努力进取的精神力量,使人人追求卓越,事事追求卓越、时时追求卓越,处处追求卓越,成为每位文理人的一种习惯和自觉,加快推进学校向国内一流的城市综合性大学转型,为国家培养更多更优的社会主义事业建设者和接班人。

(执笔:宋浩成,绍兴文理学院党委委员,宣传部部长;彭江,绍兴文理学院宣传部理论教育科科长;章利成,绍兴文理学院学工部思想政治教育科科长)

"创新人才培养理念 培育追求卓越的'校园精神'——
绍兴文理学院'卓越奖学金'20 年"品牌展示

在希望的田野上书写大思政课的精彩华章

——海亮教育思政育人与乡村教育振兴相结合的实践探索

一、案例背景

党的十八大以来,以习近平同志为核心的党中央高度重视思政课建设,统筹推动思政课建设的内涵式发展。党的二十大报告指出:"用社会主义核心价值观铸魂育人,完善思想政治工作体系,推进大中小学思想政治教育一体化建设。"①

民族要复兴,乡村必振兴。在党的十九大报告中,习近平总书记提出了"乡村振兴"战略,作为全面建成小康社会的坚实基础。此后,习近平总书记多次提及乡村振兴战略,从不同层面对推动这一重要战略的落实提出具体要求。

把"为党育人、为国育才"作为办学使命,把"乡村振兴作为海亮集团永久的头等大事"。面对总书记非常关注、关心的这两件大事,海亮教育探索出一条思政育人与乡村教育振兴相结合的实践之路,以"海亮方案"书写答卷。

二、案例目标

海亮教育历经 30 年发展,始终坚持"听党话、跟党走",在每一个重大的历史节点,在每一个关键的路口,都始终坚定响应党的号召,做出正确的选择。乡村教育是我国基础教育的"神经末梢",也是乡村振兴的重要支柱。传承红色基因、厚植家国情怀,秉持"为党育人、为国育才"的使命,海亮教育积极响应党中央号召,在 2021 年把"乡村教育振兴"作为永久的头等大事。依托强大的人才队伍和科技手段的支撑,截至 2024 年 9 月,海亮乡村教育振兴的事业版图已覆盖到全国 22 个省、140 余所县域或乡镇学校,涵盖小、初、高各学段,为超过 22 万名教育欠发达地区学生输送优质教育资源。

---

① 习近平. 高举中国特色社会主义伟大旗帜 为全面建设社会主义现代化国家而团结奋斗:在中国共产党第二十次全国代表大会上的报告[M]北京:人民出版社,2022.

全学段、广覆盖的乡村教育振兴事业，是海亮教育推进大思政课建设责无旁贷的使命，也是重大而独特的优势所在。在此过程中，海亮教育坚持党建引领，以习近平新时代中国特色社会主义思想为指导，聚焦"大思政课"建设，进行了一系列探索与实践，创造性地把乡村教育振兴实践与思政育人融合起来，以"大思政课"这根红色纽带串联乡村教育多维场域，同时以乡村振兴多维场域扩展思政育人的边界，在希望的田野上书写大思政课的精彩华章。

三、案例设计

海亮教育经过充分研讨与论证，充分发挥"自有校＋服务校"的办学特色和优势，在"大思政课"育人格局下探索将红色文化转化为思政育人元素的实践，按照与现实相结合、与社会相结合的思路，做到乡村教育振兴事业版图扩展到哪里，大思政课课堂就拓展到哪里。整合资源、凝聚合力，围绕"立德树人"这一核心命题，让海亮"大思政课"成为教育内容丰富、教学形式多样、育人力量多方，具有大格局、大目标的大课。

四、案例过程

育人之本，在于立德铸魂。海亮教育深入贯彻落实习近平总书记重要讲话精神，旗帜鲜明地把思政课建设摆在突出位置，系统谋划，积极拓展大思政课格局。

(一)党建引领，拓展思政育人"大格局"

一是统筹顶层设计。鉴于思政课在学校课程体系中的基础性和引领性作用，海亮教育党委多次召开专题会议，深入分析思政课建设的新形势、新要求，强化党建引领，将大思政格局构建纳入党建重点工作规划，成立了"海亮教育思政课程与课程思政体系建设工作领导小组"，由党委书记亲任组长，落实主体责任，形成了党委统一领导、党工团齐发力、有关部门各负其责、协同配合，多方力量共同参与的"红色领航＋合力育人"工作格局。

二是构建制度体系。为了确保各项工作一体推进，海亮教育党委先后发布了《关于提速推进"党建＋大思政课"建设行动的指导意见（试行）》《提速推进"党建＋大思政课"建设行动试点校实施方案》等多个文件，并将"党建＋大思政课"建设工作成效纳入学校管理团队年度考核指标，通过完善管理机制、明确重点任务、加强考核评估等多维落地，强化思政教育的链式协同,确保办好"大思政课"的硬核保障。

三是搭建共享平台。为了高质量推进大思政课建设,海亮教育党委聚焦教学资源、师资队伍、工作机制、场地建设等多方面搭建共享平台,通过授牌一批大思政课实践教育基地,结合乡村教育振兴契机,用好、用活各地红色资源;形成常态化教学研讨机制,搭建集体备课、协同教研、同课异构、思政赛课等平台;确定一批提速推进"党建＋大思政课"建设行动试点学校,不断总结推广先进经验;筹建党建馆、思政主题研学园等,打造"大思政课"育人新场景,促进共享共促一体化良性循环。

(二)立足特色,构建思政育人"大品牌"

海亮教育具有丰富多元的教育样态,在思政育人工作具体实践中,旗下各学校在集团党委的统一领导下,分别根据自身特色和需求,开展思政教育"一校一品"建设,通过品牌化、项目化的方式,提升思政教育的吸引力和实效性,形成各具特色的思政教育模式。

例如,海亮教育旗下的海亮外语中学致力于在多元文化中渗透思政教育,以润物无声之影响践行育人使命,通过"党、团、队"一体化育人链条,构建了课程、俱乐部、社团、活动等多位一体的思政育人载体(见图1),围绕"十大素养"落实立德树人根本任务。天马实验学校构建党建与大思政课深度融合的教育教学体系,以铸牢中华民族共同体意识为核心,形成具有天马

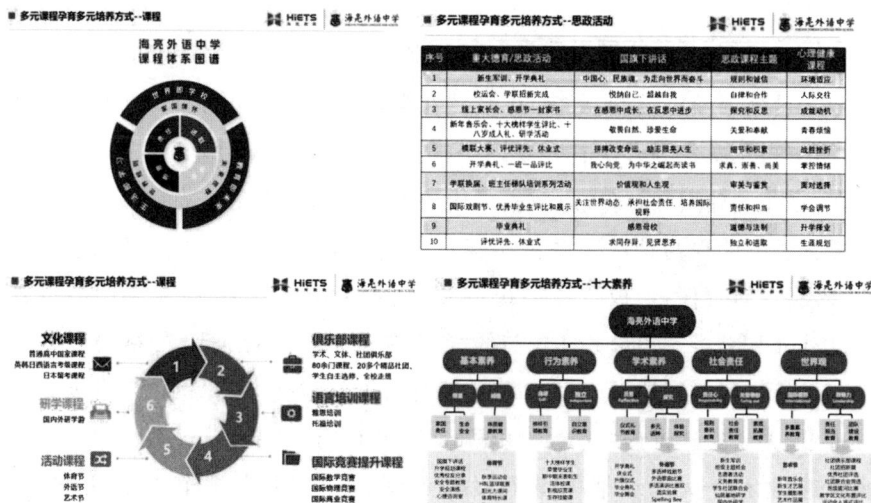

图1 海亮外语中学思政品牌·育人载体

特色的"党建＋大思政课"品牌——"心相融 天马红"，提升学校党建对学生思想政治教育的针对性和实效性。

通过特色化凝练、品牌化提升，海亮教育集团构建了全员参与、全程覆盖、全方位渗透的思政育人格局，思政教育工作呈现出良好的发展态势。

五、案例分析

"大思政课"是时代大课、理论大课、实践大课，也是因事而化、因时而进、因势而新的一项重大改革，需要有大视野、大情怀、大气魄，用好社会大资源成为大思政建设成败得失的关键。海亮教育始终把红色文化作为开展"大思政课"的宝贵资源，围绕"立德树人"这一核心命题，让海亮教育"大思政课"成为教育内容丰富、教学形式多样、育人力量多方，具有大格局、大目的的大课。

一是用活资源铸魂育人。海亮教育乡村振兴赋能支持的学校集中在县域地区，许多都是历史悠久的革命老区，红色教育资源十分丰富。聚焦这一资源优势，集团层面统筹推动红色资源共享共建，联动各地自有校、综合服务学校，积极探索"大思政课"建设新样态，用活资源铸魂育人。沿着"长征之路"这条红色纽带，遵义市 55 中、延安安塞高中等综合服务学校结合史情地情，联合打造"长征精神"思政大课；从白山黑水的东北抗联到铁道游击队激情传奇的微山湖畔，抚远市第一中学、微山县第二实验中学、欢城镇第一中学两地三校联动，共同讲述伟大抗战精神；从刘邓大军挺进大别山的前方指挥部所在地到孟良崮战役所在地，金寨县新城中学、蒙阴县（海亮）联城中学跨越数百公里，"手拉手"共上"解放战争"专题思政课；而在海亮教育总部所在地诸暨，覆盖小、初、中全学段的 8 所自有校，更是用好"枫桥经验"的思政宝库，开展传承和发展新时代"枫桥经验"系列思政活动。

二是科技赋能跨越山海。依托强大的科技、人才支撑，海亮教育的"大思政课"跨越了山海相隔的时空限制，成功实现五湖四海"同上一堂课"，让城市与大山交流碰撞，让孩子们进入彼此的世界，共享优质资源。每年新学年开启之际，海亮教育在全国东西南北中同步共上"开学第一课"，有明星校长启迪数十万名"乡村教育振兴"学子"做最好的自己"，有家校社师生联动"向手机 SAY NO!"的健康成长大课堂；在丰富多彩的校园文化活动中，师生共创《初心》《风帆望道》等红色舞台剧，穿越时空、跨域南北，云端的相聚让思政课走"新"更走"心"；依托海亮教育和淳安共同打造的山海合唱团，以合唱教育共同体模式，唱响了乡村美育德育新模式；结合海亮教育战略方针，聚焦"乡村振兴"开展多地多校小、初、高同课异构主题研讨活动，不断丰富思政教育内容。科技支撑助力思政教学样态不断升级，思政教育亲和力、针对性持续提升。

三是实景体验深化学习。红色教育基地是开展思政教育的宝贵资源、重要阵地。为进一步传承红色基因、赓续精神血脉，海亮教育旗下素质教育研学团队聚焦思政教学场景，携手当地自有校、综合服务学校等，开发了共产党人精神谱系三大研学基地，以实景体验深化学习成效。在海亮教育总部附近的嘉兴南湖，循迹共产党人的初心使命，感受伟大建党精神；在综合服务学校——安塞一中所在地延安，将思政课堂搬到革命旧址，具象化地体会延安精神、张思德精神、南泥湾精神；在合作支持学校——玉门一中所在地酒泉，开展行走的思政课，以"两弹一星"精神点亮科技强国梦想。通过瞻仰红色地标，开展主题研学、重温红色历史，最大限度地发挥以史育人、以文化人的作用，让学生们研有所悟，学有所获，感悟精神伟力，厚植家国情怀。

四是链接现实守正创新。思政课"要跟现实结合起来"，这是思政课永葆生命力的关键。中华民族共同体意识是国家统一之基、民族团结之本、精神力量之魂，海亮教育把铸牢中华民族共同体意识的"大思政课"上在乡村教育振兴的具体实践中。从四川小凉山深处的峨边彝族自治县民族中学到宁夏回族自治区贺兰山东的星海中学，从喜马拉雅雪山脚的藏区那曲到阴山北麓的内蒙古牧区乌拉特中旗，回、藏、蒙、彝、壮……各民族被"大思政课"这条红色纽带紧紧连在一起，利用得天独厚的教育资源，从小课堂互动到大课堂共振，引导孩子们懂得"各民族要相互了解，相互尊重、相互包容、相互欣赏、相互学习、相互帮助，像石榴籽那样紧紧抱在一起"，在知行合一中增强对中华民族共同体的政治认同，拓展着思政课堂的"宽度"和"鲜度"。

乡村教育振兴事业版图扩展到哪里，思政课堂就拓展到哪里！依托集团化办学优势和强大的人才、科技支持，海亮教育不断凝聚着"大思政课"建设最大合力，连点串线，连线成面，推动教育主体、教育资源、教育平台同向汇聚、同力共建，切实担当起"立德树人"使命，着力书写了民办教育大思政课的精彩篇章。

（执笔：谢劲，海亮教育党委副书记；李颖，海亮教育党委办公室高级经理）

擦亮"越光先锋"金名片 谱写"思政育人"新篇章

一、案例背景

党的二十大报告强调："用社会主义核心价值观铸魂育人，完善思想政治工作体系，推进大中小学思想政治教育一体化建设。"①推进大中小学思想政治教育一体化建设，是落实"'大思政课'我们要善用之"的要求，是对学校思想政治教育的更高要求和系统化部署。这为新时代推动学校思政课建设高质量发展提供了重要遵循。近些年来，绍兴市建功中学教育集团下属四所学校、六个校区坚持以立德树人为宗旨，充分挖掘古越大地丰厚的思政教育资源，深入推动思政课一体化建设，形成全员、全程、全方位的"越光先锋"大思政育人格局。

二、案例目标

绍兴市建功中学教育集团通过深化党建领航、青春向党、红润童心等"三条路径"，强化党、团、队一体化衔接；通过探索完善教师队伍、打破教学壁垒、提升教师素养等"三大体系"，推动教、学、研一体化创新；通过加强校际合作、家校共育、校地联手等"三个领域"，构建家、校、社一体化协同机制，旨在实现思政课程、课程思政与日常思政的深度融合，形成大思政协同效应，着力打造具有鲜明特色的思想政治教育一体化建设"建功范式"。

三、案例过程

（一）"三条路径"打通党、团、队一体化衔接通道

1. 深化"党建领航"核心地位，提升"思政主阵地"作用

在党建创新项目及主题党日活动的实施过程中，集团党委始终坚守思政教育的核心地位不动摇，将其作为贯穿党建全过程的主线，确保党建活动的深入开展与思政课程、课程思政、日常思政的有机融合，提升思政教育的

---

① 习近平.高举中国特色社会主义伟大旗帜 为全面建设社会主义现代化国家而团结奋斗：在中国共产党第二十次全国代表大会上的报告[M].北京：人民出版社，2022.

针对性和实效性。如初一年级要举行建队仪式。建队仪式不仅是对学生加入少先队这一重要时刻的庆祝，更是对他们进行少先队组织基础知识和组织纪律教育的契机。通过庄重的仪式感和富有教育意义的环节设计，引导学生树立正确的价值观和组织观念，为他们未来的成长打下坚实的基础；初二年级开展主题团日活动，旨在深化共青团员的思想政治教育，引导进一步理解团组织的性质、任务和作用，增强归属感和责任感，自觉履行团员义务，发挥先锋模范作用；对于即将毕业的初三学生，以思政教育最后一课的形式，组织党员带领团员学习党史，回顾党的光辉历程，学习党的优良传统和作风，强化思政教育主阵地的作用。

2. 深耕"青春向党"品牌项目，探索"田野思政课"模式

集团党委高度重视学校思政教育，并将习近平新时代中国特色社会主义思想确立为首要学习内容。开展"中国梦""共同富裕""基层治理"等专题的大中小学思政一体化系列活动，积极探索沉浸式、交互式思政育人新模式。2022年3月，建功学子前往绍兴市坡塘村，亲身感受了该村从贫困到富裕的蜕变历程；2022年7月，他们又踏足枫桥镇全面了解"枫桥经验"的发展与创新实践，对基层社会治理有了更为深刻的认识；2023年3月，师生积极参与了"'枫桥经验'与中国式现代化"的协同教研活动。活动中深入学习习近平新时代中国特色社会主义思想和党的二十大精神，致力于推进新时代"枫桥经验"与基层社会治理现代化理念的传承与发展。

3. 擦亮"红润童心"金色名片，播下"实现中国梦"种子

依托集团雄厚的思政师资队伍，推进思政教育与课程思政的深度融合，将思政小课堂与社会大课堂相结合，在学生心中播下红色种子，助其生根发芽、破土成长。以《习近平新时代中国特色社会主义思想（学生读本）》和《红润童心·课本中的红色印记》等配套读本为重点教材，打造"红润童心"这一思政教育金字招牌。围绕"红润童心"的核心理念，开展"助梦成长"活动，助力学生在红色精神的滋养下茁壮成长；"筑梦宣讲"活动，宣讲红色故事让学生深刻领悟红色精神的内涵和价值；"圆梦飞扬"活动，激励学生将个人梦想与民族复兴的中国梦紧密相连，在追求梦想的道路上奋勇前行。这些活动不仅凸显了集团思政教育的鲜明特色，更在潜移默化中引导学生们树立正确的世界观、人生观和价值观，为他们的全面发展奠定了坚实的基础。

（二）"三大体系"探索教、学、研一体化创新模式

1.完善教师队伍建设，提升跨界合作力

学校与绍兴文理学院马克思主义学院携手开展大中小学思政课一体化合作共建活动，充分利用绍兴文理学院马克思主义学院的思政课教学优势与名师工作室品牌，发挥高校在师资培育、课程开发、教学教研等方面的引领作用，带动中小学思政教育资源的优化与提升。针对新任教师、中青年教师、骨干教师等不同教师群体，制定个性化的培训方案，加快跨界交流学习平台的构建，实现资源的共建共享，共同推动思政教育的创新发展（图1）。高校教师、在校本科生和研究生走进初中课堂，承担我校部分党团课和少先队队课等相关教学任务。同时，集团优秀思政教师代表担任马克思主义学院的兼职教师，承担高校思想政治理论课和教师教育类课程的部分教学任务。萧华琴老师被聘为绍兴文理学院"祖楠班"的校外导师，并获评浙江省第四届"思政星课堂"优秀思政课老师称号；高珺、吴胜荣老师被聘为绍兴文理学院马克思主义学院兼职教师；高珺老师被评为浙江省首届中小学思政教师年度人物提名奖，是绍兴市大中小学思政课一体化建设名师工作室联盟核心成员。另有多名老师被评为市、区学科带头人、教坛新秀等荣誉称号。

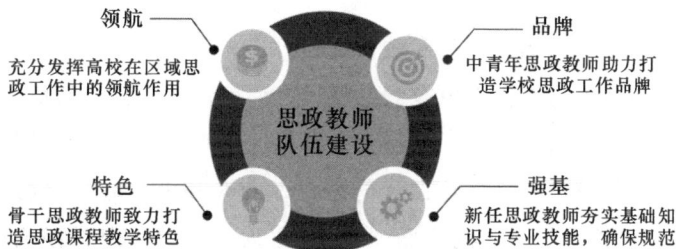

图1 锻造德才兼备的思政教师队伍

2.打破学段教学壁垒，增强学段联通力

自2019年习近平总书记"3.18"重要讲话以来，学校明确提出"理直气壮上好思政课"的响亮口号，主动建立与小学、高中及高校之间的教学联系，增强初中学段在教育教学体系中的承上启下作用。与绍兴文理学院马克思主义学院签订院校共建紧密型教师发展学校的合作协议，双方教学、教科研和育人等方面进行深入的合作，共享共进共赢。通过大中小学集体备课、同

课异构、集中展示等多种形式，打破学段间"各管一段"的壁垒，切实提升教师在学段衔接方面的意识与能力。自 2020 年 6 月 3 日，与绍兴文理学院马克思主义学院联袂举办思政学科"同课异构"协同教研活动 10 余场次；2023 年 4 月 13 日，浙江省大中小学思政课一体化建设工作推进会上，集团原党委书记石先进作为全省唯一中学校代表，做了题为《全域协同、一体推动，谱写思政教育新篇章》的大会交流发言。通过这些活动，不仅在理论上深化了对思政课教学的认识，更在实践中提升了思政课的教学质量，为培养新时代优秀思政人才奠定坚实的基础（图 2）。

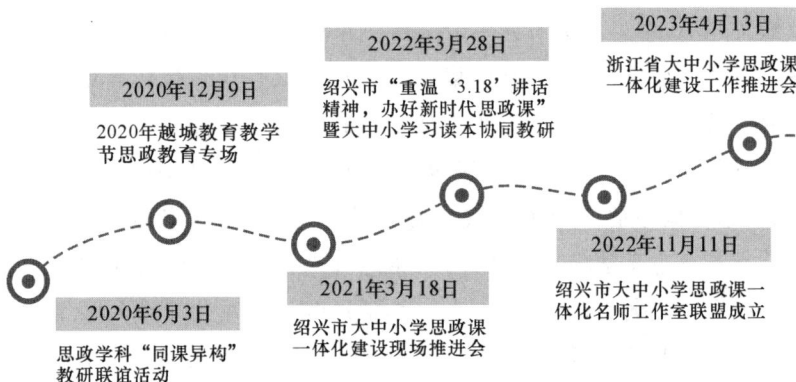

2023年4月13日
浙江省大中小学思政课
一体化建设工作推进会

2022年3月28日
绍兴市"重温'3.18'讲话精神，办好新时代思政课"暨大中小学习读本协同教研

2020年12月9日
2020年越城教育教学节思政教育专场

2022年11月11日
绍兴市大中小学思政课一体化名师工作室联盟成立

2021年3月18日
绍兴市大中小学思政课一体化建设现场推进会

2020年6月3日
思政学科"同课异构"教研联谊活动

图 2　参与大中小学思政一体化协同建设路径

3. 提升教师综合素养，夯实教育说服力

以"互联网＋跨学科＋思政"为鲜明特色，深耕思政科研领域，致力于提升教师的专业素养。学校思政课教师怀揣热情，积极投身于教学科研工作，精心构建课程资源，持续强化课程的思想性和亲和力。截至目前，"党史素材在道德与法治课教学中的实践研究""《习近平新时代中国特色社会主义思想学生读本》的解读与实践"等多项课题已在市、区立项并获奖，充分展现了学校在思政科研方面的丰硕成果。同时，还注重微党课资源的建设与发展，在各级党建微课、课程思政案例、红领巾思政微课大赛中屡获佳绩，彰显了思政教育教学方面的创新实力。浙江省高珺名师工作室在之江汇教育广场平台上推出的"跟着文物学党史"特色课程备受瞩目，高珺与谢泽南老师精心撰写的思政案例分别入选《中小学课程思政的设计与实践》《大中小学思政课一体化建设协同教学案例集》，为学校的思政教育工作再添浓墨重彩的一笔。

(三)"三个领域"构建家、校、社一体化协同机制

1.校际合作深化交流,共谋德育创新发展之路

集团内各成员校积极挖掘校史中蕴含的丰富资源,借助现代科技手段,如网上党课、党史专题教育课等平台,将传统思政教育资源与现代信息技术跨学科融合。如开展网上祭英烈留言寄语活动,宣传校友张秋人"追求真理至死不渝"的英勇事迹;组织师生深入学习陈建功、范文澜等杰出校友的光辉事迹,文澜中学师生自编自演了历史剧《范文澜传》。这些校友不仅在学术上有着卓越的成就,更在道德品质、人生追求上树立了典范。通过学习他们的先进事迹,师生能够更好地理解和传承校园文化,增强对学校的归属感和自豪感,提升凝聚力和向心力。通过校际合作深化交流,使校史资源得到有效利用,提高师生的历史文化素养和思想道德水平,更是对校园文化传承和创新的重要贡献。

2.家校同心携手共育,共筑学生健康成长之路

引进家长资源,发挥家长优势,注重结合重大历史节点,以红色话剧、红色歌舞等多种形式开展"建党百年""建团百年"等纪念活动。这不仅是对党的历史和团的发展的回顾,更是对学生进行爱国主义教育和革命传统教育的重要契机。此外,学校还借助"时政书法课""思政微课"等个性化平台,邀请家长走进课堂,带来"红船精神""胆剑精神""绍兴发展"等主题讲座,让学生在聆听中感受到红色基因的力量,不仅丰富了学生的知识体系,更激发了他们的爱国情感和责任意识。

3.校地联手凝聚合力,共探研学实践真知之路

在思政一体化的背景下,利用"绍兴市大中小学思政课一体化建设"红色研学基地,挖掘和整合社会资源与研学基地建立紧密的合作关系,为学生提供丰富多彩的实践机会,促进了思政课一体化建设的深入推进。突出实践性的"田野思政",让学生走进生活生产一线,通过实地考察、调研等方式,了解真实的社会现象和问题,培养学生的实践能力和社会责任感。结合学校特色,通过"时政书法课"将最新的时政热点引入校园,并深入融合到各学科课程思政和日常思政活动中,让学生及时了解国家的发展和社会的变化,增强政治意识和时代责任感。

四、案例分析

1. 通过"三条路径"强化党、团、队一体化衔接

深化"党建领航"提升思政教育作用、深耕"青春向党"品牌项目探索沉浸式党课模式以及擦亮"红润童心"金色名片播下中国梦种子,促进学生全面发展。

2. 探索"三大体系"推动教、学、研一体化创新模式

完善教师队伍建设提升跨界合作力,打破学段教学壁垒增强学段联通力,以及提升教师素养能力夯实教育说服力,全面提升思政教育质量。

3. 构建"三个领域"的家、校、社一体化协同机制

校际合作深化交流、家校合作共筑学生健康成长之路以及校地联手探索研学实践真知之路,共同促进思政教育的有效实施。

五、案例反思

做好大中小学思政课一体化建设意义重大,是一项需要几代思政人持续探索,久久为功的工程。近年来绍兴市建功中学教育集团在推动思政课一体化建设方面积累了初步经验。2021 年 3 月,学校被绍兴市教育局确立为大中小学思政课一体化建设首批试点单位;2021 年 11 月,被共青团浙江省委、浙江省教育厅、浙江省少工委评为 2021 年度浙江省成绩突出少先队集体;2023 年 12 月,思政教研组被浙江省教育厅教研室评为 2023 年浙江省先进教研组。但距离落实好总书记和党中央的期望,满足办好人民满意教育的需求还有很长的路要走。下一步,我们将围绕协作共建,资源共享,当好思政课建设"领头雁",画好融合发展"同心圆",建好协同发展"生态圈",持续推进大中小学思政一体化高质量发展,努力形成思政一体化工作的"越光先锋"特色品牌。

(执笔:王湘炜,绍兴市建功中学教育集团总校长)

思政影视 为孩子扣好人生第一粒扣子

一、案例背景

党的十八大以来，从节日的谆谆寄语，到考察调研时的真挚关爱，再到纸短情长的殷切期望，习近平总书记始终对少年儿童悉心关怀、寄予期待。2014年5月30日，习近平总书记在北京市海淀区民族小学主持召开座谈会时的讲话指出："心有榜样，就是要学习英雄人物、先进人物、美好事物，在学习中养成好的思想品德追求。"①2018年11月，中宣部、教育部联合印发的《关于加强中小学影视教育的指导意见》指出："利用优秀影片开展小学生影视教育，是加强中小学生社会主义核心价值观教育的时代需要，是落实立德育人根本任务的有效途径，是丰富中小学育人手段的重要举措。"2021年2月，教育部印发的《革命传统进中小学课程教材指南》强调："艺术学科要注重选取经典性作品，以寓教于乐、潜移默化的方式，增强教育的感染力和实效性，培养学生深厚的爱党爱国情感，做有骨气、有品位、有修养的中国人。主要载体为反映革命文化的美术、音乐、舞蹈、影视、戏剧（含歌剧、戏曲等）、动画等。"

谢晋小学是全国"改革先锋"、著名电影导演谢晋的母校，他曾导演《鸦片战争》《红色娘子军》《高山下的花环》《鸡毛信》等36部历史和革命题材影视作品而广为人们熟知。在他的影响下，学校的影视育人实践已经二十多年。2023年，学校由谢塘镇中心小学更名为谢晋小学，在"影视滋养童心"的理念下，学校积极实施"思政影视（革命题材影视作品）课程"，引导孩子扣好人生第一粒扣子"的系列活动，为孩子的教育打上思政印记。

二、案例目标

落实中宣部、教育部联合印发的《关于加强中小学影视教育的指导意见》和教育部印发的《革命传统进中小学课程教材指南》文件精神，构建贯穿

---

① 习近平：从小积极培育和践行社会主义核心价值观［EB/OL］. http://www. xinhuanet. com/politics/2014-05-30/c_1110944180. htm.

小学阶段完整的思政影视（革命题材影视作品）课程体系,开展"思政影视课程,引导孩子扣好人生第一粒扣子"主题系列活动,加强学生影视艺术审美和革命传统教育,厚植爱国主义情怀。

三、案例设计

思政影视课程建设,共分为三大板块。

第一板块是课程资源。围绕影视教育和革命传统的交集区域,搜索发掘革命题材影片,探索构建适合一到六年级各年级不同知识水平的影视教育资源体系。

第二板块是活动组织。组织学生开展赏影视、绘影视、唱影视、演影视、评影视、创影视系列活动,促进学生对影视作品的理解、应用、转化。

第三板块是评价导航。构建别具特色的影视课程的思政评价方式,精选影视作品中的革命英雄人物制作评价卡片,进行全程性评价。

四、案例过程

(一)遴选优秀影视作品,构建思政影视库

1. 联结学科,精心编排思政影视推荐目录

学校从自身的办学优势——影视育人特色出发,以《中小学德育工作指南》中的"课程育人"为指导,以优秀的革命题材影视作品为载体,设置英雄人物、历史事件两个板块,精选反映革命传统的思政题材影视作品,并根据小学生年龄特征、认知水平等的不同,分成六个年级,组成十二级,形成完整的思政影视系列,确保每学期至少向学生推荐观看两部优秀的思政经典电影。

2. 对标课程,分级设置思政影视育人要求

学校根据语文、艺术、信息科技等学科的课程标准要求,按学生对电影的理解层级分梯度设置观影的要求,布置高效、适切的思政经典学习活动。

(二)丰富影视教育模式,开展思政影视实践

1. 赏思政影视

影片的观赏是心灵的洗礼,是德行的熏陶。所以,学校每学期安排观看革命题材影片,并在赏析影视作品后,让学生讲一讲影视故事或者自己的观影感受,对演讲进行评比、奖励。程序如下:

赏思政影视模式 ➡ 赏 ➡ 讲 ➡ 评 ➡ 奖

2. 绘思政影视

学校每学期组织两次，由美术老师指导学生将革命题材影视作品中的人物、事件等绘成一幅幅精美的图画，或者是为影视作品绘一张海报。然后，将图文并茂的画作配上玻璃镜框，悬挂在每幢教学楼走廊的墙面上，每次进行一次评比展示。程序如下：

绘思政影视模式 ➡ 观 ➡ 绘 ➡ 展 ➡ 评

3. 唱思政影视

思政影视作品中有很多的经典歌曲一直传唱不衰，如《闪闪的红星》主题曲《红星歌》，电影《上甘岭》的主题曲《我的祖国》。学校编写影视红歌拓展课程教材，每年组织一次影视红歌演唱比赛，评出十佳小歌星进行表彰。程序如下：

唱思政影视模式 ➡ 选 ➡ 学 ➡ 唱 ➡ 评

4. 演思政影视

为进一步理解思政影视人物的精神，体会英雄当时的处境，锻炼学生的综合能力，学校组织思政影视情节的表演，让学生观看影视，选择片段，编写剧本，挑选角色，做服装道具，进行演练，最后在学校组织的全校汇报活动中演出。程序如下：

演思政影视模式 ➡ 选 ➡ 编 ➡ 挑 ➡ 做 ➡ 练 ➡ 演

5. 评思政影视

写电影评论是学生心灵火花的喷发，是学生内心世界的真情流露。在大量观看思政影视作品的基础上，学校积极鼓励学生自己动手写影评，写心得体会，开展评比活动，优秀作品刊发在为配合影视教育定身而刊的《小梨花》报纸上。程序如下：

评思政影视模式 ➡ 观 ➡ 说 ➡ 写 ➡ 评 ➡ 展

6. 创思政影视

观看思政影视之后,模仿创作思政微影视作品,是检验学生对革命英雄人物的了解程度,检验学生对影视作品拍摄的观赏能力,检验学生处理影视角色的一种好方式。学校开展思政微影视的作品征集,鼓励学生把语文课本、课外读物中的英雄人物故事,编作成剧本,认真排演之后,拍成思政微电影,搬上荧幕,学校最后进行展演评比,评比出"最佳表演奖""最佳导演奖""最佳男女主角"等奖项。程序如下:

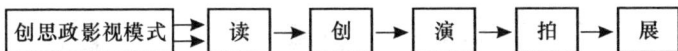

创思政影视模式 ➡ 读 ➡ 创 ➡ 演 ➡ 拍 ➡ 展

综上,学校充分结合思政影视资源,开展形式多样、生动活泼、入脑入心的学习活动,实现从单一、表面的观影感受到多棱、走心的认知感悟,深入挖掘思政影视的教育教学价值,彰显思政经典的价值担当。

(三)探索影视特色评价,传承英雄人物精神

1. 统整评价,影视英雄走进学生生活

学校构建"晋星闪闪"的评价体系,要求学生人人争戴"谢晋星"奖章。学校把思政影视中的英雄人物印在名片上,正面介绍英雄事迹,背面介绍相关电影的名称和梗概,把它作为对学生日常表现的奖励,这些奖励积累到一定数量,就可以兑换到"谢晋星"铜章,再不断升级成银星章、金星章,在全校活动中表现优异的则可以直接颁发"谢晋星"金奖章。这些奖章的获得与学生的评优评选相挂钩,实现了评价载体的统一,也让"英雄人物"走进了学生的日常生活。

2. 注重参与,英雄教育覆盖全部学生

在实施思政影视课程的过程中,学校要求以班级为单位,赏、绘、唱、评影视全员参与,给每位参加的学生颁发电影对应的"董存瑞""雷锋""邱少云""李大钊"等英雄卡,保证每个学生都经历最基础的观赏影视过程,保证每个学生对革命英雄的熟悉,达到思政的落实。在班级海选的基础上,再进行校级的比赛展评,奖励"谢晋星"奖章,给予有力的教育引导。

3. 立足发展,英雄精神提升核心素养

学校创新思政影视评价的多元多维,邀请教师、学生、家长等共同参与评价,用英雄卡进行投票。重点评价学生是否表现出英雄人物的精气神,表现出英雄的崇高形象和精神品质,以此引导学生模仿英雄,学做英雄。学生

在获得"英雄卡"后,要在"英雄卡"上记录下自己的"获卡感言",可以是获得名片的原因、心情,也可以是激励语。这些"英雄卡"是学生的成长足迹,是思政影视活动的成长记录袋。

五、案例分析

(一)联结对标,构建思政影视内容阶梯,开发课程思政生动载体

反映革命传统的经典影视作品最大的特点是直观、生动,能较完整地反映历史过程,给人以视觉、听觉等的冲击,激发观影者的强烈情感,受到教育熏陶。学校结合各年级学生的知识水平,将影视教育、革命传统文化教育与知识学习相结合,把思政影视课程作为学科课程拓展延伸的重要一部分,既丰富了学科课程学习的内涵,又深化了思政课程的教学,使影视作品的思政功能得到真正发挥。

(二)创新实践,活化思政影视活动模式,形成课程思政实践样板

课程思程不是一句空喊的口号,而是学生实实在在的体验过程。如何让时代久远的思政经典受到学生们的喜欢?学校挑选了学生比较喜欢的,也是易于操作的,能培养学生实践能力的赏、绘、演、唱、评、创等几种模式进行探索实践,学生在这些生动、丰富的沉浸式体验活动中"玩中学,学中玩",展现出思政经典育人的新样态,"活"化了思政影视教育内涵。

(三)凸显英雄,贯穿思政影视评价全程,引领课程思政意识价值

评价是检验、提升教学质量的重要方式和手段,关乎课程实施质量效果。影视课程如何评价才能保证观而有效?学校构建的统一的"晋星闪闪"综合素养评价体系,沟通校内校外、学校家庭,以"争卡"(英雄人物卡片)"戴星"(谢晋星)为载体,凸显英雄价值引领,构建了多维度思政影视评价体系,引领课程健康实施。

六、案例反思

(一)思政影视教育的优势与缺憾并存

教育部、中共中央宣传部联合印发的《关于加强中小学影视教育的指导意见》提到,要充分发挥优秀影片在促进中小学生德智体美劳全面发展中的重要作用。优秀影片的作用是巨大的、多方面的,而不单单只是思政的功

能,我们的课程开发侧重了影视的德育功能,无疑是成功的,而对其他智育、美育等功能的开发就显得略有不足。

(二)教师素养导致思政影视的成效不一

思政影视课程作为全校推广课程,由于教师对于本课程的认识理解程度不一,体现出不同的效果。有的班级因为班主任担任语文教学,并且对革命题材的影视作品比较了解,所以在课堂中引入作品非常自然,组织活动高效有创意,学生接受程度普遍较好;有的教师则因为不熟悉革命题材的影视作品,不重视相关影视作品的日常课堂引入,学生课后观影兴趣锐减,反而成了被动应付的负担。因此,提升教师对影视作品的赏析能力,尤其是结合课程教学和主题活动组织的能力,迫在眉睫。

(三)资源条件不足等导致观影低效

我们的思政影视课程注重了校内组织的观影活动,但有时受限于教学时间,观影活动需要学生在家里完成,受到家庭条件的限制,有的学生缺少上网观看的条件;另一方面,革命题材影片与时代热片相比缺少吸引力,导致学生在家观看的完成率较低。要解决这些问题,确也棘手。我们应落实减负要求,提高课堂教学效率,在校内挤时间落实思政影视课程,减少观影等活动对家庭的依赖。

(执笔:李立军,绍兴市上虞区谢晋小学党支部书记、校长)

后 记

思政课是落实立德树人根本任务的关键课程,推进大中小学思政课一体化建设是思政课建设内涵式发展的内在要求和必然趋势,体现了党和国家对教育事业的高度重视。深入推进大中小学思想政治教育一体化建设,正是着眼于培养一代又一代在社会主义现代化建设中可堪大用、能担重任的栋梁之材。近年来,以习近平新时代中国特色社会主义思想为指导,落实习近平总书记关于思政课建设系列重要讲话精神,教育部谋划实施新时代立德树人工程,从构建大中小幼一体化德育体系,到统筹推进大中小学思政课一体化建设、推动"大思政课"建设,再到深入推进大中小学思想政治教育一体化建设,充分体现了党和国家在一体化建设认识上既一脉相承、又与时俱进,为在新时代新征程上推进思想政治教育高质量发展指明了前进方向。

大中小学思想政治教育一体化建设是纵向衔接大中小各学段,横向贯通学校、家庭与社会各场域的系统工程,是全方位、全过程、全员性的一体化。其内涵要求主要体现在大中小学各学段教育目标、内容和方法相贯通,思政课程与课程思政相融通,思政小课堂与社会大课堂相互通,以及线下思想政治教育与线上思想政治教育相联通。《大中小学思想政治教育一体化的市域实践》从属于"越思政大课堂"系列丛书,是继《大中小思政课一体化建设协同教学案例研究》出版后的又一探索实践成果的总结提炼。

本书由陈红、骆新华、杜坤林、肖海岳共同策划,共计五个篇章。杜坤林撰写了前言,陈红撰写了第一篇"'越思政·越有范':一体化绍兴探索"和第五篇"'越思政·越青春':一体化品牌建设"的导语,骆新华撰写了第二篇"'越思政·越有品':一体化同课异构"、第三篇"'越思政·越有味':一体化同向同行"及第四篇"'越思政·越有研':一体化理论探索"的导语,肖海岳负责全书的统稿。冯庆庆、安则成、安润祥、王子恒等同学参与了视频资源的整理。

本书的组织编写与出版,得到了绍兴市委宣传部和绍兴文理学院党委的政策支持,得到了绍兴文理学院党委宣传部、绍兴市教育局政治处和高教处的关心指导,得到了绍兴文理学院党委宣传部部长宋浩成的帮助。在此,谨表感谢并致意。大中小学思想政治教育一体化建设是一项系统工程,需要不断与时俱进、创新发展。由于时间紧促,本书还有诸多不成熟、待完善的地方,诚请广大专家学者和读者批评指正。